国家社会科学基金项目“民族融合视域下清代汉军旗人民族认同研究”（项目号：15BZS062）、中央高校基本科研业务费资助项目“清代民族交往交流交融研究”（项目号：04442025001）

清代汉军旗人研究

基于民族融合和国家认同的视角

孙守朋 著

中国社会科学出版社

图书在版编目（CIP）数据

清代汉军旗人研究 ： 基于民族融合和国家认同的视角 / 孙守朋著. -- 北京 ： 中国社会科学出版社, 2025. 4. -- ISBN 978-7-5227-4748-4

Ⅰ. D691.2

中国国家版本馆 CIP 数据核字第 2025Q2X595 号

出 版 人　赵剑英
责任编辑　吴丽平
责任校对　周　昊
责任印制　李寡寡

出　　版　中国社会科学出版社
社　　址　北京鼓楼西大街甲 158 号
邮　　编　100720
网　　址　http://www.csspw.cn
发 行 部　010－84083685
门 市 部　010－84029450
经　　销　新华书店及其他书店

印　　刷　北京明恒达印务有限公司
装　　订　廊坊市广阳区广增装订厂
版　　次　2025 年 4 月第 1 版
印　　次　2025 年 4 月第 1 次印刷

开　　本　710×1000　1/16
印　　张　19
插　　页　2
字　　数　241 千字
定　　价　98.00 元

目 录

绪　论

八旗制度是清朝特有的一项社会组织管理形式。该制度起源于明末女真的氏族组织，至万历四十三年（1615）建成八旗（即后来的八旗满洲），具有政治、军事、生产三种职能。随着后金（清）势力扩大，到皇太极时期，增设八旗蒙古、八旗汉军。如此，三种组织对应着满洲旗人、蒙古旗人和汉军旗人三种旗人，三种旗人在清代构成了旗人社会。

汉军旗人指八旗汉军旗人（简称汉军旗人，ujen cooha），指隶属八旗汉军组织，归属八旗都统衙门管理。汉军旗人存在于整个清代，一般指的是该群体，同时可想而知这个群体由若干个体组成。目前学界关注比较多的汉军旗人个体包括明末清初的范文程[①]、宁完我[②]、

---

① 研究范文程的论文参见金成基《范文程简论》，《历史研究》1982年第5期；李鸿彬《清初杰出政治家——范文程》，《社会科学战线》1983年第4期；张玉兴《范文程归清考辨》，载《清史论丛》第6辑，中华书局1985年版；王思治《范文程评议》，《社会科学》1984年第5期；吴晓枫《试论范文程》，《河北师范大学学报》（社会科学版）1988年第1期；王景泽《关于范文程的几点考证》，《西南师范大学学报》（哲学社会科学版）1998年第3期。

② 研究宁完我的论文参见王冬芳《宁完我的进取精神及其变化》，《社会科学辑刊》1984年第2期；郑玉英《宁完我简论》，《社会科学辑刊》1984年第2期；张波《清内弘文院大学士宁完我史实考》，《兰台世界》2009年第23期；陈健《谫议清初名臣宁完我的官场人生——兼论南党领袖陈名夏之死》，《文化学刊》2014年第2期。

佟养性①、石廷柱②、尚可喜③、祖大寿④、洪承畴⑤、孙可望⑥；清前期的尚之信⑦、范承谟⑧、施琅⑨；清中期的年羹尧⑩、田

① 研究佟养性的论文参见侯寿昌《浅论佟养性》，《历史档案》1986 年第 2 期；王景泽、杨华《佟养性及其家族与清朝开国》，《满族研究》2009 年第 2 期；佟永功《关于佟养性研究中的几个问题》，《满族研究》2009 年第 4 期。

② 研究石廷柱的论文参见陈浣《石廷柱事迹与家世辑考》，《清史研究通讯》1986 年第 2 期；江桥《清初的汉军将领石廷柱》，《历史档案》1989 年第 1 期。

③ 研究尚可喜的论文参见李成燕《尚可喜之降与毛文龙之死》，《鞍山师范学院学报》2002 年第 2 期；邢照华《清初平南王尚可喜心态分析》，《史学月刊》2004 年第 9 期；柳海松《论尚可喜叛明归清》，《辽宁大学学报》（哲学社会科学版）2005 年第 2 期。

④ 研究祖大寿的论文参见李洵《祖大寿与“祖家将”》，《社会科学辑刊》1989 年第 2、3 期；张丹卉《明清鼎革之际的祖大寿》，载《满学论丛》第 4 辑，辽宁民族出版社 2014 年版；［日］绵贯哲郎《再论祖大寿与“祖家将”》，《吉林师范大学学报》（人文社会科学版）2017 年第 6 期。

⑤ 研究洪承畴的论著参见李鸿彬《试论洪承畴在清初统一过程中的历史作用》，《史学集刊》1984 年第 3 期；王宏志《洪承畴传》，红旗出版社 1991 年版；李新达《洪承畴传》，四川人民出版社 1992 年版；杨海英《洪承畴与明清易代研究》，商务印书馆 2006 年版。

⑥ 研究孙可望的论文参见王纲《论孙可望》，《贵州社会科学》1982 年第 1 期；李新达《关于孙可望降清问题》，载《清史论丛》第 6 辑，中华书局 1985 年版；顾诚《孙可望评传》，载《中国农民战争史论丛》第 5 辑，中国社会科学出版社 1987 年版。

⑦ 研究尚之信的论文参见赵梓淞《三藩之乱中尚之信立场研究》，硕士学位论文，中央民族大学，2009 年；细谷良夫、张永江《三藩之乱〈平定诏〉颁布之后——耿精忠与尚之信》，《清史研究》2017 年第 1 期。

⑧ 研究范承谟的论文参见李春光《治绩为民仰，气节如颜公——范承谟述评》，《辽宁大学学报》（哲学社会科学版）1999 年第 3 期；孙守朋《范承谟忠义可“风厉臣节”》，《兰台世界》2011 年第 7 期；于美静《范承谟生平及诗歌研究》，硕士学位论文，辽宁大学，2012 年。

⑨ 研究施琅的论著参见陈明光《台湾回归话施琅》，《福建师范大学学报》（哲学社会科学版）1980 年第 2 期；毛德传《施琅统一台湾的历史贡献》，《辽宁大学学报》（哲学社会科学版）1982 年第 1 期；孔立《施琅史事的若干考辨》，《福建论坛》1982 年第 5 期；王思治、吕元骢《施琅与清初统一台湾》，《清史研究》1997 年第 1 期；连心豪《施琅与清初开海设关通洋》，《中国社会经济史研究》2000 年第 1 期；王日根《施琅海洋经略思想初探》，《中国海洋大学学报》（社会科学版）2003 年第 4 期；施宣圆《施琅“复台”和“保台”的历史功绩——兼驳施琅是海盗、叛将、汉奸论》，《探索与争鸣》2006 年第 5 期；施伟青《施琅评传》，厦门大学出版社 1987 年版。

⑩ 研究年羹尧的论文参见张书才《年羹尧生年考实》，《历史档案》1989 年第 1 期；王锺翰《年羹尧西征问题——兼论雍正西北民族政策》，《青海社会科学》1990 年第 4 期；史松《论年羹尧之死》，《清史研究》1991 年第 3 期；田露汶《略论雍正帝与年羹尧关系的演变》，《历史档案》1997 年第 4 期；邓锐龄《年羹尧在雍正朝初期治藏政策孕育过程中的作用》，《中国藏学》2002 年第 2 期；于洋《清康熙雍正时期的年羹尧——兼论清前期总督制度的常与变》，硕士学位论文，东北师范大学，2007 年。

文镜[①]、张允随[②]、李侍尧[③]；清末的赵尔巽[④]、赵尔丰[⑤]等。绝大多数论著把汉军旗人作为一般性历史人物研究，阐述他们的人生经历、历史地位，虽然交代他们的汉军旗人身份，但对其身份展开的研究相对较少；只有少数论文强调了汉军旗人的身份，如江桥之文章《清初的汉军将领石廷柱》[⑥]、李勤璞之文章《地点的政治性：汉军甘士调的身世与宣称》[⑦]、刘凤云之文章《汉军旗人官员于成龙的双重政治性格》[⑧]、周松

---

① 研究田文镜的论文参见许宏芝《论田文镜及雍正朝的吏治》，《广播电视大学学报》（哲学社会科学版）2006 年第 3 期；张民服《从〈抚豫宣化录〉看田文镜抚豫》，《史学月刊》1994 年第 5 期；曹斌《清雍正朝田文镜对河南市集空间管理刍议》，《史学月刊》2009 年第 7 期。

② 研究张允随的论著参见杨寿川《张允随与清代前期云南社会经济的发展》，《云南社会科学》1986 年第 4 期；王燕飞《清代督抚张允随与云南社会》，云南大学出版社 2005 年版。

③ 研究李侍尧的论文参见江珊《乾隆朝李侍尧贪污案》，《紫禁城》1994 年第 3 期；董建中《李侍尧进贡简论》，《清史研究》2006 年第 2 期；李小泉《李侍尧研究》，硕士学位论文，湘潭大学，2012 年。

④ 研究赵尔巽的论文参见刘丽楣《赵尔巽与东三省辛亥革命活动》，《紫禁城》1986 年第 4 期；李侃《赵尔巽与辛亥革命前后的东北政局》，《历史档案》1991 年第 3 期；关捷《赵尔巽在辛亥革命时期的政治行为》，《满族研究》1992 年第 1 期；余阳《赵尔巽对清末奉天省财政的整顿》，《满族研究》1992 年第 4 期；阳信生《赵尔巽与湖南近代教育的发展》，《船山学刊》2005 年第 2 期；阳信生《赵尔巽与清末湖南新政》，《株洲师范高等专科学校学报》2006 年第 6 期；李皓《盛京将军赵尔巽与日俄战争后的奉天政局》，博士学位论文，东北师范大学，2009 年；孙以东《赵尔巽与晚清罪犯流配制度的改革》，《历史档案》2018 年第 2 期。

⑤ 研究赵尔丰的论文参见陈一石《从清末川滇边务档案看赵尔丰的治康政绩》，《近代史研究》1985 年第 2 期；迟云飞《赵尔丰在川活动简论》，《历史教学》1991 年第 4 期；何云华《论赵尔丰人事思想的基本特点》，《中央民族学院学报》1993 年第 6 期；李茂郁《论赵尔丰》，《社会科学研究》2002 年第 4 期；刘玉、周文林《赵尔丰晚年的成就与悲剧》，《西南民族大学学报》（人文社会科学版）2005 年第 4 期；徐君《清末赵尔丰川边兴学之反思》，《中国藏学》2007 年第 2 期；李何春《清末川边改土归流时期赵尔丰盐业改革措施及其意义》，《中国边疆史地研究》2016 年第 2 期；徐君《视角转换与范式改变：对清末川滇边务大臣赵尔丰评价再论》，《西藏大学学报》（社会科学版）2019 年第 1 期。

⑥ 江桥：《清初的汉军将领石廷柱》，《历史档案》1989 年第 1 期。

⑦ 李勤璞：《地点的政治性：汉军甘士调的身世与宣称》，《沈阳故宫博物院院刊》2016 年第 1 期。

⑧ 刘凤云：《汉军旗人官员于成龙的双重政治性格》，载辽宁大学历史文化学院编《明清史论丛——孙文良教授诞辰七十周年纪念文集》，辽宁大学出版社 2004 年版。

之文章《清代满族汉军蒋攸铦交友考》[①]、阎海之文章《清初辽东汉军旗人集团的个案分析——以盖州卞三元为中心》[②] 等。有些论文虽然题目带有汉军旗人字样，但没有突出研究对象的汉军旗人身份，如李珊珊《清末汉军旗人陈良玉词风探源》[③] 等。汉军旗人群体的研究基本彰显了汉军旗人身份特征，如关于汉军旗人地位与历史作用[④]、汉军家族[⑤]、汉军出旗[⑥]，以及满洲旗人、汉军旗人差异性[⑦]等。《试论八旗汉军与满洲的差异性》一文由学者孙静撰写，深入分析了“首崇满洲”这一政策是使汉军官员与满洲统治者之间存在差异性的根本原因所在[⑧]。可见，学者们敏感地抓住了八旗内的不平等问题，对汉军官员的身份地位做了一定意义上的阐述与探讨。虽然有些内容表述不同，但是基本观点一致。同时，关于汉军旗人群体研究存在分歧，如汉军旗

① 周松：《清代满族汉军蒋攸铦交友考》，《兰州文理学院学报》（社会科学版）2018 年第 2 期。

② 阎海：《清初辽东汉军旗人集团的个案分析——以盖州卞三元为中心》，《辽宁省博物馆馆刊》2016 年年刊。

③ 李珊珊：《清末汉军旗人陈良玉词风探源》，《内蒙古师范大学学报》（哲学社会科学版）2016 年第 6 期。

④ 谢景芳：《清初八旗汉军的地位和作用——兼论清初政权的性质》，《求是学刊》1986 年第 3 期；刘咏梅《论清初汉军旗人督抚的历史作用》，《海淀走读大学学报》2001 年第 4 期；孙守朋《汉军旗人与清代政治研究》，人民日报出版社 2011 年版；张鑫宇《权利、身份、财富——八旗汉军社会地位研究》，硕士学位论文，东北师范大学，2018 年。

⑤ 汉军家族研究的论文主要有田承军《赵尔巽家族与泰安》，《历史档案》2005 年第 2 期；细谷良夫、张永江《尚可喜一族的旗籍与婚姻关系——围绕满汉关系视角》，《清史研究》2012 年第 1 期；关康《论八旗汉军世家的兴衰——以孟乔芳家族为例》，《吉林师范大学学报》（人文社会科学版）2017 年第 4 期。

⑥ 汉军出旗的论文主要有定宜庄《乾隆朝驻防汉军出旗浅议》，《清史研究通讯》1990 年第 3 期；范传南《乾隆朝八旗汉军出旗述论》，硕士学位论文，辽宁师范大学，2008 年；孙守朋《清朝汉军六品以下职官出旗反复现象阐析》，《求索》2013 年第 2 期；孙守朋《乾隆二十八年京口驻防汉军出旗拨补与伊犁驻防》，《清史研究》2015 年第 4 期；范传南、吴丽华《乾隆年间八旗汉军出旗善后问题探析》，《广西社会科学》2017 年第 5 期。

⑦ 孙静：《试论八旗汉军与满洲的差异性》，《中央民族大学学报》（哲学社会科学版）2006 年第 5 期。

⑧ 孙静：《试论八旗汉军与满洲的差异性》，《中央民族大学学报》（哲学社会科学版）2006 年第 5 期。

人组织汉军一旗建立时间有几种提法①，还有就是汉军旗人是属于满族还是属于汉族意见不同，即关于汉军旗人的民族属性存在分歧，笔者认为主要原因是这方面认识存在困境。

一 清代汉军旗人民族认同研究的困境

关于汉军旗人的民族认同主体现为其是属于满族还是属于汉族，学界关于汉军旗人的民族属性存在分歧，意见不同，主要有三种观点。

（一）第一种观点：认为汉军旗人为满族

20 世纪 80 年代初，王锺翰在他的文章《关于满族形成中的几个问题》中，对汉军旗人的族属进行了较为清晰的界定，他赞同汉军旗人属于满族的观点。他认为八旗汉军可以自称或被称为旗人，因为汉军旗人与八旗满洲、八旗蒙古都是八旗内部的重要组成部分，他们有着共同的身份地位，可以视作满族。同时，也更加鲜明地指出：“汉军旗人的民族成份的标准只能按当时是否出旗为民作为一条杠杆：凡是既已出旗为民的大量汉军旗人或改回原籍的，就应该算作汉族成员了；否则就应该把他们当作满族成员看待。”② 王锺翰先生看法鲜明独到，又于20 世纪 90 年代初，发表《清代八旗中的满汉民族

---

① 汉军一旗建立时间主要有以下观点：孟森的“天聪七年说”（孟森：《八旗制度考实》，载《明清史论著集刊正续编》，河北教育出版 2000 年版，第 187 页）；郑天挺的“天聪五年说”（郑天挺：《清史探微》，北京大学出版社 1999 年版，第 24 页）；陈佳华、傅克东认为正式成立当在 1631 年（天聪五年）农历正月，而准备工作则是在 1630 后半年着手（陈佳华、傅克东：《八旗汉军考略》，《民族研究》1981 年第 5 期）；滕绍箴认为“旧汉兵”非旗籍，与汉军有原则区别，笼统地说汉军旗诞生可定为天聪七年正月或八月二十八日，科学而名副其实的汉军诞生在天聪八年五月初五日（滕绍箴：《清初汉军及其牛录探源》，《满族研究》2007 年第 1 期）。

② 王锺翰：《关于满族形成中的几个问题》，《社会科学战线》1981 年第 1 期。

成分问题（上）》一文中，再次强调汉军旗人属于满族。[①] 姚念慈在《略论八旗蒙古和八旗汉军的建立》一文中完全赞同王锺翰的观点。[②] 由此可知，这种观点是在较早探索清代八旗内部的各民族关系过程中，把八旗组织等同于满族，认为汉军旗人既然是旗人，就应视为满族。

（二）第二种观点：认为八旗汉军并不属于满族，他们只是比普通汉民高出一等的汉人而已

张德玉在《从〈尚氏族谱〉研究看一个氏族的发展与演变》一文中以尚可喜家族为例，认为汉军旗人只在地位上高出普通汉人一等，本质上讲汉军旗人依然是汉人。[③] 持类似观点的还有刘凤云，她认为汉军旗人并非属于一个民族构成，他不属于八旗制度之内的任何一个民族，更准确的是应该把其视为清代所出现的一个特殊社会阶层。当其被置于八旗这一共同体中，即成为一种双重文化的复合体，汉军是其民族属性，旗人则代表它的地位属性。[④]

（三）第三种观点：具体情况具体分析

李德在他的文章《试论汉军八旗族属问题》中更加客观地阐述了这个问题。他认为，汉军旗人的族属问题应该根据实际情况来进行具体分析，不应轻易将其下结论。于是他提出自己的观点，他建议应以

---

① 王锺翰：《清代八旗中的满汉民族成分问题》上，《社会科学战线》1990年第3期。

② 姚念慈：《略论八旗蒙古和八旗汉军的建立》，《中央民族大学学报》（哲学社会科学版）1995年第6期。

③ 张德玉：《从〈尚氏族谱〉研究看一个氏族的发展与演变》，载张德玉《满族发源地历史研究》，辽宁民族出版社2001年版，第356页。

④ 刘凤云：《清康熙朝汉军旗人督抚简论》，载阎崇年主编《满学研究》第7辑，民族出版社2002年版，第369—370页。

顺治元年（1644）入关定鼎为判定区别界限：入关前入旗者应定为满族，入关后入旗者可据具体情况具体分析，不应一概而论；“有无情愿”当为关键环节。[①]

以上三种观点，难以达成一致，笔者认为汉军旗人的族属讨论有以下几个困境。

其一，满族、满洲的概念等同视之。满族是受西方近代民族思想影响而出现的名词，中华人民共和国成立后的民族识别后开始广泛使用。天聪九年（1635），皇太极改女真为满洲。在清代，满洲一直是官方和民间对统治民族的主要族称。讨论清代汉军旗人的族属问题，应该讨论汉军旗人是否属于满洲，而不是对应满族。

其二，旗人等同于满族，即把八旗视为满族共同体，“满族最根本的标志为是否‘在旗’”[②]。“把是否‘在旗’作为划分满族的标准太绝对化了，八旗制度下的各类旗人成分复杂，并非所有旗人对满族都有强烈的民族认同感，如蒙古八旗作为八旗中的重要组成部分，蒙古旗人仍把自己当作蒙古族人。”[③] 所以，不能把旗人等同于满族。

其三，倒推法的片面错误。中华人民共和国成立后的民族识别中，汉军旗人一部分报了满族，一部分报汉族，那么如果倒推汉军旗人属于满族或属于汉族都不全面、不准确。应该说从历史来源来讲，汉军旗人是满族来源之一。

学者对于清代汉军旗人的族属莫衷一是，除了以上的研究困境原因之外，还有就是民族关系的复杂性和清代各民族群体的相似性，以及忽略了汉军旗人的独立性。在清代的文献中，汉军旗人与满洲旗人和

① 李德：《试论汉军八旗族属问题》，《满族文学研究》1982 年第 2 期。

② 高丙中：《东北驻屯满族的血缘组织——从氏族到家族再到家户的演变》，《满族研究》1996 年第 1 期。

③ 定宜庄：《满族的妇女生活与婚姻制度研究》，北京大学出版社 1999 年版，第 283 页。

蒙古旗人是相提并论的；汉军旗人与满族旗人共同频繁出现；甚至在近代民族的建构中，有人设想成立汉军族，把范文程想象成共同的祖先。可以认为汉军旗人是独立的民族群体。清代各民族群体的相似度增强，你中有我，我中有你，很难完全分辨清楚。相似度增强也就是说融合程度高，所以我们如果用民族融合的视角去看待清代汉军旗人与其他各民族群体的发展是比较客观的。

二 民族融合的视域和国家认同的视角

解决汉军旗人族属研究困境和清代民族关系的复杂性，民族融合是个绝佳的视角。那么在民族融合下汉军旗人的国家认同又是怎样的呢？这就是研究汉军旗人的国家认同视角。

（一）交流交往交融的视域

列宁、斯大林等经典作家的论述中阐明历史上不存在民族融合现象，中国学者在一些著作中对于此观点表达了支持，如翦伯赞先生经过深入研究后，在其文章《关于处理中国史上的民族关系问题》中认为："民族融合是历史发展的必然趋势，但是我们不能忽视阶级社会的民族关系与民族融合之间的区别，这种思维会使我们无法认识到社会主义民族关系与阶级社会民族关系的本质差别。"① 刘成撰写的《试论民族同化和民族融合》一文，对民族融合与民族关系的关联进行了阐述，认为两者之间的关系是渐进式的发展关系，民族融合是民族关系发展的最终阶段。能够达到民族融合的阶段时就代表全世界所有民族的民族差别都消亡了，这种阶段并不是能够轻易达到的，故实现民

① 翦伯赞：《关于处理中国史上的民族关系问题》，《中央民族学院学报》1979 年第 1 期。

族融合也并非一朝一夕的事，只有共产主义在全世界得以建立后才能达到民族融合的阶段。① 此外，金炳镐、毕跃光在其文章《我国现阶段不宜提“促进民族融合”》中，所持观点为，否认中国历史上出现过“民族融合”的现象。他认为民族融合是马克思关于民族理论的独特论断，国内一些民族理论学者混淆了民族同化与民族融合的概念。②

有些学者虽赞同以上观点，但同时也把民族融合看作一种普遍存在的历史问题。例如，吕振羽在发表的《关于历史上的民族融合问题》一文中承认社会主义社会之前是存在民族间共同性增加以及融合趋势上升现象的，并且认为这种现象是社会自然历史的反映。③ 而翁独健在《论中国民族史》一文中认为民族融合的内涵具有双重含义。“第一种含义是指：历史上的一些民族，或者某些民族的一部分，互相融合成一个新的民族。第二种含义是指：指导民族关系发展的最高形式，即在共产主义的基础上，民族差别逐渐消失，全世界所有民族形成一个整体。”④ 孙进已的观点则集中在其文章《论民族融合的不同类型及中华民族融合的不同状况》中，他的观点更加简洁明朗，直接否定了“历史上没有民族融合”这一观点，总结了民族融合的三种类型和概括了中华民族融合的四个阶段。⑤ 费孝通也曾经针对这一问题提出自己的见解，在其《中华民族多元一体格局》这本书中鲜明地指出，“把民族

---

① 刘成：《试论民族同化和民族融合》，《内蒙古大学学报》（哲学社会科学版）1983年第3期。

② 金炳镐、毕跃光：《我国现阶段不宜提“促进民族融合”》，《西北民族大学学报》（哲学社会科学版）2010年第3期。

③ 吕振羽：《关于历史上的民族融合问题》，《历史研究》1959年第4期。

④ 翁独健：《论中国民族史》，《民族研究》1984年第4期。

⑤ 孙进已：《论民族融合的不同类型及中华民族融合的不同状况》，《史学集刊》2003年第1期。

融合看作是我国多元一体格局构成的历史途径之一，是中华民族的共同性形成的主要原因之一”①。

根据中华民族历史的演进规律，笔者认为民族融合（Ethnic Integration）是指两个或两个以上民族群体通过接触、交往、交流和交融，矛盾缓和、差别逐渐减少、相同点增多或融为一体的过程或结果②，是中国历史上的民族关系的主流。

汉军旗人（简称汉军）是一个特殊民族群体，与满洲旗人、蒙古旗人、汉人既存在差异，又有共通之处，汉军旗人在清代多民族融合与国家统一过程中发挥了不可替代的作用。在多元一体民族格局的清代，民族融合是主旋律和最终归宿。然而，关于汉军旗人在多民族融合过程中，如何认同以满洲为主导民族所建立的国家这一问题，学术鲜有探讨。本书即以民族融合视域下清代汉军旗人国家认同为切入点，探讨汉军旗人在清代复杂民族关系中的独特地位，探究汉军旗人对统一的多民族“中国”认同趋向，以凸显清代多民族国家建构不同于以往的一些时代特征。国内外关于此方面的研究主要有以下三方面。

第一，汉军旗人与满洲旗人的关系。孙静之文《试论八旗汉军与满洲的差异性》最具有代表性，文中将汉军旗人与满洲旗人在政治、经济、生活等各领域的差距进行了对比，证明了汉军旗人在八旗制度中地位低下。③ 而日本学者杉山清彦则提出不同的声音，其文章《清初期对汉军旗人“满洲化”方策》强调了汉军旗人的突出作用，他认为在清朝的民族关系中，汉军旗人与满洲旗人之间的关系是重要组成部

① 费孝通：《中华民族多元一体格局》，中央民族大学出版社 1999 年版。

② 王希恩：《关于民族融合的再思考》，《西北师大学报》（社会科学版）2010 年第 1 期。

③ 孙静：《试论八旗汉军与满洲的差异性》，《中央民族大学学报》（哲学社会科学版）2006 年第 5 期。

分之一。[①] 杜家骥在其著作《八旗与清朝政治论稿》[②] 中更为具体地考察了汉军旗人与满洲旗人的婚姻关系。刘小萌在其著作《清代北京旗人社会》[③] 中，对满汉关系的发展做了多角度、多层次分析。总体来讲，此方面成果虽然涉及两者融合关系，但仍以两者差异为研究主流。

第二，汉军旗人与汉人的关系。汉军旗人地位高于汉人，学界无疑义。然而，以谢景芳为代表的“旧清史”学者，在《清代八旗汉军的瓦解及其社会影响》诸文中认为汉军旗人不仅与满洲旗人拥有共同的社会心态与民族心理，而且两者在语言文字与社会风俗上都具有一致性，不可能被彻底“满化”，只不过是逆向适应，汉军出旗为民是“汉化”使然。[④] 而美国“新清史”代表学者柯娇燕在发表的《八旗汉军的起源与内涵新见》[⑤] 等文中认为早期汉军不仅包括辽东汉人，而且包括相当一部分女真人和朝鲜人，乾隆朝修改的文献才使汉军等同于汉人，汉军出旗为民是满洲种族性强化的结果。可见，“旧清史”与“新清史”的“汉化”与“满化”之争，淡化了汉军与汉人融合关系的论述。

第三，汉军旗人与包衣汉姓的关系。以中国台湾学者陈双凤的《清朝的包衣与汉军》和大陆学者张玉兴的《包衣汉姓与汉军简论》两文为代表，指出包衣汉姓与汉军两者的关系不容混淆，二者从其产

---

① ［日］杉山清彦：《清初期对汉军旗人“满洲化”方策》，载刘小萌主编《清代满汉关系研究》，社会科学文献出版社 2011 年版。

② 杜家骥：《八旗与清朝政治论稿》，人民出版社 2008 年版。

③ 刘小萌：《清代北京旗人社会》，中国社会科学出版社 2008 年版。

④ 谢景芳：《清代八旗汉军的瓦解及其社会影响》，《中央民族大学学报》（哲学社会科学版）2008 年第 3 期。

⑤ 柯娇燕：《八旗汉军的起源与内涵新见》，载阎崇年主编《满学研究》第 7 辑，民族出版社 2002 年版。

生到发展都有着不同的轨道进程。而定宜庄等学者在著作《辽东移民中的旗人社会：历史文献、人口统计与田野调查》[①] 中指出，辽东汉军旗人有很大部分是包衣汉人。此方面研究成果主要强调两者差别，而很少阐述融合，实际两者混淆现象即体现了融合关系。

综观国内外学界，对汉军旗人与满汉差异言之确凿，同样，对彼此密切关系亦较为关注，其中不乏精彩之论，如刘凤云在《清康熙朝汉军旗人督抚简论》一文中指出汉军是满汉双重文化复合体[②]；刘咏梅的《试析清初汉军旗人的特点》[③] 称汉军旗人是在满汉两族长期融合的过程中孕育出来的"混血儿"，但对汉军旗人在清代民族融合中地位与作用没有详细论证，研究不够深入。同时，学者大多考察汉军旗人在民族融合过程中的民族属性与民族认同，而未能上升到国家认同层面上探讨。

（二）国家认同的视角

20 世纪 70 年代的行为科学革命中，"国家认同"（National Identity）一词出现在政治学领域，是指一个国家的公民对自己作为本国成员身份的知悉和接受。从知识构成来看，国家认同包含着诸多相关的知识，如地理、文化、历史知识以及对祖先渊源的认识；从情感构成来看，国家认同包括人们对自己所处国家在思想意识方面所产生的归属感、忠诚感以及强烈的自豪感。公民具有强烈的国家认同感，便会自觉地捍卫和维护国家利益。中国作为一个多民族国家，国家认同便更为复

---

① 定宜庄、郭松义、李中清、康文林：《辽东移民中的旗人社会：历史文献、人口统计与田野调查》，上海社会科学院出版社 2004 年版。

② 刘凤云：《清康熙朝汉军旗人督抚简论》，载阎崇年主编《满学研究》第 7 辑，民族出版社 2002 年版，第 370 页。

③ 刘咏梅：《试析清初汉军旗人的特点》，《安徽师范大学学报》（人文社会科学版）2000 年第 4 期。

杂，涉及国家认同的层次问题，个体或群体在国家认同中的排序问题。费孝通指出，在民族成员认同层次结构中，人民的国家认同应该处于最高的级序。“在多民族国家中，每一个成员在保有各自民族认同的同时，都把国家作为自身最高的认同和归属对象，宣誓效忠并且以此作为自身情感信念、义务责任和行为规范的最高来源，这是民族认同与国家认同关系的理想状态。”①

研究汉军旗人的国家认同是比研究其民族认同更高级形式。国家为了实现长期统治，通过各种方式证明政权的合法性，并以此来使更多的民众认同，实现文化认同是国家认同的途径，提高文化认同才能使民众认同由被动转为主动，国家认同、政治认同、文化认同、民族认同四者之间有一致性、兼容性，但彼此间的差异性亦不能忽视。勤劳智慧的肃慎族系历来存在统一的传统和理想，对“国家”概念也在无形中孕育。早在隋唐时期，靺鞨人的一支——粟末靺鞨的首领大祚荣，就曾经建立过隶属于唐朝管辖范围之内的渤海政权，这个政权是肃慎族系建立的第一个政权，其国家制度与行政机构皆仿唐朝而设，初步建立起国家规模。渤海政权后被兴起的契丹耶律氏所灭。10 世纪时靺鞨人的另一支——黑水靺鞨改称女真，也称“朱理真”，象征东方来的鹰（海东青）。女真逐渐分化为生女真和熟女真，居住在黑龙江和长白山一带的生女真在这里繁衍生息，完颜部率先崛起，完颜阿骨打凭借雄才大略统一各部，对辽作战节节胜利，灭辽建金。自金熙宗开始大力推行汉化，金灭北宋后，大量人口内迁中原，与汉族频繁产生交流，不善于土地耕种方式的女真贵族往往“以田租人”，女真贵族逐渐转化为地主，伴随着政权逐渐封建化，“国家”

① 高永久、朱军：《论多民族国家中的民族认同与国家认同》，《民族研究》2010 年第 2 期。

形态更为明显。这种现象既是民族融合的产物，也进一步推动了民族融合的进程。蒙古的铁蹄将金朝统治彻底推翻，历经元、明二代，女真人在东北这片土地上逐渐开辟了属于自己的时代。努尔哈赤最初以“十三副铠甲”起兵，凭借自己突出的政治和军事能力逐渐统一了女真各部。在自身实力强大后，开始发动对明战争，在与明朝的多次争夺战中，也与汉族人民之间产生了较为密切的交流。接班人皇太极继承了他的衣钵，吸纳了大量汉人至政权内为己所用，为清朝入主中原奠定了坚实的根基。顺治元年（1644）清军入关，历经顺治帝、康熙帝和雍正帝几代用心经营，对内平定收复青海、西藏、台湾等地，对外抵御东北沙俄外来入侵，“并蒙古极边诸部落，俱归版图，是中国之疆土开拓广远，乃中国臣民之大幸，何得尚有华夷中外之分论哉！”清朝对捍卫中国领土完整和促进民族融合做出了突出贡献。自渤海政权对唐朝汉文化的吸收至“清承明制”，历经几百年的传承与发展，无不体现肃慎族系对中原文化的渴望和建立统一多民族国家、各民族融合发展的向往。

汉军旗人曾是一群“使历史起很大变化”的人。崇德年间，汉人被编入八旗汉军，加速了满洲封建化进程，使皇太极的统治地位巩固，对明战争也由劣势变为优势。清代在将各民族纳入统治范围的过程，各民族群体与国家的关系即显得尤为重要。汉军旗人在整个清朝的作用不言而喻，既已入旗，那么他们的切身利益已经和满洲上层密切相关，一荣俱荣，一损俱损，加之深受儒家传统的忠君思想熏陶，他们势必会倾尽全力帮扶满洲统治。统治者前期的信任态度已经使汉军旗人忠心耿耿，其子女也是在这种教育思想和生活状态下成长起来的，这种自小就刻在骨子里的思想很难被外界改变。本书将对汉军旗人对清代国家的认同做深入探讨。

三　学术价值和应用价值

第一，扬弃“旧清史”与“新清史”研究范式，在清史、满族史研究方面具有一定学术价值。本书将汉军旗人定位为介于满汉之间的族群，动态考察其与满汉等族群融合关系下其国家认同问题，从而洞悉满洲最高统治者如何建构此群体，充分利用民族融合伟力，创建与发展统一多民族国家。如此，扬弃了“旧清史”与“新清史”简单地将其视为满人或汉人，甚至干脆不提及的研究范式。故此，本书势必推动清史、满族史研究的进展。

第二，在促进民族和谐发展、维护国家统一方面具有一定的现实意义。在中华民族融合过程中，作为清代三大旗人群体之一的汉军旗人所做出的贡献久被忽视。本书揭示，在清代民族关系中，汉军旗人扮演着特殊的角色，其产生缓和了满汉民族矛盾，其发展演变协调了满汉关系，加快了民族之间的大融合，使各民族更加团结。本书的研究有利于挖掘和弘扬中华民族的团结精神，从而对民族关系和谐发展、维护国家统一发挥着重要作用。

四　研究构想

在清代文献中，汉军旗人与满洲旗人、蒙古旗人、汉人多数情况下并列出现，有独立性，有自己特点。因此，本书以清代汉军旗人为研究主体，不以之为边缘群体。①

本书始终秉持唯物主义历史观，以历史事实为依据，不主观臆测，不凭空想象，坚持历史主义原则，发扬实证之精神。首先，在史料运

---

① 孙静：《清代八旗汉军研究》，民族出版社 2017 年版，第 1—12 页。

用上，重视第一手资料，尤其以档案史料为主。本书运用的档案史料有满文老档，内国史院满文档案，康熙朝和雍正朝满、汉文朱批奏折，清代官员履历档案等。次及人物传记、官书正史，史料笔记等多种资料。对相关史料进行爬梳，辨伪求真，坚持“言必有据”，有一份材料说一份话。其次，在占有翔实的史料基础上，以政治史研究为主导，整合相关的社会史、民族史、制度史内容，探讨清前期社会发展规律，各种政治关系。最后，本书在研究方法上着重处理以下三种关系：群体研究与个体研究的关系，同一性与地域性的辩证关系，汉军旗人静态与动态的关系。下面详细介绍各种关系的处理。

一是群体研究与个案研究相结合。本书是清朝汉军旗人群体的研究，理所当然地揭示这一群体的普遍特征，探讨这一群体的特殊发展动向。但是群体是由每个个体组成的，没有个体，群体是不存在的，有些个体对群体的作用是至关重要的。所以本书在把握群体研究的大方向前提下，绝不忽视典型个体的分析及其在整个群体中的地位作用，彰显其显著特征。换句话说，也就是整体研究与个案研究结合，在群体的框架下进行个案分析论证，从微观角度推进宏观研究，力争做到每个历史时期都有典型性的个案分析。

二是同一性与差异性的辩证统一。汉军旗人是独立群体，与满洲旗人、汉人、包衣汉人这三个群体有截然不同之处。比较是一切思维的基础，通过汉军旗人与满洲旗人、汉人与包衣汉人比较才能彰显其整体特征，把握其同一性。对于了解汉军旗人地位的确定与变化、整个群体势力的发展以及认同取向意义重大。关注汉军旗人同一性时，又不能忽略汉军旗人之间的差异性。差异性主要体现为汉军旗人分驻各地，有京畿汉军旗人，有驻防广东、福建、东北等地汉军旗人；差异性还主要体现在不同汉军旗人家族方面上，如汉军八大家族、黑龙江的果氏、陈氏、崔氏汉军旗人。因此，研究清代汉军旗人的融合与国家认同问题，就要辨析其同一性与差异性，从而综合论述。

三是动态考查汉军旗人与满洲旗人、汉人、包衣汉人融合关系，并在融合视域下以变化的眼光研究清代汉军旗人的国家认同，研究架构分为五章。

第一章：明末清初东北民族格局的新变化和汉军旗人构建。明末清初社会动荡，各民族大流动、大变革，呈现新的发展态势。努尔哈赤利用民族融合趋势，创建八旗制国家，但后期一改重用汉人政策，屠杀汉人，后金民族关系紧张。皇太极继汗位后，提出“满、蒙、汉视同一体”新民族观，制定了新的民族政策，组建八旗蒙古与八旗汉军。本部分强调汉军旗人在此背景下产生，缓和了满汉矛盾，促进了民族融合。

努尔哈赤统治时期的汉人是汉军旗人的前身，这一时期前期汉人被积极任用，但后期被疏远打击。皇太极继位后，为了加强汗权以及对外发展需要，有意识缓和满汉矛盾，优礼汉人，恢复和提升汉人地位，以至崇德年间建立汉军八旗，汉人加入汉军八旗，这样完成了汉人到汉军旗人的转型，汉军旗人兴起。汉军旗人没有辜负皇太极对他们的厚望，初露峥嵘。他们积极建言献策，推动了满洲的汉化进程，加速了后金由落后的奴隶社会向封建社会的过渡；在对外战争中也是重要的参谋和前线指挥官，扭转了对明战争中被动的局面，发挥了不可替代的作用。

第二章：汉军旗人与满洲旗人的融合。汉军旗人与满、蒙、朝鲜、越南等旗人，虽族源各异，地位不完全相同，但同在八旗组织下，他们之间有更多相互往来的方便条件，形成旗人共同体。虽然，清中后期“满化”渐弱，但是此共同体始终存在，融合仍然持续。本部分重点论述汉军认同满洲文化，与满洲旗人融合，架起了满人与汉人沟通的桥梁，满人通过汉军旗人普遍认同汉文化。

第三章：汉军旗人与汉人的融合。两者虽地位不同，但汉军旗人“本系汉人”，与汉人文化同源，有着千丝万缕的联系。在统治者政策的影响之下，汉军旗人与汉人逐渐合流，科举同榜、官品与官缺一致、任官“一体升转”、礼仪习俗相通等，使双方被纳入同一轨道上。尤其汉军出旗为民，与汉人一体升迁调补，是驻京与直省驻防汉军旗人汉文化的回归。更值得一提的是，东北的汉军旗人与汉人经济生活非常密切。本部分重点阐述汉军旗人与汉人的融合，带动了汉人对清朝的认同。

第四章：汉军旗人与包衣汉人的融合。两者同为汉人出身，但清初交集甚少，地位亦不同。而雍正后，在科举入仕途径、抬旗等方面交集越来越多，汉军旗人被称为外汉军，内务府包衣汉姓被称为内汉军，两者难分彼此。尤其在东北地区，内务府包衣汉人直接被称呼为汉军。本部分将以实例分析内外汉军的融合。

第五章：交流交往交融下的清代汉军旗人国家认同。满洲统治者顺应民族融合的趋势，建构“中外一家”“天下一家”的多民族国家，超越了传统的“华夷之辨”局限。在清代多民族国家建构过程中，汉军旗人的国家认同主要经历三个阶段：一是清初的“大明骨，大清肉”双重认同，包含汉军旗人对满汉两个民族认同与满汉两种文化认同，表现为汉军旗人对明清两个王朝同样认同；二是康熙二十三年至乾隆朝，统一的多民族清朝政治格局形成，汉军旗人主动认同满洲主导下的“中国”；三是嘉庆到清末，汉军旗人国家认同呈多种面相。大多数汉军旗人，甚至清末，对清朝国家认同毫不动摇。

第一章　纷争与杂糅：明末清初东北民族格局新变化

明朝在东北实行羁縻政策，各民族内部“互争雄长”，矛盾不断，各民族间掳掠与反掳掠从未停止，明廷从中控制平衡这一局面。从而造成东北民族纠纷、民族斗争此起彼伏，从未停息。这种格局改变从努尔哈赤统一女真各部开始，就被打破。努尔哈赤在统一女真的过程中不仅依靠本民族的支持，还积极吸收了蒙古族人和汉族人的力量，创建了八旗制度，将三股力量共同纳入自己的麾下。但后期改变了重视汉人的策略，对汉人采取猜忌、防备的态度，对他们进行了残酷的民族压迫，后金与汉族之间的关系陷入紧张。皇太极即位后，一改其父时期屠杀汉人之做法，把目光放得更为长远，制定了满汉一体的新民族观，重新拔擢、重用汉人，并组建了汉军八旗。汉军旗的诞生极大缓和了汉人与满洲人之间的民族矛盾，促进了民族融合。

第一节　明末女真统一与崛起

在我国古代历史中，东北地区历来被视为“边鄙欧脱之俗，华夷杂糅之民，迫近胡俗，易动难安，非可以内地之治治之也"[①]。女真自古老的肃慎伊始就生长在这片土地之上，先后建立了渤海、金朝、清朝等政权。清朝的建立不同于以往的民族政权，它是综合多民族而建立起来的民族共同体。王锺翰认为："满族在历史上，不但把具有直接血缘关系的建州三卫、海西四部女真人糅合成满族的主体，同时也吸收了不少不具有血缘关系的外族成员，如蒙古、朝鲜、索伦、锡伯等各族人，特别是大量被俘或投充的汉人加入进来。"[②]

一　明朝"分而治之"的民族政策

元末明初，女真各部所在区域与元代相比变化不大，遍布东北三省。但元明交替之际，一方面，女真内部生产力和生产关系发生较大的变化，被南方先进生产力所吸引，开始萌生南迁的想法；另一方面，明朝占据中原地区后，元朝残余势力北归，不断地侵扰女真各部，这使女真各部坚定了南迁的念头。他们或以部落集团形式南迁，或以零散形式南迁。率先南迁的是建州女真，他们从牡丹江流域和松花江流域，迁入"朝鲜东北部的庆源、境城地"[③]，后又因被明招抚，与朝鲜关系紧张，建州女真被迫迁入开原路。正统七年（1442），建州三卫确立，此后的建州女真主要活动于浑河、苏子河流域。海西女真南迁时间与建州女真南迁时间大致相当，明中叶以后形成乌拉、哈达、辉发、叶赫四部，即扈伦四部，万历初年南迁定居，活动于开原以北，黑龙江中下游一带，与建州女真毗邻。留居黑龙江中下游以北地区的女真人，由于生产力、生产水平相比于建州、

① （明）李辅：《全辽志·序》，载金毓黻主编《辽海丛书》第1册，辽沈书社1985年版，第496页。

② 王锺翰：《清史新考》，辽宁大学出版社1997年版，第71页。

③ 王锺翰：《王锺翰清史论集》第1册，中华书局2004年版，第75页。

海西两部较低，保留有浓厚的原始生产经济方式，被称为野人女真或东海女真。

明初，明朝考虑东北所处的重要地理位置以及女真部落分散、地广人稀的居住特点，在东北地区设置卫所制度管控东北的女真人。这样一方面可以很好地控制女真，另一方面也可以利用女真牵制朝鲜和蒙古。正如文献所言："辽防为难者，北于属夷，东于高丽，而又渡海归内地，故不设州县；编民一以卫所制之者，万户管千，千户管百，节制易明，逃跑可稽也，故不加有司，设巡检，恃其卫所以束伍耳。"①可见，设置卫所管辖东北地区的重要性。而针对女真内部的管理，明统治者实行"俾仍旧俗，各统其属，以时朝贡"②，即仍沿用原来旧制，使其内部各自为雄，希望用这种分支别治的方法来达到使女真各部"犬牙相制""不使归一"之目的。明朝统治者其实早就洞察到了女真内部的强大力量，恐怕日后会发展成不可遏制的趋势，故实行了这种"分女真为三，析卫、所、地、站为六百"③的分治办法，即历代统治阶级对这些地区所奉行的"分而治之"的民族政策，统治女真二百余年。明朝初期，在卫所制度以及分而治之的政策管控下，明朝与女真各部落在政治、经济、文化等领域交往、交流十分频繁，明朝边官与女真人相处也是十分融洽，女真各部的经济文化也得到了长足的发展。然而，随着时间推移，这种情况逐渐发生了变化，明朝政府日益腐败，贪官污吏日益增多，明朝边官营私舞弊，以权谋私，贪取私利。这些守边的贪官污吏与"能说番语，谙晓番情"的通事相互勾

① （明、清）顾炎武：《天下郡国利病书》，上海古籍出版社 2012 年版，第 3875—3876 页。

② （清）严从简：《殊域周咨录》卷 24，北平故宫博物院图书馆据明万历刊本排印 1930 年版，第 1 页。

③ 《明神宗实录》卷 444，中华书局 2016 年版，第 3 页。

结、相互串通，意图攫取利益，故屡次在女真行挑拨离间之事，使女真各部离心，他们在此中乘机谋利。“向北寨则曰：某寨番牌欲谋官军来将汝杀；向彼寨则曰：某寨番牌欲谋官军来将汝擒”，使各部之间“自相猜疑，互生仇隙。”[①] 尤其严重的是，边臣动辄“专以掩杀为事”[②]，对建州女真实行较大的屠杀。面对不合理的经济和政治政策，女真各部首领也纷纷表达自己的不满。成化三年（1467），建州女真部首领董山多次侵掠明朝边境，以此表达对明朝政府所实施不合理政治、经济政策的不满。明朝政府不但没有反思女真多次侵掠边境的根本原因，反而把咎错全部归因于女真方欲挑起事端，遂命靖虏将军武靖伯、赵辅以及左都御史李秉督为先锋，率领五万大军欲向建州女真进发。与此同时，又积极联络在女真南部的朝鲜，希望朝鲜能够出兵助其一臂之力。一直与明朝有着密切往来的朝鲜响应了明朝的号召，也出兵万名和明朝军队一起围剿堵截了董山所率领的建州女真部落，给了女真沉重的一击。董山所率领的女真部落双拳难敌四手，在与明朝和朝鲜军队的对抗中占有劣势地位，明、朝两军攻入建州，他们对女真部疯狂屠杀、焚掠，“擒、斩、获虏指挥若女千人”[③]，夺回汉人一千余名，杀死牛、马三百头匹，“焚其巢寨，房屋一空”[④]。建州卫首领李满住及其子李古纳哈等全部被杀[⑤]，董山也于广宁被害。可以看出明朝并没有从本质上解决边境官员欺压女真人的问题，反而助长了明朝边官员的嚣张气焰。建州女真首领王杲面对明边官员的蛮横欺压，再一

① （明）陈子龙、徐孚远、宋徵璧等：《皇明经世文编》，中华书局 1962 年版，第 502 页。

② （明）陈子龙、徐孚远、宋徵璧等：《皇明经世文编》，中华书局 1962 年版，第 5287 页。

③ （明）郑晓：《皇明四夷考·女直》卷上，文殿阁书庄 1937 年版，第 28 页。

④ 《明宪宗实录》卷 47，中华书局 2016 年版，第 8 页。

⑤ ［日］今村鞆编译：《李朝实录·世祖》卷 44，东方文化出版社 1971 年版，第 256 页。

次表达了女真对明边官员的怨恨。万历二年（1574），王杲率部侵掠明朝边境的汉民，杀害明边官员。明廷依然没有清晰认识到边境官员的腐败，将女真犯境的矛头指向王杲。派出明将李成梁率师征讨，很快便围攻了王杲寨，对待王杲寨也丝毫没有手软，“纵火焚之，先后斩馘千一百四级，毁其营垒而还”①。王杲大败于明，落败的他，几经周折，历经千辛万苦投奔海西女真哈达部，哈达部首领王台碍于亲缘关系暂且收留了王杲，但王杲毕竟是明朝罪臣，一方面王台恐被牵连，另一方面哈达部受制于明，迫于明朝的压力。王台纠结万分，最终还是决定将王杲“执于境上，槛车传致”京师，王杲于京师被处以磔刑。王杲死后，明廷担心王杲子孙寻仇，欲将王杲子孙斩尽杀绝，“以绝祸本”，从而一举避免建州女真侵犯明朝边境。万历十一年（1583）二月，明廷为斩草除根、永绝后患，再一次派遣大将军李成梁围攻王杲子阿台所居的古勒寨，杀死两千两百余人，在这场硝烟之中，阿台及其弟阿海也未能幸免于难，葬身于明朝的刀刃之下。努尔哈赤的父、祖也参加了这次战争，“并从李成梁征阿台死于阵”②。明朝政府被表象蒙蔽了双眼，不顾女真扰边的根本原因，残酷镇压女真各部，这不仅不利于明朝在女真地区的统治，而且极大程度上破坏了汉人与女真人之间的关系，更使女真各部内部和睦关系遭到破坏。而“分而治之”的民族政策，只带给明朝和女真短暂的和平，随着时间的推移，“分而治之”的民族政策导致女真内部混乱，部落与部落之间争斗增多。

古勒寨之役，李成梁杀了阿台、阿海兄弟和努尔哈赤父、祖，这使女真较强的部落群龙无首，受到沉重打击。可以说明朝在这次战役中获得巨大的利益，短时间内女真各部很难再侵犯明朝边境。

---

① 章炳麟：《清建国别记》，中华书局1924年版，第30页。

② （明）苕上愚公：《东夷考略·建州》，江苏广陵古籍刻印社1986年版，第15页上。

二　女真各部的统一

明廷对王杲及其子阿台所率的建州女真实施残酷的征伐后，建州女真“群雄蜂起，称王号，争为雄长，各主其地，互相攻占，兄弟自残，强凌弱，众暴寡”①。面对此时建州内部的混乱情况，努尔哈赤痛定思痛，心里怀着父、祖被杀的仇恨，开启统一女真各部。努尔哈赤统一女真各部的路线，基本是先以血缘关系远近，由远及近各个击破，再以文化共同性的强弱为基准，由强到弱逐一击破。具体战术当然也要根据军事实力的强弱，来选择对手。

就在努尔哈赤父、祖死后不久，努尔哈赤以父、祖留下的十三副遗甲起兵，攻打导致其父、祖被杀的关键性人物——苏克素护部图伦城主尼堪外兰，吹响统一女真各部的战斗号角。努尔哈赤选择攻打图伦城的原因主要有三。一是尼堪外兰的父亲都尔图葛曾被努尔哈赤的祖父觉昌安招抚，并在觉昌安的帮助下，建立图伦城，努尔哈赤家对尼堪外兰家有恩，而尼堪外兰却恩将仇报害死其父、祖。二是古勒寨之役后，努尔哈赤的很多亲族投靠尼堪外兰。三是尼堪外兰和努尔哈赤两家交往较深，彼此更了解，率先统一苏克素浒部胜算更大。在努尔哈赤坚决的态度迫使下，明朝也未对此事进行干涉，这一切有利条件使努尔哈赤很快取得胜利。此次胜利大量亲族重新归附努尔哈赤，这种以血缘为纽带的深层关系使努尔哈赤的部众牢牢地捆绑在一起，增加了努尔哈赤的士气，增强了努尔哈赤的军事实力，为进一步统一苏克素浒部奠定了基础。

努尔哈赤迅速崛起，首先，感到不快的是他的亲族。努尔哈赤的

---

① 《清太祖实录》，中华书局1986年版，第25页。

堂伯父李岱就曾勾结哈达部抢夺努尔哈赤的瑚济寨。其次，李岱的兆佳城就处在西进要道，收复李岱是努尔哈赤向西推进的必要条件。但很快李岱及其部下便投靠了努尔哈赤，这让努尔哈赤西进更加顺利。团结一致的部落很容易击溃内讧的部落，势力高涨的部落很容易得到弱小部落的青睐。万历十二年（1584），努尔哈赤听闻“董鄂部内乱，宜往攻”①，遂于九月，“率兵五百征董鄂部主阿海巴彦”②，大胜。返回途中遇完颜部首领之孙扎秦光滚，请求努尔哈赤帮其复仇，努尔哈赤答应，随即攻下完颜部。至此，努尔哈赤已经先后统一了苏克素浒部、董鄂部以及完颜部，在他们的支持之下，努尔哈赤的势力不断增强。接下来的目标就是被苏克素浒部和完颜部包围的哲陈部，努尔哈赤的迅速崛起使建州女真其他各部十分惧怕，所以联合起来抵抗努尔哈赤。万历十三年（1585）四月，努尔哈赤亲自“率步骑五百人，征哲陈部”③，欲征服哲陈部，“托漠河章京甲把尔达撒尔湖、界凡五城，俱集兵以御”④。敌众我寡，努尔哈赤“率其弟穆尔哈奇及近侍颜布禄兀凌噶，直前冲击，奋勇射之，杀二十余人，竟败其众”⑤。此战努尔哈赤以少胜多，士气大涨，此后几年努尔哈赤攻城拔寨，所向披靡。万历十五年（1587）征服浑河部。万历十九年（1591），又成功攻下鸭绿江部，势不可当。经过了一系列的征伐，努尔哈赤基本统一了建州女真诸部，为其进一步统一女真打下了良好的政治经济基础。但血缘关系带给了建州女真战后团结统一的同时，也带给了女真各部统一的新挑战，很难支撑努尔哈赤进一步统一女真各部。与此同时，努尔哈

① 《清太祖实录》，中华书局 1986 年版，第 31 页。
② 《清太祖实录》，中华书局 1986 年版，第 31 页。
③ 《清太祖实录》，中华书局 1986 年版，第 33 页。
④ 《清太祖实录》，中华书局 1986 年版，第 33 页。
⑤ 《清太祖实录》，中华书局 1986 年版，第 33 页。

赤很快意识到文化共同性是进一步统一女真的根本动力。

一方面，古勒寨之役中，哈达部首领王台被杀后，哈达部势力衰落，叶赫部趁势而起，本想一举歼灭哈达成为海西霸主。可明朝却扶植王台之孙歹商，打击叶赫部。叶赫部成为海西霸主的道路受阻，明朝的分而治之政策使海西女真实力大大减弱。另一方面，建州女真迅速崛起，在本是叶赫女真控制的朝贡通道占据一席之地，这让海西女真感到不安。并且努尔哈赤支持哈达部的歹商，更让叶赫部难以兼并哈达部。可见，努尔哈赤无论是在经济上还是政治上都是叶赫部的眼中钉。万历二十一年（1593），"叶赫贝勒布寨、纳林布禄因与上有隙，纠哈达贝勒孟格布禄、乌拉贝勒满太、辉发贝勒拜音达理四国合兵劫我户布察寨"①，努尔哈赤巧妙地利用天时地利，击败四国合兵。同年九月，"叶赫贝勒布寨、纳林布禄，哈达贝勒孟格布禄，乌拉贝勒满太之弟布占泰，辉发贝勒拜音达理，北嫩河蒙古科尔沁贝勒瓮阿代、莽古思、明安，席北部，卦尔察部及满洲长白山所属朱舍里路长纡楞格、讷殷路长搜稳塞克什九姓之国合兵分三路来侵"②。努尔哈赤见状，命手下四处侦察，认真分析敌我实力，稳定军心。作战时诱敌深入，逐个击破，用他出色的军事谋略"破九部三万之众"，自此以后，努尔哈赤的威望迅速增长，远近闻名，可以说是"军威大振，远迩慑服矣"③。此战俘获乌拉部贝勒布占泰及马匹三千、铠甲一千。大败九部联军是建州女真由弱变强的转折点，而对于海西女真来说是由盛转衰的转折点，是扈伦四部灭亡的前兆。

此战后，努尔哈赤意识到女真各部是一个共同体，需要进一步统

① 《清太祖实录》，中华书局1986年版，第38页。
② 《清太祖实录》，中华书局1986年版，第38页。
③ 《清太祖实录》，中华书局1986年版，第41页。

一，才能有足够的实力向南进发，与明抗衡。努尔哈赤按血缘、文化共同性的强弱远近，于万历二十一年（1593）十月、十一月破朱舍里部和讷殷部。建州女真至此完成统一，进军海西女真只是时间问题。

以努尔哈赤为首的建州女真统治集团队伍逐渐扩大，涌现了一批如费英东、额亦都、安费扬古等骁勇善战的猛将，成为努尔哈赤统一大业的中流砥柱。努尔哈赤以末微之力含恨起家，最终完成了统一建州女真的伟大事业，于是出现了“环满洲而居者，皆为削平，国势日盛”的局面，为努尔哈赤统一其他部女真奠定了坚实基础。万历十六年（1588）前后，努尔哈赤的实力已经势不可当，再次秣马厉兵，欲筹划开始向海西、东海等地女真各部进军的意图。

古勒山战役之后，建州女真的势力逐渐超越海西女真，在政治经济风俗文化上都十分接近（即文化共同性）的海西女真，成为努尔哈赤统一女真各部战略的重要一环。海西女真内部的混乱给了努尔哈赤可乘之机，最具实力的叶赫部首领逞加奴和仰加奴，一心想为父报仇，但可惜两兄弟势力始终没有归于统一。其继承者布寨和纳林布禄一个被杀，一个病死，但是叶赫部势力依然不可小觑。

衰落的哈达部率先成为努尔哈赤的目标。努尔哈赤的继母就是王台的女儿，在血缘关系上要比其他三部更近。哈达部因世居哈达河畔而得名。速黑忒为明嘉靖时期海西女中的大酋，“诸部畏之”，后因内乱，次子王忠率部众至哈达河，遂创建哈达部。万历十年（1582），哈达部内部陷入王位纷争无法自拔，贵族之间相互攻杀，严重的内耗使国势渐衰，显然哈达部的诸王、大臣没有吸取内乱的教训，最终适逢建州女真崛起，曾称霸一时的哈达部再也无法遏制势头日猛的建州女真，万历二十九年（1601），哈达部终被兼并。

万历三十五年（1607），辉发部有叛附叶赫者，首领拜音达里贝勒以本部七大臣之子为质向努尔哈赤借兵平叛，太祖“发兵千人往援”①。叶赫部首领纳林布禄担心努尔哈赤与辉发部结成联盟威胁到自身的地位，为了防止自己陷入更加被动的局面，纳林布禄向辉发部首领拜音达里假意示好，他派遣使者告辉发部“若尔索还所送人质，则我亦将尔叛来兄弟谨行归还”②。拜音达里相信了纳林布禄的话，便向其许诺自己将处于中立位置，并要求纳林布禄兑现诺言，将人质索回，但纳林布禄并未遵守诺言，无意送还其“叛来兄弟”。于是拜音达里转而向努尔哈赤示好，向努尔哈赤求娶其女，在努尔哈赤应允后却背约不娶，努尔哈赤质问他，他却诡称他是为了他的儿子求娶，但他的儿子尚在叶赫当人质，待他日回归就会结亲。而事实上，这是拜音达里使的缓兵之计，他根本无心与努尔哈赤结盟，在这期间，他把城垣加固三重，牢不可破。万历三十五年（1607）九月初，拜音达里待其子回来后单方面撕毁婚约，不娶已聘之女。拜音达里再三反悔戏弄努尔哈赤，使其大怒。九月十四日，努尔哈赤率师围攻辉发王城，诛拜音达里父子。自此，世代相传的辉发部被建州女真部消灭。

在努尔哈赤看来，女真人在文化上具有共同性。散居的东海渥集部、瓦尔喀部、索伦部、虎尔哈部等与海西女真一样，他们的衣食住行一样，就是同宗同族，应该为其“所属”③。尤其瓦尔喀人是“自先世散弃数世之瓦尔喀部众”，于是收服部分瓦尔喀人，至“团聚始盛”④。同时他通过向明廷交涉，于万历三十七年（1609），从朝鲜索

① 中国第一历史档案馆、中国社会科学院历史研究所译注：《满文老档》，中华书局1990年版，第4页。

② 中国第一历史档案馆编译：《内阁藏本满文老档·太祖朝汉文译文》，辽宁民族出版社2009年版，第2页。

③ （清）鄂尔泰、张廷玉、徐本纂：《清太祖努尔哈赤实录》，载沈云龙主编《近代中国史料丛刊续编》第20辑，（台北）文海出版社1979年版，第68页。

④ ［日］今村鞆编译：《李朝实录·宣祖》卷29，东方文化出版社1971年版，第260页。

回一千余户[①]。其后，仍不断地向朝鲜索取，直到清初顺治年间才通告朝鲜“察解人民，永行停止”。后金统治者认为东海三部、黑龙江索伦等部也都是“人民语言、骑射与我国同”“尔我先世本皆一国之人”[②]，对其各部采取“抚而有之”，收为“羽翼”的政策。但与此同时，海西女真的乌拉部“踵老酋之后”的“国主”布占泰贝勒也欲将势力渗透东海女真，兴兵大掠东海各部，与建州形成互相争夺的局势。于是努尔哈赤和布占泰双方对东海各部展开了激烈的争夺。努尔哈赤欲劝降归附于乌拉部布占泰的瓦尔喀部赫席赫等人，说道“我等乃一国也，只因地方穹远，且为乌拉国所阻，故尔等附于乌拉国为生，今我一国之汗，已兴师击败乌拉兵，尔等应降我一国之汗矣”，努尔哈赤有意和平招抚野人女真但未得到回应。于是，努尔哈赤派遣大将费英东、额亦都以及扈尔汉等人带兵前往征讨。“率兵一千，往征赫席赫、鄂谟和苏鲁、佛讷荷托克索等路，尽取之，俘获二千带来。”先后攻呼尔哈、呼叶、雅兰、木伦等路，节节胜利。贝勒布占泰也不甘示弱，重新整饬军队，扩张势力，不断将自己的势力范围延伸至努尔哈赤的领地范围，双方忌恨加深。位于东海瓦尔喀斐优城的城主策穆特赫向努尔哈赤表明想归附的心意，欲脱离乌拉部的控制。万历三十五年（1607），努尔哈赤派兵三千前往迎接归投的人，行进队伍至钟城地界受到了乌拉部的阻拦，双方战争爆发，在图们江附近乌碣岩激战，战争最终结果是努尔哈赤大获全胜，失败的乌拉兵溃散落逃兵器散落一地。此次战争之后，努尔哈赤威震各部，声名大盛，从此“威行迤东诸部”，乌拉部则元气大伤，一蹶不振，从此，建州女真部打开了通往东海女真

① 中国第一历史档案馆整理编译：《内阁藏本满文老档 · 太祖朝汉文译文》，辽宁民族出版社2009年版，第3页。

② （清）魏源：《圣武记》，中华书局1984年版，第5页。

的大门。[①] 万历四十一年（1613），努尔哈赤欲采取“伐粗木，必以斧砍刀削”的策略，“尽取其外围之国，破其外围之城，毁其在外之食粮”[②]，逐渐使乌拉部实力衰弱，后在古英巴图鲁和阿敏等人的劝说下与乌拉部大战，努尔哈赤身先士卒，破阵杀敌，击败乌拉兵三万人，斩万人，获甲千余副，乌拉国灭亡。在与乌拉部争夺的过程中，努尔哈赤将朝鲜会宁以西的各部“尽移之建州”，驱民“累千”，徙居于白头山外。因之，建州地区的人口大增，居民聚焦，所谓辽海“东南千余里之间五、七十万虏，蜂屯蚁聚”[③]。其盛况可想而知。同时，对于那些不能够移居建州、留于原地的女真各部人责令他们“纳贡”。努尔哈赤继续扩张自己的领地，这样，至万历四十一年（1613）乌拉部被灭为止，东海、松花江、黑龙江等地的女真各部都纳于后金的控制和兵威之下。

万历四十一年（1613），乌拉部被努尔哈赤“尽杀其军，尽获其国”[④]。乌拉部贝勒布占泰没有投降努尔哈赤，没有去寻找被后金逮捕的妻儿，反而欲娶叶赫贝勒布扬古的妹妹为妻，转而投奔叶赫部。努尔哈赤向布扬古索要布占泰，布扬古坚决不给，于是努尔哈赤发兵征讨叶赫部。六月初十日，努尔哈赤发兵四万围攻叶赫部璋城、吉当阿城。接着又招降“乌苏城、雅哈城、赫尔苏城、和敦城、喀布齐赖城、俄吉岱城等大小村十九处，尽焚其城池、房舍、粮贮，收编三百户，携之而还”[⑤]。叶赫部布扬古和金台石两位贝勒偏安一隅，仍心有余悸，

---

① 高文德：《中国少数民族史大辞典》，吉林教育出版社1992年版，第49页。

② 中国第一历史档案馆、中国社会科学院历史研究所译注：《满文老档》，中华书局1990年版，第16页。

③ （明）陈子龙、徐孚远、宋徵璧等：《皇明经世文编》，中华书局1962年版，第4860页。

④ 中国第一历史档案馆整理编译：《内阁藏本满文老档·太祖朝汉文译文》，辽宁民族出版社2009年版，第8页。

⑤ 中国第一历史档案馆整理编译：《内阁藏本满文老档·太祖朝汉文译文》，辽宁民族出版社2009年版，第8页。

于是向明朝寻求庇护，万历皇帝也担忧努尔哈赤势力壮大后会威胁到自身统治，于是派遣枪炮手各五百驻守叶赫城，努尔哈赤给明朝写信陈述了自己征讨叶赫部的原因是叶赫部背弃盟约和不把布占泰交给他。[①] 天命元年（明万历四十四年，1616），建州部首领努尔哈赤被尊为“天任抚育列国英明汗”，建元天命。天命元年（明万历四十四年，1616），相继招服诺罗路、锡拉忻路和使犬部音达珲、塔库喇二路；十一月，因呼尔哈部博济里杀害建州前往贸易之人，努尔哈赤出兵征讨呼尔哈部，尽取呼尔哈部博济里及周边共三十六个村寨，继而征讨萨哈连部大获全胜。天命三年（明万历四十七年，1619）十月，呼尔哈部大臣纳喀达“率百户来降”[②]。十一月，叶赫部金台石复遣兵前来掠取已经被努尔哈赤征服的辉发城，引得努尔哈赤十分不满，先前因叶赫部有明朝增援不得不放弃征讨，如今努尔哈赤实力大增，且已经与明朝公然对抗，夺取抚顺城，眼下岂能容忍叶赫部再次前来挑衅？于是次年八月发兵往取叶赫部，金台石、布扬古贝勒被杀，叶赫部尽归天命汗。至此，扈伦四部完全被努尔哈赤吞并。

扈伦四部原非同姓，但都改姓为那剌，分处各地。后金奴隶主集团认为，叶赫等扈伦四部“与我原系一国”，在统一过程中将其人口编佐入旗，壮年披甲当兵，成为一支可靠的八旗劲旅。辽东经略熊廷弼说努尔哈赤“破降鱼皮（赫哲）、乌拉、北关（叶赫）、东海达子，得兵三万”[③]，其人口、地域都得到了相应的增加与扩大。努尔哈赤统一东海各部和扈伦四部，成为明与后金关系史上转折的前提，使后金的力量

① 中国第一历史档案馆整理编译：《内阁藏本满文老档·太祖朝汉文译文》，辽宁民族出版社 2009 年版，第 8 页。

② 中国第一历史档案馆整理编译：《内阁藏本满文老档·太祖朝汉文译文》，辽宁民族出版社 2009 年版，第 24 页。

③ （明）程开祜：《筹辽硕画》卷 34，《国立北平图书馆善本丛书》第 1 集，据明万历刻本影印，第 19 页。

开始发展到与明廷直接抗衡的地步。万历二十七年（1599），攻占哈达后，建州部开始停止对明纳贡。万历三十五年（1607），建州部与乌拉部进行乌碣岩大战，威震各部，并宣称将要“抢了”明朝的关市等，明边臣也深感努尔哈赤的“变态已彰”[①]。后金天命四年（明万历四十七年，1619），叶赫被灭，后金社会内部便完成了对女真本部的统一。如果说努尔哈赤统一建州周围各部仅仅是个立足点，那么，“并扈伦四部而金国之根基始定”[②]。从此，努尔哈赤便以后金统治者的姿态割据一方，与明对峙。

总之，女真到满洲的统一过程，就是满洲由部落到国家的发展历程。在这个过程中，女真诸部打破了以血缘关系为基础的氏族社会，其结果是以地缘组织维系的共同体开始形成。具有血缘关系的建州、海西和东海女真，在新的历史条件下，文化共同性被扩大，使女真内部更加密切地结合起来，增强了女真的实力，形成满族的主体。拥有共同历史渊源、相似生产方式、共同语言、相同的风俗习惯的女真各部逐渐统一，为日后以满洲为主体的“满洲共同体”的形成打下了坚实的基础。

第二节　女真“得蒙古人”

一　蒙古与明朝

元朝末年，政治腐败，军备废弛，蒙古官僚和贵族只顾自身利益，大肆兼并土地，最受苦的下层民众一面承受着统治者的横征暴敛，一

① 《明神宗实录》卷467，中华书局2016年版，第6页。

② 谢国桢著，谢小彬、杨璐主编：《谢国桢全集》第2册，北京出版社2013年版，第378页。

面又要面对名目繁多的苛捐杂税。在当时的小农经济生产条件下，广大下层民众只能“靠天吃饭”，元末的连年灾荒使小农无力寻求生计。在面对统治者的残酷剥削和自然灾害的双重影响下，农民日益丧失唯一的生计——土地，百姓被迫走上破产流亡的道路。元朝政府始终推行严厉的民族压迫制度——四等人制。在该项政策之下，汉人和南人成为最低等的种族，无论在官场仕途中还是社会生活中始终低人一等。元朝种种倒行逆施的政策激起民众的不满，在阶级压迫和民族歧视的双重打击之下，众多农民再也不愿忍受这种痛苦，纷纷揭竿而起。终元一代，农民起义就始终存在，元末的一场红巾军起事最为声势浩大，元朝统治危机来临。红巾军起事虽然最终失败了，但是其辉煌战果使得朱元璋的南方起义军异军突起，由南至北，将不可一世的元朝推翻，再一次建立了大一统国家政权——大明王朝。

朱元璋起义军在短短几年内就占据北京，元朝末代皇帝妥欢帖睦尔率领王公贵族和所余残部撤退至蒙古高原。还有诸多蒙古人未随元顺帝奔逃，反而留下归顺了朱元璋。事实上，这些留下来的蒙古人愿意跟随朱元璋是有原因的，大概有三点。

第一，血缘关系以及地缘关系。当时蒙古人中有一部分是跟汉人聚居在一起的，他们长期跟汉人生活在一起，他们的生活习性等都已经被汉化了，而且由于长期生活在一起，他们之间的通婚十分频繁，与汉人形成密切的血缘关系。大量蒙古人数十年生活在中原地区，接触最多的是汉人，接受最多的文化是汉文化，对这片土地非常熟悉，形成难以割舍的地缘关系。

第二，众所周知，元朝是一个维护封建贵族利益的王朝，经常会有很多蒙古人被贩卖最终沦为奴隶，或者说是为了打仗导致家破人亡，这就导致元朝居民的生活幸福指数很低，元朝大势已去。身为蒙古人更加了解蒙古人的作战方式，可以为明朝的军队带来大量的情报，成为有利用价值的被吸纳对象。

第三，这些蒙古人已经不再是当年在大草原上策马驰骋、弯弓射雕的彪悍骑兵了，他们已经习惯了中原腹地的气候和生活方式，若回到北方草原，不仅要忍受长途跋涉的逃亡之苦，草原上恶劣的气候也已经不再适应。

事实上，这些常年遭受压迫的蒙古人没有看错朱元璋，明朝实行的是较为平等的民族政策。朱元璋对待他们确实也比之前的蒙古王朝更加的宽容和仁慈，朱元璋明确表示："如蒙古、色目，虽非华夏族类，然同生天地之间，有能知礼义、愿为臣民者，与中夏之人抚养无异。"① 对于儒化的蒙古士人，"蒙古、色目人既居我土，即吾赤子。有才能者，一体擢用"②。追随朱元璋的蒙古人越来越多，他们愿意追随更加开明的君主，过上更加安定的生活。

在明朝存在的两百多年中，一直致力于极力分化、瓦解蒙古的力量，减轻对自身的威胁。至明朝末年，蒙古已经散乱一团，昔日的黄金家族后裔也失去了权威地位，蒙古诸部已不愿再向其屈服，在女真崛起后，蒙古各部逐渐与女真开始走向联盟。

二　女真与蒙古的密切关系

元朝灭亡后，蒙古人北返草原故土，汗权衰微，内部最终走向了分裂的道路。此时的蒙古分为三大部，分别为漠南蒙古、漠北喀尔喀蒙古、漠西卫拉特蒙古，他们在各自的领地上生存、繁衍。17 世纪上

---

① 《明太祖实录》卷 26，中华书局 2016 年版，第 11 页。

② 《明太祖实录》卷 34，中华书局 2016 年版，第 9 页。

半叶，蒙古内部纷争不断，各自为政。其中，漠南蒙古的部落最多，各封建主纷纷称汗，各部落组成了一个松散的联盟。女真迅速崛起于东北地区，逐渐向蒙古及明朝内部渗透势力。女真在不断向中原扩张的途中，最先与漠南蒙古产生接触。

（一）团结与分化

女真族与蒙古族自古交往极为密切。蒙古东北部的许多部落人民与女真人杂居共处，不少人早已融入女真部落。建州女真与蒙古部落的关系十分密切，努尔哈赤曾说过："蒙古与女真语言各异，而衣饰风习尽如一国也。"① 基于这种认识，努尔哈赤在广泛结交建州女真周边势力时，曾对蒙古各部采取主动拉拢的政策。万历二十一年（1593），九部联军大败于努尔哈赤。努尔哈赤却优待战败的蒙古科尔沁部，使科尔沁部大为感激，从此开启了女真与科尔沁部交往的历史先河。天命二年（明万历四十五年，1617），蒙古科尔沁部明安贝勒来到建州女真部与努尔哈赤会面。努尔哈赤用最高礼遇接待了他，"亲率福晋及诸弟子出城百里外相迎，路宿二夜……与明安马上抱见。念蒙古明安贝勒远道而来，以礼相待。每日小宴，间日大宴，留至三十日"②。明安贝勒返回时，努尔哈赤送至三十里外，路宿一夜。努尔哈赤出征的过程中，科尔沁部也给予大力支持，明安贝勒数次向努尔哈赤献战马。这样，作为两个民族的统治阶级，蒙古鄂巴、明安等贝勒与后金奴隶主集团开始携手，日益接近。

---

① 中国第一历史档案馆整理编译：《内阁藏本满文老档·太祖朝汉文译文》，辽宁民族出版社2009年版，第41页。

② 中国第一历史档案馆整理编译：《内阁藏本满文老档·太祖朝汉文译文》，辽宁民族出版社2009年版，第17页。

明廷担心女真与蒙古的结合会使北部的边防崩溃，于是设法以大量白银抚赏蒙古诸部。重赏之下，有的蒙古部落听命于明廷。开原本是明朝与蒙古的贸易场所，天命四年（明万历四十七年，1619）开原失陷后，明廷主动激励喀尔喀部中颇有威望的首领宰赛贝勒抗金。本就心思摇摆不定的宰赛决定与后金对抗，集结内喀尔喀五部联军攻打后金。不料联军在铁岭城外兵败，努尔哈赤扣押宰赛。此一战后，宰赛成为人质，从此喀尔喀各部受制于后金，努尔哈赤对蒙古喀尔喀部获得主动权。后金遣书喀尔喀蒙古五部："明朝卑视我弱小而欺凌之，今又唆叶赫金台石、布扬古叛我，而后掠取之。至和与不和，我等内部之事，而明国为何乘我内乱交战之际，偏助叶赫，唆叶赫人叛我，而后掠取之？吾以此故，乞告天地，征伐明国……今吾将南征，尔喀尔喀蒙古贝勒等亦愿往征也？……我蒙古、诸申二国，语言各异，而衣饰风俗同也！我二国之兵于明边内相遇后，若生杀人夺马之事，岂非损我等之名声？为此故，愿与尔等立一誓言，可乎？"① 最终，五部喀尔喀蒙古与后金于噶克察漠都冈干塞忒勒黑会盟，参会的有扎鲁特部、乌齐叶特部、巴林部、巴岳特部、弘吉剌部的几乎所有有实力的贵族。从此女真与蒙古各部紧密联合的序幕缓缓拉开。内喀尔喀蒙古表示愿与后金结盟和好，共同盟约："我二国素与明国为仇，今将合谋征之。何时与明国修好，必共同商议而后和之。"② 并相互约定，双方中若有一方擅自毁此天地之盟，则受天地谴责，溅血暴骨而死。其他喀尔喀各部虽与后金的关系多有反复，但都相继来降。天命六年（明万历四十八年，1620）七月，"喀尔喀贝勒卓里克图属下

---

① 中国第一历史档案馆整理编译：《内阁藏本满文老档·太祖朝汉文译文》，辽宁民族出版社 2009 年版，第 34 页。

② 中国第一历史档案馆整理编译：《内阁藏本满文老档·太祖朝汉文译文》，辽宁民族出版社 2009 年版，第 42 页。

六十户来归”①。八月，“喀尔喀贝勒卓里克图属下逋逃九人来归”②。十二月，喀尔喀蒙古共6人来投。③ 此后，喀尔喀部人相继来投。次年三月，自喀尔喀杜楞贝勒处来男丁112人，及妇孺285人。

天命年间来归的蒙古人数量逐渐增多。天命五年（明万历四十七年，1620），蒙古扎鲁特部人相继来投，“蒙古扎鲁特地方内齐汗属下有逃民二十七户来归”④，“有八户自蒙古扎鲁特地方内齐贝勒处逃来此”⑤。五月，蒙古巴约特部蒙果尔台吉和巴林部160户来投。天命八年（天启三年，1623），巴林部相继来投。蒙古巴约特部达尔汉巴图鲁贝勒之子恩格德尔率部来归，被努尔哈赤收为额驸，待如亲子。⑥ 努尔哈赤规定：“蒙古人连次来归，供应粮草。”⑦ 据《满文老档》记载，天命七年（天启二年，1622）正月，每日自蒙古有10—20户来投⑧，蒙古归降后金的人数逐渐增多。天聪元年（明天启七年，1627），察哈尔阿拉克绰特部巴尔巴图鲁、诺门达赖、吹尔扎木苏三贝勒及大贝勒昂坤杜棱率众来归。次年，科尔沁诸贝勒率众来归。此时蒙古众多部落已与后金结盟，皇太极西征察哈尔蒙古时，科尔沁部、敖汉部、奈

① 中国第一历史档案馆、中国社会科学院历史研究所译注：《满文老档》，中华书局1990年版，第220页。

② 中国第一历史档案馆、中国社会科学院历史研究所译注：《满文老档》，中华书局1990年版，第226页。

③ 中国第一历史档案馆、中国社会科学院历史研究所译注：《满文老档》，中华书局1990年版，第273—274页。六人中两人12日逃来（见273页），四人14日逃来（见274页）。

④ 中国第一历史档案馆、中国社会科学院历史研究所译注：《满文老档》，中华书局1990年版，第164页。

⑤ 中国第一历史档案馆、中国社会科学院历史研究所译注：《满文老档》，中华书局1990年版，第166页。

⑥ 中国第一历史档案馆、中国社会科学院历史研究所译注：《满文老档》，中华书局1990年版，第1438页。

⑦ 中国第一历史档案馆、中国社会科学院历史研究所译注：《满文老档》，中华书局1990年版，第311页。

⑧ 中国第一历史档案馆、中国社会科学院历史研究所译注：《满文老档》，中华书局1990年版，第322页。

曼部、喀尔喀部、扎鲁特部等各蒙古兵纷纷响应。[①] 此时的林丹汗统治的察哈尔蒙古已经丧失统治地位，诸部分裂，扎鲁特部蒙古不堪忍受察哈尔蒙古的屡次侵扰，投奔了科尔沁部，希望能够寻求科尔沁部的庇护，但科尔沁诸贝勒不肯收附，遂转而投附后金，再一次充实了后金的队伍，壮大了蒙古与后金联合的实力。天命八年（天启三年，1623），努尔哈赤向喀尔喀各部提出，将林丹汗统领的察哈尔部作为敌人，喀尔喀各部中出现了不同意的声音。努尔哈赤急于解决林丹汗这一最大阻碍，发兵攻打提出反对意见的喀尔喀扎鲁特部昂安，引起喀尔喀总首脑炒花的愤怒。本就处于联合起步阶段的后金喀尔喀联盟发生动摇，炒花欲联合林丹汗反攻后金，但并未取得林丹汗的回应。林丹汗的退缩使还在徘徊的科尔沁部坚定了附清的决心。此时的林丹汗唯恐后金取得与喀尔喀各部的全面联盟，开始计划讨伐科尔沁部，但最终失败。林丹汗想统一的梦想破灭，努尔哈赤和皇太极乘机拉拢分化瓦解。经过努尔哈赤和皇太极的努力，终于击溃察哈尔蒙古。察哈尔蒙古来归，第二年编喀喇沁蒙古 11 旗，从而内蒙古各部基本上归属后金统辖。

这样，后金与内蒙古各部统治阶级全面结合，便形成了以女真贵族为统治核心，女真、蒙古统治阶级联合组成的统治集团。史称，后金的兴起"首臣科尔沁，继平插汉（即察哈尔）。于是诸部先后来庭，有大征伐率师以从，世其封爵，时其朝贡。凡二十五部，为五十有一旗，其制略与在京内蒙古八旗等"[②]。而最为清廷信任和重用的是科尔沁蒙古，史载："科尔沁从龙佐命，世为肺附（应肺腑），与国休戚。

---

① 中国第一历史档案馆、中国社会科学院历史研究所译注：《满文老档》，中华书局 1990 年版，第 909 页。

② （清）魏源：《圣武记》，中华书局 1984 年版，第 94 页。

孝端文皇后、孝庄文皇后、孝惠章皇后皆科尔沁女……自天命至乾隆初，额驸尚主者八，有大征伐，辄属櫜前驱，劳在王室……而土谢图亲王、达尔汉亲王、卓理克图亲王、札萨克图郡王四爵俸币居二十四部之上。"[①] 因之，它奠定了努尔哈赤团结蒙古上层政策的基石。

（二）联姻

明朝中晚期针对女真的政策是，利用女真各部之间的矛盾此消彼长，达到制衡女真的目的，"分其枝，诚欲离其势，互令争长仇杀，以贻中国之安"[②]。这种政策导致了女真各部长期混战，生产力水平低下，生活困苦。广大女真人于内希望和平统一，发展生产，结束困苦的生活；于外不愿再受明朝以及周边朝鲜和蒙古的欺凌，统一大业势在必行。

努尔哈赤努力聚集各方势力，扩大政治基础，率先担负起统一女真各部之重任。彼时女真与居于南部的蒙古的科尔沁、内喀尔喀等部毗邻。由于历史和地缘关系，女真诸部与蒙古各部渊源深厚，尤其是与女真的叶赫、哈达、乌拉部关系亲厚。"满洲诸部早已与蒙古通婚，海西叶赫部的祖先原为蒙古土默特部人，乌拉部与哈达部的祖先也与蒙古人通婚，含有蒙古血统。"[③] 科尔沁部还曾经在叶赫部召集的九部攻伐建州部的古勒山之役中参与了对建州部的战斗。所以在努尔哈赤统一女真各部的进程当中，妥善处理与毗邻蒙古诸部的关系至关重要。在此历史背景下，努尔哈赤开始着手与科尔沁、内喀尔喀蒙古等部联姻，制定了后金皇室贵族与蒙古王公世代联姻的民族政策，以极大的

---

① （清）魏源：《圣武记》，中华书局 1984 年版，第 99 页。

② （明）董其昌：《神庙留中奏疏汇要》，《续修四库全书》，上海古籍出版社 2011 版，第 163 页。

③ 蔡美彪等：《中国通史》第 9 册，人民出版社 1996 年版，第 70 页。

热情和诚意争取到蒙古各部的支持。

后金的联姻政策产生于努尔哈赤时期。万历四十年（1612），努尔哈赤向蒙古科尔沁部求娶明安贝勒之女博尔济锦氏，得到了明安贝勒的应允。“壬子年，聪睿恭敬汗五十四岁，四月蒙古国贝勒明安送女与聪睿恭敬汗为妻。”① 此次通婚揭开了后金政权开始践行满蒙联姻政策的序幕。万历四十三年（1615），努尔哈赤为巩固与科尔沁部之间的联合，又向科尔沁部求娶孔果尔郡王之女博尔济锦氏，也得到了应允。短时间内与科尔沁部的先后两次结亲联姻，使建州女真与科尔沁部之间关系更为亲密，联盟更加坚不可摧，而科尔沁部也率先成为蒙古诸部中努尔哈赤一统女真的坚强后盾。满蒙联姻效果显著，于是联姻政策被进一步大力推进。努尔哈赤的儿子们也与蒙古有着千丝万缕的姻亲关系。万历四十二年（1614），“蒙古国扎鲁特地方贝勒钟嫩遣其子桑图台吉前来，欲送其女，以结姻亲”②。贝勒钟嫩亲送其女至沃赫渡口地方，嫁与古英巴图鲁代善。扎鲁特部也开始了与后金的联姻，五日后，扎鲁特部蒙古内齐汗的妹妹嫁与莽古尔泰。扎鲁特蒙古台吉岱青之妹嫁与德格类。③ 皇太极也娶了科尔沁莽古斯贝勒之女哲哲。努尔哈赤本人及其子与蒙古诸部之间的联姻不仅加强了双方之间的政治联合，还为两个民族之间的进一步交往和融合奠定了坚实基础。

天聪九年（明崇祯八年，1635），皇太极改女真为满洲。次年，受“宽温仁圣皇帝”之尊号，改国号为大清。至此，后金进入一个

① 中国第一历史档案馆、中国社会科学院历史研究所译注：《满文老档》，中华书局1990年版，第12页。

② 中国第一历史档案馆、中国社会科学院历史研究所译注：《满文老档》，中华书局1990年版，第26页。

③ 中国第一历史档案馆、中国社会科学院历史研究所译注：《满文老档》，中华书局1990年版，第27页。

全新的发展阶段，无论是政治，还是经济，抑或是民族之间的交融都更上一层楼，而满蒙关系也至此发生了转折。由之前近似于平等互利的结盟关系，发展成为“一种具有特殊君臣关系的政治结盟”。皇太极延续并发展了努尔哈赤所创的笼络羁縻蒙古的制度。皇太极的一后四妃，皆因被誉为蒙古“黄金家族”（成吉思汗家族）的后裔，而其中的三位更是来自与女真最为近邻的科尔沁部。后金早期的这些联姻为满蒙联盟提供了重要保障，而后金统治者也极力渲染与蒙古的血缘和亲近关系，皇太极认为满洲与蒙古“我与尔两国，语言虽异，衣冠则同”①。可见后金统治者也清楚地认识到蒙古的力量以及团结蒙古的重要性。

以上是满洲贵族娶蒙古贵族女子史实，这种形式人数不断扩大。除此形式外，满蒙联姻形式有新的发展。天命二年（明万历四十五年，1617），后金女嫁入蒙古的例子也开始出现。努尔哈赤的弟弟舒尔哈齐之女下嫁于喀尔喀巴约特部恩格德尔，开满洲贵族女下嫁蒙古部落的先河。据《满文老档》记载，恩格德尔台吉欲将原配之妻改适他人，以娶后金之女，但最终未将原配改嫁。② 可见蒙古贵族对迎娶满洲贵族女之看重。彼时，名义上为蒙古共主的林丹汗也在着力希望统一蒙古，恢复蒙古霸业。科尔沁部的奥巴台吉与林丹汗的关系陷入了紧张境地，因为对于科尔沁部来说，若投靠后金则与后金是血缘关系，待他日后金取得统治地位，双方的关系则为姻亲；若投靠林丹汗，则是黄金家族的奴隶，孰轻孰重一目了然。在后金与科尔沁部强大的联姻关系形成后，林丹汗再想收复科尔沁就难上加难了。至于后来的内喀尔喀以

① 《清太宗实录》，中华书局 1985 年版，第 242 页。

② 中国第一历史档案馆、中国社会科学院历史研究所译注：《满文老档》，中华书局 1990 年版，第 50—51 页。

及奈曼、敖汉等旗，一方面有后金的武力威慑；另一方面有来自科尔沁部的榜样的力量，一旦与后金结盟联姻，所获得的实际经济、政治利益、军事保护都足以让这些部落动心。而来自林丹汗的不理解和武装打击就是压死骆驼的最后一根稻草，促使这些蒙古部落归附后金。天命年间科尔沁部率先向后金称臣，归附了后金。不得不说，科尔沁部的率先归附与双方早期的联姻密不可分。联姻的作用是强大的，蒙古族妇女进入满洲统治核心有利于稳住蒙古部落，促进满蒙一家亲，可以确保后金此后的继承人拥有他们部落的血统，保持对蒙古的天然内心亲近，这比打仗换来战果要轻松得多。努尔哈赤和他的儿子们与蒙古诸部联姻固然受政治因素之影响，但这是与蒙古之间化敌为友的最直接也是最有效的方法。这样一来，后金在短短的二十年的时间里，通过结盟联姻等手段，迅速笼络了一大批蒙古部落，使之与蒙古林丹汗以及明朝的实力对比发生了巨大变化，为后来打击林丹汗和出兵明朝奠定了基础。

天聪元年（明天启七年，1627），敖汉部归附后金，次年，皇太极出兵征伐察哈尔，林丹汗西迁，察哈尔、克什克腾部相继归降。林丹汗的八个福晋多数被后金贵族所娶，多罗大福晋囊囊和巴德玛瑙伯奇两位福晋改嫁皇太极，苏泰大福晋改嫁济尔哈朗，苔丝娜伯奇福晋改嫁皇太极之子豪格。这是另一种意义上的联姻结盟，因为林丹汗的八位福晋实际上控制了八个斡儿朵，也就是八个部分的属民。这样的做法不仅有利于团结林丹汗余部，更有助于满蒙血统的进一步融合，稳固满蒙之间的联盟关系。

至此，后金不仅解除了蒙古的后顾之忧，“攻城略地不必返顾”，还将勇猛的蒙古骑兵纳入麾下，即将率先归附的蒙古部族整编为八旗蒙古。八旗蒙古的地位仅次于八旗满洲，在后来清朝统一全国的道路上冲锋陷阵，成为清王朝奠基立业不可低估的重要支柱。

随着清军入关，一路攻城略地，满蒙的实力变化以及双方关系都发生了迅速的转变。因为联姻伴随着的是封官赐爵，是丰厚的赏赐，是与清朝皇室亲近的血缘关系。拥有蒙古科尔沁血统的福临的即位也极大地证明了这一点，并且刺激着蒙古各部以与皇家或者满洲贵族缔结姻亲为荣。而联姻不仅作为笼络蒙古王公、巩固满蒙联盟的手段，更发展为控制蒙古部落的手段。“入关以后，满洲贵族和蒙古王公之间更是形成了一种具有特殊君臣身份的政治结盟关系，蒙古王公地位的升降，爵号的封削，联姻关系是连续发展还是就此中止，等等，无一不以王公额驸对清廷效忠的程度为转移。”①

后金至清初的满蒙联姻是政治性的，极大符合女真社会发展以及科尔沁等部企图寻求政治联盟摆脱林丹汗管辖的诉求，极大加强了蒙古与后金之间的联系，为后金统一女真诸部以及大清入关扫除了障碍和奠定了基础，成为历史上我国北方两个强族第一次携手共同治理国家，为清朝未来处理少数民族关系开启了先河和典范，更使清朝在民族融合进程中迈出了坚实且重要的一步。

（三）建立八旗蒙古

早在万历二十一年（1593），蒙古科尔沁部就参与了古勒山战役，结果全军覆没，经过此次战役后，科尔沁贝勒明安看到了努尔哈赤强大的军事实力，很快与努尔哈赤结为连理。此后扎鲁特等部落也与建州女真交好。努尔哈赤的声望已经远播蒙古部落。万历三十五年（1607）后，不断有内喀尔喀蒙古部众投奔努尔哈赤，当努尔哈赤进军

---

① 华立：《清代的满蒙联姻》，《民族研究》1983年第2期。

辽东、辽西地区后，更是不断有蒙古人投靠。万历四十三年（1615），在编的蒙古牛录已达76个。

后金与内喀尔喀蒙古及察哈尔部等长期混战时，许多蒙古部落厌倦了战争的硝烟，陆陆续续归附势力较为强大的后金。但此时归附的蒙古人并不多，后金政府还没有设立专门的蒙古八旗。对于这些归附的蒙古部落，后金一般采取由本部蒙古封建主继续管理的方式，保障了蒙古封建主本身的权力，以便吸引更多的蒙古部落归附。对于一些便于管理的归附人数较少的部落或战场收编的零散人员则将其编入满洲八旗，或者另编设蒙古牛录进行管理。《满洲实录》中对蒙古牛录有着相关记载：天命六年（明天启元年，1621），“蒙古喀尔喀部内古尔布什台吉，莽果尔台吉率民六百四十五户并牲畜业归”，努尔哈赤授二人总兵官之职，赐以“满洲一牛录三百人，并蒙古一牛录，共二牛录”①。鉴于此时蒙古归附于后金的人数尚少，数量还远远没有达到需要编设蒙古八旗的程度，故仅仅设置蒙古二牛录。此时的蒙古牛录隶属于八旗满洲。后来，随着林丹汗在蒙古各部中的威望降低，越来越多的蒙古部落归附后金。翌年，努尔哈赤对蒙古来归贝勒说道：“我思自喀尔喀前来之诸贝勒编为一旗，自察哈尔前来之诸贝勒编为一旗。我念尔等来归，故编尔等为二旗。尔等若以为分旗难以度日，愿与（满洲）诸贝勒结亲通婚，彼此相与，则任尔自便……我之八家，如同一家。我亲生之诸子与贝勒等携来之诸子，同其爱养，不有歧视。尔等循我国贝勒之例以度日。”② 为了尽量消除蒙古各部封建主的抵触情绪，努尔哈赤动之以情、晓之以理，号召蒙古封建主与满洲贝勒结为

---

① 《满洲实录》，中华书局1985年版，第336—338页。

② 中国第一历史档案馆、中国社会科学院历史研究所译注：《满文老档》，中华书局1990年版，第369页。

姻亲，增进彼此之间的关系。许多蒙古封建主明晓林丹汗与后金之间的差距，陆陆续续地归附后金。

天聪年间，随着后金势力的逐步扩张，除察哈尔部之外的漠南蒙古诸部已经基本归附后金。皇太极利用已归附蒙古部落的优待，吸引未归附蒙古部落的意义变得不再那么重要了。天聪六年（明崇祯五年，1632），皇太极“以归顺蒙古诸贝勒所行违背，不令别立一旗，令随各旗贝勒行走，所属人员拨与吴讷格、鄂本兑旗下管理（吴讷格、鄂本兑二旗即是上文提到的附属于八旗满洲内的蒙古二牛录）”①。下令蒙古二旗诸贝勒不再独立统领本旗，而是编入他们所联姻的八旗满洲的贝勒所在旗。“凡随满洲旗蒙古贝勒所属牛录甲兵，令各该管甲喇章京率之以行。其蒙古贝勒，则各该固山额真率之以行。”蒙古牛录隶属八旗满洲，虽然兵丁仍归蒙古各部贝勒管理，但他们的旗下兵丁仍然受制于八旗满洲下的各甲喇章京的管辖，此时的蒙古牛录仍然是满洲八旗的附属，没有掌握单独率军权，即无权率领兵丁征战。

天聪九年（明崇祯八年，1635），清查蒙古壮丁，加上原蒙古二旗士兵，“编审内外喀喇沁蒙古壮丁，共一万六千九百五十三名，分为十一旗”②。其中外喀喇沁的9123名壮丁所编的三旗仍属外藩蒙古三旗，其余八旗与八旗满洲并列。至此，八旗蒙古正式建立。但应注意的是，虽同隶属于八旗内部，其无论是在组织形式方面还是在内部结构方面都与八旗满洲一致，每旗设二甲喇，每甲喇下牛录数目不等。八旗总管大臣下设梅勒章京和甲喇章京各两人。但政治地位有着很大的区别，八旗满洲毋庸置疑是地位最高的，其次是八旗蒙古，最后才是八旗汉军，这是由蒙古和满洲之间的亲密关系决定的。

---

① 《清太宗实录》，中华书局1985年版，第171—172页。

② 《满洲实录》，中华书局1985年版，第292—293页。

总括所述，蒙古与女真的关系最为密切，“休戚”与共。凡是护军、亲军，外族不能充任者，蒙古人皆可充任。事实表明，努尔哈赤、皇太极所制定的团结蒙古上层的基本政策增强和扩大了后金统治阶级的基础。清朝统治者知晓定国，又懂得安邦。在吸取前人的经验和教训基础之上，总结了一套特殊的行政制度。入关前，统治阶级积极吸纳其他民族至本民族的统治，除依靠本民族贵族集团和团结蒙古上层的客观条件和基本政策之外，还争取辽东汉人的支持，开辟了多元一体格局的国家新局面。

第三节　女真吸纳汉人

历史经验证明，金、元时代之所以能够以少数民族之身份入主中原，与他们“皆能用汉人”[①] 大有关系。努尔哈赤起兵伊始就意识到了这个问题的重要性，于是采取了一系列厚待汉人和汉官等笼络政策，但努尔哈赤统治后期则采取民族压迫的方式，严重伤害了满汉关系。皇太极即位后为了实现其雄心壮志，继续恩养汉民、招纳汉官，不仅巩固了后金统治，增强了与明军对抗的力量，还极大地改善了满汉关系，进一步推动了民族融合的发展进程。

一　努尔哈赤时期对汉人政策及其变化

努尔哈赤在政治上颇有远见，从起兵开始就注意收用汉人。除明初以来进入建州三卫的汉人及其子孙以外，明朝末年陆续有大批的汉族人民苦于贪官污吏的勒索和繁重的苛捐杂税，纷纷相继进入建州地

① 辽宁大学历史系：《天聪朝臣工奏议》卷中，辽宁大学历史系1980年版，第37页上。

区。比如16世纪末至17世纪初，明朝辽东矿税监高淮“敲骨吸髓”，走投无路的辽东人民，为了求生，有的投向满族。[①] 万历三十六年（1608）、三十七年（1609），因避差徭奔建州的汉人多达“六万余人”（即“六堡”移民）。努尔哈赤对于满汉关系的理解和诠释在入居辽东之初就上升了一个层次，他曾对臣下申谕道：“（诸申、汉人）尔等皆为一汗之民也。”[②] 可见，努尔哈赤早就意识到了满汉一家的重要性，因此采取了一系列的政治手段来促进满汉之间的融合。努尔哈赤对于进入建州部和女真占领区的汉人，一方面采取收养、保护和录用汉族统治阶级成员的笼络政策；另一方面也实行了阶级压迫和民族压迫的政策。

（一）努尔哈赤的“恩养”汉民

努尔哈赤掌管建州卫后，开始对进入建州部的汉民，令其耕田、种参，特筑“蛮子城”进行安置。在后金与明公开对峙的年代，辽民私自逃入后金的，努尔哈赤在贸易断绝、“钱积如山无所用”的情况下，对这些逃出来为用工的汉人当其年终返归故里时，“尽力负钱”，所过地方“给以饮食”[③]，至于“画员、瓦匠”等有技艺的汉人充分录用，使各尽其力，各得其所。

天命四年（明万历四十七年，1619），从各处收编的军队已经妥善安置，努尔哈赤的军事实力空前壮大，遂以“七大恨”起兵，率十万八旗兵欲伐明，并制订了周密的攻城计划。谕诸贝勒、大臣：

---

① 孙文良：《矿税监高淮乱辽述略》，《明史研究论丛》（第一辑）江苏人民出版社1982年版，第248、258页。

② 中国第一历史档案馆、中国社会科学院历史研究所译注：《满文老档》，中华书局1990年版，第359页。

③ 《皇清开国方略》卷7，广东人民出版社2013年版，第12页上。

“凡阵获之人，勿剥其衣，勿淫其女，勿离其夫妻。因抗拒而死，听其死。不抗拒者勿杀。”[①] 四月，攻克抚顺以后，“分人畜三十万，编千户”[②]。对一般民户曾采取汉官管汉民的政策，如收服李永芳时，属下汉民仍旧归李永芳管辖。[③] 城内汉人随李永芳得到妥善安置，努尔哈赤下令“当尽心供养该抚顺城游击，以使其生活有趣”。故努尔哈赤对抚顺城来降之千户给予了特殊优待，未将其父子、兄弟以及夫妇分离，又另给其以马、牛、奴仆、衣服、被褥和粮食等，以示招降之诚意。进入辽沈前夕，将明朝官军整编数千人为兵，女真人与当地的汉人的民族矛盾、阶级矛盾十分激化，但在一段时期内，努尔哈赤仍然采取保护归顺汉民正当权益，采取“使汉官等辖之”的政策。对于愿意归顺的汉民实行“一切不杀”“官仍旧职”的政策。进入辽沈后，又先以 20 汉人编兵 1 名，后改为 10 人中以 1 人为兵；城、台、边关责令共同把守。以天命七年（明天启二年，1622）为例，岫岩驻兵的数目是汉军 1000，女真人 30；金州汉军 500，女真人 30 等。

同时，对于女真官民违犯现行汉人政策的人则施以严刑惩处。比如天命六年（明天启元年，1621），供给大金汗家食、鱼的韩楚哈等四人，由于杀汉人，解取衣服，并杀其驴、羊、猪等共食。被告发后，努尔哈赤将他们提到法庭受审，判处首恶阿哈岱死刑，其余三人各鞭 50，刺耳、鼻等重刑。[④] 第二年牛录下人茂海强奸汉人女子，被判死

① 中国第一历史档案馆、中国社会科学院历史研究所译注：《满文老档》，中华书局 1990 年版，第 56 页。

② 中国第一历史档案馆、中国社会科学院历史研究所译注：《满文老档》，中华书局 1990 年版，第 59 页。

③ 中国第一历史档案馆、中国社会科学院历史研究所译注：《满文老档》，中华书局 1990 年版，第 63 页。

④ 中国第一历史档案馆、中国社会科学院历史研究所译注：《满文老档》，中华书局 1990 年版，第 23—24 页。

刑，八分其尸，悬于八门示众。[①] 同时还规定，凡是私取汉人财物，被家人告发准予家人离主等，都是保护一般汉民人身、财产等正当权益的政策。努尔哈赤认为，凡是后金军占领地区的汉民都是自己的臣民，所以两三强调汉人与女真人"皆一汗之民也"。

努尔哈赤对汉人论贤录用政策开始于起兵前后，史载他手下曾"有洛翰者，本姓刘，中原人"，为人勤俭、勇敢，做过努尔哈赤身边的侍卫，"依如左右手"。[②] 汉人文书董大海、刘大海、歪乃等都参加文移往来和外事活动，在努尔哈赤政权中起着重要作用。统一建州本部后，并曾重用浙江会稽龚正陆，"号为师傅"，受到"极其厚待"，给予"子姓群妾，家产至万金"。后金进攻辽沈之时，又将抚顺李永芳招服，努尔哈赤将其子阿巴泰的长女嫁给他，将其收为额驸（满语efu，汉语"驸马"之意），"结为心腹"，凡有军政大事都参与谋划。同时，努尔哈赤通过李永芳的关系广布情报网，侦察明关内军情。这些都是后金政权录用和笼络汉官的事实。

努尔哈赤收养汉人，论贤录用和笼络汉官，是由于当时有相当数量的汉人不满明朝的腐败统治，愿意投奔后金，"输心用命"。有些汉人或"困厄无聊"，或"怀材抱智，断绝功名之路"，甘心辅佐努尔哈赤，共谋大业。因而归顺的汉民数量逐渐增多。关于这一点，原任广西把总李自用在天命三年（明万历四十六年，1618）曾说：后金虽兵马十多万，而"半皆中华人（系指汉人）"，凡是攻城略地"皆辽之人"[③]。李自用的统计汉人占后金兵马的一半，这些汉人为努尔哈赤所用。从中可见，努尔哈赤收养汉人政策收到成效。

---

① 中国第一历史档案馆、中国社会科学院历史研究所译注：《满文老档》，中华书局1990年版，第4—5页。

② （清）昭梿：《啸亭杂录》，中华书局1980年版，第465页。

③ （明）程开祜辑：《筹辽硕画》卷43，上海商务印书馆1937年版，第37页上。

在特定的历史背景之下，为了巩固后金的统治地位以及壮大自身的统治势力，努尔哈赤积极笼络汉人、任用汉人。在后金建立初期，八旗军队的势力几乎覆盖了整个辽东地区，努尔哈赤在占领的抚顺、铁岭、清河、开原、辽阳和沈阳等地纷纷遣人驻守。努尔哈赤曾言："本欲设诸申[①]官员管理"辽东汉人，但诸申官员与"新附之民语言不通"，因此"令汉官管理之"。[②] 努尔哈赤认识到汉人仍然是其占领地区人口的主要部分，女真则因为人数太少，只能驻扎在辽阳、沈阳等军事重镇中，因此，提高汉人地位对于巩固努尔哈赤在辽东地区的统治是有积极意义的。汉人的语言文字、服饰文化、生产方式与女真人有极大的差别，因此巩固辽东地区，必须依赖具有统治基础以及相同文化背景的汉族地主，努尔哈赤管理辽东地区的政策是，"汉官治汉民"。这与辽朝时所实行的"南北面官制"的思想体系异曲同工，汉官管理汉民能够更好地发挥汉官的对内职能，同时也能够缓和汉民的抵触情绪，避免民族之间的激烈冲突。对内管理汉民离不开汉官的大力支持，辽东地区生活的大多是汉人，故这一政策执行的效果如何，直接关系着辽东地区局面安定与否。

努尔哈赤为了让汉人效忠自己，除了对汉官不吝赏赐、大力提拔，大都编入八旗，分隶八贝勒"恩养"外，甚至还给汉官世职，允诺"功臣"的兄弟子孙承袭官职，享受殊荣。这样的思想在实践中也得到了贯彻执行，如镇江佟游击之子和汤山、双山、镇江守堡汉官之子皆袭父职。[③] 另还有天命八年（明天启三年，1623）六月初一日，牛庄守

---

① 这里诸申一词是指女真人对自己的称呼。参见商鸿逵、刘景宪、季永海等《清史满语辞典》，上海古籍出版社1990年版，第235页。

② 中国第一历史档案馆、中国社会科学院历史研究所译注：《满文老档》，中华书局1990年版，第264页。

③ 中国第一历史档案馆、中国社会科学院历史研究所译注：《满文老档》，中华书局1990年版，第278页。

堡李世功身亡，其弟李雄代理职务。[①] 一些汉官即使犯了法，只要不是谋叛大罪，一般情况下从宽减免。如张悟理，其罪当死，因其曾架桥有功，赦而养之。[②] 备御陈万卫，去复州收割官粮时，盗取二十二车。努尔哈赤认为，“凡盗汗之官粮罪大矣”，本欲斩杀，因审知万卫之父任汤山守堡时，被毛文龙带走处死，努尔哈赤得知后指示，“陈万卫因父之功，已受备御，且敕书载世世不绝之功”，免死无罪释放。[③]

辽东地区的汉人纷纷归降，努尔哈赤的优待态度使他们为后金政权积极献力，认为他是值得辅佐并能够称霸天下的贤明君主，清朝能够定鼎中原，统一全国，汉人发挥了不可小觑的作用。

（二）努尔哈赤疏远和打击汉人

据《李朝实录》的记载，曾于万历二十三年（1595），汉人龚正陆曾对赴建州部的朝鲜使者说：“俺有一子尚在浙江，尔若率来，则欲以此金帛给遗。”朝鲜使者欲通过抓住他的软肋获取一些机密情报，乃作书答道：“尔若尽告贼情而无误大事，则我当招尔子使得相见。”[④] 龚正路收到答复后喜出望外，开始加紧了与朝鲜之间的联络。于第二年三月将努尔哈赤的建州部“今年不动之奇，及大小之事”，“乘闲说与”代表朝鲜来到建州部谈判的明朝官员余希元。又说：“凡干机密，有胡人在旁，不可尽说，四五月间小的亲到满浦，明白禀上老爷。”[⑤]

---

① 中国第一历史档案馆、中国社会科学院历史研究所译注：《满文老档》，中华书局1990年版，第498页。

② 中国第一历史档案馆、中国社会科学院历史研究所译注：《满文老档》，中华书局1990年版，第305页。

③ 中国第一历史档案馆、中国社会科学院历史研究所译注：《满文老档》，中华书局1990年版，第576—577页。

④ 吴晗辑：《朝鲜李朝实录中的中国史料》，中华书局1980年版，2180页。

⑤ 吴晗辑：《朝鲜李朝实录中的中国史料》，中华书局1980年版，2229页。

这分明是身在曹营心在汉，“里通外国”，他投奔于后金却又秘密与和明朝亲近的朝鲜人提及后金之事，首鼠两端，与建州部走向了对立面，已经与努尔哈赤貌合神离，乃至离心离德，迫不及待地泄露建州部的机密，终致走上危害建州部的道路。努尔哈赤无法忍受他的背叛，最终将其铲除，其家人也未能幸免，“株连所及家属或被诛杀或沦为奴隶，家产被籍没”①。但这在明朝人眼中，龚正陆虽在“虏中”，但其“不忘宗国”②，身不由己却时刻心系乡邦与朝廷。

龚正陆曾深得努尔哈赤的信任，对满洲勃兴做出过重大贡献，最后却背叛了努尔哈赤。努尔哈赤从中获得的教训应是刻骨铭心的。当其进入辽沈后，民族关系紧张，对汉人的怀疑与仇视，与龚正陆交往经历中所获得的负面影响不无关系。

努尔哈赤先是因汉人“习性贪财”而不信任汉人。早在天命六年（明天启元年，1621）十一月十九日，汗降书汉人曰：“汗所擢用之官员，凡汗赏赐平常所得之物，当明取之，不得暗取于人。善者因过失而获罪，不令辞退矣。倘汉人仍由汉官管束，则因其习性而贪财误国。今将河东汉人男丁数目全部点清，其分给诸申官员之人，可令诸申管之。凡不令在汉官之下，而愿来依附于诸申者，听任之。”③

这说明此时努尔哈赤不信任汉官初露端倪，由一开始对汉官的信任开始逐渐转变为怀疑，也以汉官“习性贪财”为借口欲使本民族之人管辖辽东地区，改变了“汉官专管汉民”的政策。这只是事情的开始，事态在进一步发展。二十七日的汗谕曰：

① 张玉兴：《努尔哈赤的早期谋士龚正陆》，载《明清史探索》，辽海出版社2004年版，第409—414页。

② （明）赵士桢：《神器谱》，世界书局2012年版，第391页。

③ 中国第一历史档案馆、中国社会科学院历史研究所译注：《满文老档》，中华书局1990年版，第256—257页。

> 前辽东城官员遣人索取马库瓦勒赛、古河人之财物，遣往之人遂被地方人所杀。为此遣兵诛杀彼等。再者，镇江之人执我所设之游击献毛文龙。长山岛之人亦执我人送往广宁。因此，剿杀镇江、长山岛之人。此四处之人皆因汉官索财，不堪其扰，不来上告，遂起作乱未能得逞。嗣后，因渡镇江往来作乱不息……我既抚养尔等，则图感恩效力。所任官员庸劣，则来上告，以降其劣，简贤良者代之。据闻河东之人逃往河西告曰：诸申人并不虐待我汉人，而我汉官却贪财害人等语。由河西逃来之人皆传此言。闻其言，数点河东人之男丁，均匀分给诸申、汉官管理。汉官索财乎？诸申索财乎？其违背我言勒索财物，扰害国人之官员，必贬谪之。其不违我言中正贤良之官员，必擢升之。如有不愿归汉官而愿投诸申者，速来可也。[①]

可见，努尔哈赤对汉官的权力进行进一步收缩。他认为，汉官没有起到管理汉民、汉地的积极作用，未达到设立的初衷，反而在当地索财要物，导致当地人民反抗作乱。故想要改变现在的局面，规定诸申、汉官均管汉人。汉官管汉人由专管到由诸申分管至均管，明显是努尔哈赤对汉官更加不信任、疏远而采取的措施，但未公开表示不信任。而到了天命七年（明天启二年，1622）正月，努尔哈赤痛骂汉官，公开表示不信任。

> 曾令尔等将降兵遣归父母所在之地，然尔等不肯。尔等以将兵放归，何以复得为辞不加遣还。前往新城、瑷河时，尔等虽带数万人，仍然以从征无兵、服役无人为由，百丁抽一，千丁抽一，

---

① 中国第一历史档案馆、中国社会科学院历史研究所译注：《满文老档》，中华书局1990年版，第264—265页。

仍无做事之人。河东之人数万万，倘若尔等免受财帛，何劳无人。至于治田派丁之事，不劳我干预，尔等理当办理。怀之尔等，尔等不愿办理，又不依从我办理之意，而败坏之。此乃尔等于河西相谋，不充兵、不服役，而有意迟误矣！抚顺额驸、石乌里额驸，我念子婿之情，恩养尔等也！诸贝勒之宅院有草料乎？尔等宅院有草数堆，皆乃免赋而获者，否则何以得之？草料堆积在外，显而易见，至于金银，岂可见乎？尔等不图报效汗恩，办事不明，一味贪财，非此岂有他哉！而今尔等汉人已不可信矣。[①]

这是努尔哈赤郁积了很久对汉官不满情绪的爆发，怀疑这些汉人因与河西通敌，才不听汗命，办事迟误，指斥汉官只知贪财好物，不知恩图报，已达到了不可信任的程度。这次训责的口气，固然很严厉，而且点了李永芳、佟养性的名，甚至猜疑众汉官通敌，说出了“尔等汉人已不可信”的话，但这时双方的关系还是比较好的，汉官很卖力积极办事，努尔哈赤很重用他们，只不过是汉官们勒索民财案时常发生，贪污之风未减，惹恼了努尔哈赤，最为担心的是与“河西相谋”，所以挨了一顿苛责。然而，斥骂之后双方继续“合作”，没有引起大的政策性变化。

然而因满汉矛盾激化，一些汉官叛金，而现任汉官被疏远和打击。天命三年（明万历四十六年，1618）四月，努尔哈赤率领八旗兵攻取抚顺后，陆续有一些汉人归顺金国，特别是天命六年（明天启元年，1621）三月进入辽沈后，又增加了数以百万计的辽民，努尔哈赤制定了“恩养”尼堪[②]的政策，满以为辽东汉民定会感恩戴德，争做顺民。

① 中国第一历史档案馆、中国社会科学院历史研究所译注：《满文老档》，中华书局1990年版，第287—288页。

② 尼堪，满文的音译，意为汉人、汉民、明朝，这里指汉民。

不料，广大汉民依然叛逃不绝。面对辽民的反抗，努尔哈赤转而采取了残酷、野蛮的控制政策，加强对辽民的管理，命八旗官进行管辖，并强迫汉民举家迁移，使其与女真合住同食。这说明努尔哈赤放弃了以抚为主的方针，转而以剿为主，残酷屠杀汉民。

随着辽民反金浪潮不断高涨，一些汉人也无法忍受后金残酷的民族压迫，民族意识逐渐复苏，同时明朝乘机多次派遣"奸细"进入辽东，秘密联络汉官，劝诱降金汉官反正，煽动他们逃往明境里应外合，共抗金兵。在这样形势下，一些汉官开始动摇，不那么积极、认真办事，也不告发明朝的"奸细"；另外一些汉官，则私与明朝边臣书信往来，秘密策划，待机里应外合，如刘兴祚、李延庚的复州谋叛活动，岫岩备御乔邦魁兄弟叛金行为①，滦州张知州夜间越城而逃②等。消极怠工，与明私通书信的破获及带领兵民叛逃未果被逮捕等汉人的这些活动震动、惹恼了努尔哈赤。放弃了原来执行的依靠汉人、大量任用汉人的正确政策，转而采取了猜忌打击的态度和方式。

天命八年（明天启三年，1623）三月下旬，努尔哈赤严厉斥责都城的众汉人心向明朝，不捕奸细："外地之小人，经常擒获奸细送来，而我处岂有奸细不来之理乎？尔等众官员，半为明帝判以死罪监于牢狱之人，半被废黜之人。且皆系获于阵，加以豢养之人也。我举之为官，予以豢养之。尔等若念育养之恩，为何未将毛文龙所遣之奸细查出一人？为何不查叛逃暴乱者？若不为汗效力，豢养尔等何益？凡见叛逃即来告者，仍照前之例举之为官，记功赐赏。若闻叛逃而不报，

① 中国第一历史档案馆、中国社会科学院历史研究所译注：《满文老档》，中华书局1990年版，第439、444页。

② 中国第一历史档案馆、中国社会科学院历史研究所译注：《满文老档》，中华书局1990年版，第709页。

见奸细来而不擒之，被人首告，即照苏士登、乔邦魁处治。”[①] 此番训斥汉官超出了以前不信任的程度，对汉官更不抱有好感，极力丑化降金汉官，无情地翻揭他们曾为阶下囚、败将战俘的旧账，控诉他们心向明朝、不捕奸细、不查叛乱的罪状，并以私通明朝的汉官被斩事例，予以恫吓。

对汉人的疏远与打击，即使那些身居高位者亦不能幸免，对李永芳的痛斥与惩治是最突出的表现。李永芳从天命三年（明万历四十六年，1618）四月降金以后，一直竭尽全力为女真贵族效劳。他以领兵从征沈阳、辽阳有功，由副将晋升为三等总兵官，与西屋里额驸佟养性共同主管辽东汉人事务，征赋运谷，迁民查丁，平叛止逃，四处奔走，为后金尽心竭力；而且他还屡拒明廷招诱，擒谍上奏，屡受汗奖，赐赦免死三次，可算是效忠于努尔哈赤的忠臣、功臣。但是，随着一些汉人的动摇和叛逃，特别是刘兴祚叛金归明的密谋逐渐泄露，努尔哈赤对李永芳也产生了怀疑，甚至削职为民。天命八年（明天启三年，1623）五月初七日，传来复州汉人要叛逃的消息，努尔哈赤想要发兵征讨，李永芳立即谏阻，他说：“所谓复州人欲叛者，伪尔。乃惑人之诬谤也。倘信其言而遣兵，则为彼方之人闻之乐矣！”但是，努尔哈赤听到谏言后，竟对李永芳大发雷霆，严厉训责，硬给李永芳扣上“心向明国”的帽子，并且还不顾自己宣布的“不罪尔”的汗谕，于当年七月初四日，革李永芳总兵官职，使为白身。虽然本月初七日，马上恢复其职位，仍为总兵官，但是自此以后，努尔哈赤对李永芳就很难恢复往日待之如心腹的亲密关系了。

努尔哈赤在优待汉人政策贯彻执行的同时，也疏远和打击汉人，

---

① 中国第一历史档案馆、中国社会科学院历史研究所译注：《满文老档》，中华书局1990年版，第444页。

甚至实行了奴役和压迫的民族政策。历史上的任何民族融合都不是一帆风顺的，落后民族想要跻身一跃成为先进民族，民族融合不失为一个好的办法，在过程中实行打击和压迫的民族政策也的确不可避免，各民族在融合中必然经历相互碰撞、相互适应的过程。

二　皇太极时期对汉人政策的调整

努尔哈赤于天命十一年（明天启六年，1626）驾崩，皇太极被推举，顺利登上汗位。他是位讲究实际，且有远大抱负的政治家。皇太极即位后，面临着生产破坏、民族矛盾尖锐等诸多社会问题。在辽沈地区汉人是主要居民，要恢复生产，解决社会重大矛盾，不采取安定汉族民心、调动汉人的积极性是不可能的。因此，采取什么样的民族政策便成为皇太极面临的一个十分重大的课题。皇太极对汉族的政策概括地说，就是积极调整民族关系，笼络重用汉官，取信于汉民。

（一）皇太极笼络和重用汉人的政策

皇太极即位伊始，即积极改善天命朝已归顺的汉人待遇，实行了对其给予信任，对有才能的汉人积极招纳，量才使用等一系列措施，使汉人地位得到恢复、提升及被任用。皇太极在对待汉人的政策方面比努尔哈赤时期有很大的改变，这主要表现在以下几个方面。

1. 将汉官从满官之家拨出

努尔哈赤晚年，对汉官李永芳等持怀疑、不信任态度，把汉官、汉民分隶在满官管辖之下，汉官颇受欺凌。皇太极改变了努尔哈赤的政策，把汉官从满洲大臣之家拨出，“另编为一旗”，对汉官实行所谓“格外加恩”政策，天命十一年（明天启六年，1626）九月谕令：禁止诸位贝勒、大臣及其属下人等，私自取汉官家马匹、鹰、犬和家用器物。① 当年十二月，又谕令：禁止汉官进献岁礼。得到汉官的极大赞同。② 被提拔的汉官纷纷表示，要领恩报答。③

2. 使汉人仍任旧职，重用厚养

皇太极即位后，对于归顺的汉人一般都“仍照原衔分别授职”，同时实行重用厚养政策。比如清崇德元年（明崇祯九年，1636）十月，明官胡有升等人自锦州城来归，皇太极分别授予三等梅勒章京、三等甲喇章京；同时，又厚赐妻室、衣服、帽、带、弓、矢、鞍、辔、缎、布、银两、奴仆、马、骡、驴、牛、房屋以及其他器物，应有尽有。又为天命朝54位旧汉官颁发敕书，表彰他们的功绩，钦定他们的官职，允许部分汉官“如倘失职获罪，依法赎罪”“此职子子孙孙，世袭罔替”，激励他们“念赡养之恩，益加尽忠效力”。④ 这些举措是对努尔哈赤晚年歧视汉人政策的改弦更张，恢复他们的地位，表明对汉人的信任与重新重用。

3. 重礼相待，耐心求贤

明将孔有德、耿仲明、尚可喜等归降时，皇太极力排众议，为“示优隆之意”，坚持行“抱见礼”。对于归降的汉人更是赋予最大的热情与赤诚。如大凌河城各官归降后，他谕令诸贝勒“八家更番具馔，每五日一大宴”，热情款待。当他出征归来后，生怕对汉官失礼，急忙设宴，“亲以玉卮酌酒，赐副将等官”，并令巴克什达海向汉官表示，当尽力恩养。崇德七年（明崇祯十五年，1642），清军大破松山城，明

① 《清太宗实录》，中华书局1985年版，第26—27页

② 《清太宗实录》，中华书局1985年版，第30页。

③ 《清太宗实录》，中华书局1985年版，第27页。

④ 中国第一历史档案馆、中国社会科学院历史研究所译注：《满文老档》，中华书局1990年版，第920页。

廷重臣总督洪承畴被俘。开始，洪承畴坚意不降，“骂詈不休”，皇太极亲自相劝，至解“貂裘与之服”，使洪承畴颇受感动，称赞皇太极“真命世之主也”[①]，终于归降。

皇太极在笼络汉人方面，难能可贵的是能够耐心求贤。例如天聪五年（明崇祯四年，1631），明城大凌河城被皇太极的军队重重包围，完全断绝了与外界联系的任何可能，城内粮食严重供应不足。明将祖大寿被迫投降。以其家小在锦州，皇太极允其所请，以假突围接取家小，然后再图锦州。但祖大寿不守定约，反而与清军周旋多年。崇德三年（明崇祯十一年，1638），皇太极到右屯卫时，致书祖大寿，要求他“出城一面”，或“遣心腹人来，朕当悉我衷曲”。祖大寿对此置之不理。皇太极在早已为君臣关系的祖大寿面前并不气恼，第二天再次耐心致书，要求祖大寿“出城相见”，以“解我前嘲”[②]。然而祖大寿仍然不予理睬。事隔五年后，清军破锦州，祖大寿再次投降，皇太极仍以礼相待，不追前嫌。

4. 倚重近侍，任贤勿贰

皇太极将汉官“另编一旗”后，又相继增编汉军为二旗、四旗、八旗。旗下各官绝大部分是汉官充任。尤其孔有德、耿仲明、尚可喜和沈志祥的汉兵，除出征、典刑外，几乎全部自行管理。连皇太极身边使令的重臣也择汉官充当，如巴克什达海死后，凡有谕旨，皆由汉官马光远“替他用事”，每有兴兵征战“一传每牛鹿（即牛录）要马若干即是若干，每达子要盔、甲、弓、箭若干即是若干”，不得违误。[③]

① （清）昭梿：《啸亭杂录》，中华书局1980年版，第2页。

② （民国）中央研究院历史语言所编：《明清史料》丙编上，北京图书馆出版社2008年版，第118页。

③ （民国）中央研究院历史语言所编：《明清史料》乙编上，北京图书馆出版社2008年版，第234页。

皇太极为了招降更多的汉人，制定了一系列的政策：官员降者，子孙世袭罔替；小民杀官吏来归者，量功授职；孑身来降者恩养之；率众降者量人数多寡，亦计功授职。[①] 综合汉人归降的原因来看，虽有部分汉人对明朝政策不满而加入后金，但多数汉人是被迫归降，然皇太极对于归降汉人则采取了较为开明的政策，都一律接纳。皇太极规定了可来可去的政策。明确宣布："若欲归家，探取信息，则奏闻于朕，明白遣去，他日或来或否，愿听自由。"[②] 对于拒不投降的汉人，皇太极并未使用强硬手段逼迫他们，而是耐心地劝说。如祖大寿再次投降后，皇太极不计前嫌，仍然盛情相待。在皇太极的招降政策下，大批的明朝官员投靠后金（清）政权，皇太极在发展后金（清）实力中实行的招降政策获得了巨大成效。皇太极时期归降的汉人，相对于努尔哈赤时期的汉官称为新汉人，皇太极对他们格外厚待与优礼。凡是来归的汉人，不分职衔尊卑，不分人数多寡，一律收留，"无不恩养之"。凡是一品官，给"诸贝勒女妻之"；二品官"以国中大臣女妻之"，所嫁之女，"有欺凌其夫者咎在父母，犯即治罪"[③]。虽然后金"财用未充"[④]，但是皇太极仍从国库中拿出大量钱财物资赏赐大小汉人，像缎匹、银两、雕鞍、各色贵重皮毛衣料，以及撒袋、鞋带、各类器物，一应俱全，"珍赐无吝"。如天聪七年（明崇祯六年，1633）三月，赏新汉人缎布，受赏总兵、副将、参将、都司和守备共152人；[⑤] 八月二十一日，"赐永平、大凌河总兵官、副将、参将，银壶各一，银杯二，游击各银杯一"[⑥]；天聪八年（明崇祯七年，1634）二

① 《清太宗实录》，中华书局1985年版，第137页。
② 《清太宗实录》，中华书局1985年版，第169页。
③ 《清太宗实录》，中华书局1985年版，第152页。
④ 《清太宗实录》，中华书局1985年版，第146页。
⑤ 《清太宗实录》，中华书局1985年版，第186页。
⑥ 《清太宗实录》，中华书局1985年版，第205页。

月，仅赏给祖泽润等新汉官的仆役人口就达1524人、牛只313头；①崇德三年（明崇祯十一年，1638）七月二十五日，“赐给八旗大凌河来归之都司十二员，守备四十九员，署守备五十二员，共缎二百二十匹”。②频繁赏赐财物之外，还举行宴会款待新汉人。如天聪五年（明崇祯四年，1631）十一月二十九日，在内廷举行盛大宴会欢迎大凌河降官。在宴会上，皇太极亲自举杯，招待众官，并规定，八旗旗主轮番宴请他们，每五天举行一次大宴，用最高规格厚待他们，充分显示自己的诚意。③他的这份诚意被汉人所知，故来归的汉人日益增多。真够得上“宰牲设宴，曾无虚日”④。再者，皇太极对归降汉人以礼相待表现得真诚自然，不同于明朝的君臣关系。如天聪四年（明崇祯三年，1630）正月初八日，皇太极自言“不似明朝之君，与臣下情意隔绝”，当孟乔芳等降官陛见“皆令侍坐，各吐衷曲，饮食同之”⑤。

皇太极不仅厚待与优礼新汉人，而且予以重用。皇太极对归顺汉人“仍照原衔分别授职”。皇太极对新汉官擢用激励有加，如天聪八年（明崇祯七年，1634）正月十六日，他派人对汉官传谕道：“朕遇尔等，稍有微劳，即因而擢用，加恩过于满洲。若与满洲一例较伤论功，以为升迁，则尔今之为总兵者，未知尚居何职也。”⑥对有功绩的汉人“赐给世袭敕书”，如锦州副将祖泽润、祖可法、陈邦选、张存仁、孙定辽、裴国珍，宁远副将韩大勋，前屯卫副将邓长春等副将级军官，都授职从三等昂邦章京到三等梅勒章京，世袭从十二次到八次不等。⑦

① 参见孙文良、李治亭《清太宗全传》，中国人民大学出版社2012年版，第144页。
② 《清太宗实录》，中华书局1985年版，第561页。
③ 《清太宗实录》，中华书局1985年版，第146页。
④ 《清太宗实录》，中华书局1985年版，第225页。
⑤ 《清太宗实录》，中华书局1985年版，第87页。
⑥ 《清太宗实录》，中华书局1985年版，第223页。
⑦ 《清太宗实录》，中华书局1985年版，第382页。

这是后金历史上不曾有过的。有的甚至在皇太极直接指挥下，参与军事行动。比如汉官马光远，曾在皇太极出征时，传达每牛录出兵多少，盔甲多少等，如此重要的军事大事，也能“替他用事”。在天聪五年（明崇祯四年，1631）新设的六部中，除管理六部贝勒和满洲、蒙古承政之外，六部皆设有汉承政，安置的基本是新汉官，如祖泽洪为吏部承政，韩大勋为户部承政，祖泽润为兵部承政等。崇德元年（明崇祯九年，1636），设置都察院，张存仁为都察院承政。[①] 对归顺的孔有德、耿精忠、尚可喜和沈志祥，隆重接待，先命孔为都元帅，耿、尚、沈为总兵官，后分别封为恭顺王、怀顺王、智顺王和续顺公，分置独立兵团。史载“待以诸侯之爵，隆重极矣”。[②] 皇太极重用汉官政策已经达到极限。[③]

由上可见，皇太极以远见卓识的政治家胸怀优礼、善待新旧汉人，普遍重用他们。皇太极曾坦言：“朕于旧归新附之人，皆不惜衣服、财帛、马匹、牲畜以养之，又每天三次赐宴，岂不惮烦？直欲使人心悦服，以图大事耳。”[④] 皇太极为取得对明胜利，不惜人力、财力和物力厚待汉人，他认为身外之物和争取汉人比起来，不足挂齿。他对诸贝勒大臣说：“金银财帛，虽多得不足喜，惟多得人为可喜耳！夫金银财帛，用之有尽，而人可尽乎？”[⑤] 在皇太极雄心规划下，汉人地位较天命朝大幅度提升。

---

① 中国第一历史档案馆、中国社会科学院历史研究所译注：《满文老档》，中华书局1990年版，第1481页。

② （民国）中央研究院历史语言所编：《明清史料》丙编上，北京图书馆出版社2008年版，第69页。

③ 滕绍箴：《三藩史略》，中国社会科学出版社2008年版，第150页。

④ 《清太宗实录》，中华书局1985年版，第293页。

⑤ 中国第一历史档案馆、中国社会科学院历史研究所译注：《满文老档》，中华书局1990年版，第1030页。

事实上，虽然皇太极任用汉人，大力提高汉官地位，但是女真（满洲）贵族并不是完全贯彻皇太极的政策，他们中的一些人把汉人视为低人一等，随意欺凌。如贝勒阿敏的态度却显著不同，于天聪元年（明天启七年，1627）征朝鲜时，李永芳向统帅阿敏提出建议，阿敏却不领情，双方产生了分歧，当众怒斥他道："汉奴！我欲杀尔，岂不能杀乎，何须尔多言！"从此，李永芳"终无一言"。①然而需要指出的是，皇太极没有因此而改变既定的政策，他对虐待汉人的贝勒给以警告甚至处罚，一如既往地坚持善待重用汉人，一以贯之采取一系列争取汉人的措施。这些具体政策使汉人有所归顺："似此豢养之恩，虽肝脑涂地，实难报称万一也。"②无怪道士苗君稷写诗道："揽辔秋风听野歌，雄图开辟太宗多。遥知王气归辽海，不战中原自倒戈。"③

（二）取信于汉民

努尔哈赤死后，后金统治阶级在民族政策方面发生重大转变。对于后金满汉关系学界往往关注较多的是后金统治阶级对汉族官员的笼络和拉拢，而实际上，汉族普通民众对后金社会的安定和统治的稳固也发挥着重要作用。

皇太极继汗位时，由于努尔哈赤后期的歧视和迫害汉人政策导致社会动荡不安，以及外部势力的蠢蠢欲动，使当时的局面十分严峻。外部前有明朝，后有朝鲜，蒙古与后金的关系也多有反复，内部贵族

---

① 中国第一历史档案馆、中国社会科学院历史研究所译注：《满文老档》，中华书局1990年版，第831页。

② 《清太宗实录》，中华书局1985年版，第225页。

③ （清）苗君稷：《秋日望昭陵诗》，载《盛京通志》，辽海出版社1997年版，第2613页。

势力分散，皇权亟须得到加强。另外，所面临的辽民此起彼伏的反抗形势也不容小觑，皇太极即位伊始就采取了安抚汉民、稳定人心的策略，制定了“满、汉之人，均属一体”的原则，其实行的诸多政策也围绕着这一原则而制定。史实证明，清朝最终能够定鼎中原，与皇太极所实行的该政策密切相关。

作为一个深谙民心民情的开明政治家，皇太极认为单靠武力征服并非长久之道，以德服人，安养百姓才是民族之间和谐安定的关键所在。安养百姓，即安民、养民。皇太极即位后提出“治国之要，莫先安民”①。汉人的数量远远多于女真，如何稳定汉族人民的民心则成为皇太极率先要面临的问题。皇太极深知辽东地区汉民的反抗之源在于他们备受凌虐，因此皇太极规定任何人不得侵犯汉人正当权益。“凡审拟罪犯，差徭公役满汉勿致异同”。皇太极提出满洲、蒙古、汉人要视同一体，平等对待，防止出现“满洲庇护满洲，蒙古庇护蒙古，汉官庇护汉人”② 的情况。皇太极对女真人和蒙古人对汉民的行为加以严格管束。天聪元年（明天启七年，1627），皇太极下诏谕诸申、蒙古勿扰害降民，对于此类现象，“宜妥善管理，其犯罪之人，尔等可就地了结”③。可见皇太极下定决心用强硬手段捍卫所降汉民之生命和财产安全。皇太极传谕蒙古不得扰害汉人，对于任意侵肆降民的人会施以严惩。天聪三年（明崇祯二年，1629），在遵化驻营地的科尔沁蒙古兵杀了一个投降的汉民，并掳走了他的衣物，皇太极听闻此事后，“命执其人，亲以鸣镝射之”④。天聪三年（明崇祯二

① 《清太宗实录》，中华书局 1985 年版，第 26 页。

② 《清太宗实录》，中华书局 1985 年版，第 554 页。

③ 中国第一历史档案馆、中国社会科学院历史研究所译注：《满文老档》，中华书局 1990 年版，第 811 页。

④ 中国第一历史档案馆、中国社会科学院历史研究所译注：《满文老档》，中华书局 1990 年版，第 957 页。

年，1629）十二月十一日辛酉时分，皇太极致祭大金太祖，在神位前道："降城居民，凡其诸物，秋毫无犯，唯诛其军士之抗拒者，克其不降城堡。"表明他对归降的汉民和奋力抵抗汉民的不同态度。皇太极重视汉民还表现为不允许外来部落的肆意掳掠。蒙古喀喇沁部苏布迪入边掳掠汉人，后金遣书曰："尔一表人才，而来犯无故。实尔先启寡端矣。我绝不轻贷，命将所掳妻子，尽送还原籍，尔等亦永返家，否则严惩不贷。"① 针对喀喇沁蒙古骚扰边民，皇太极致书喀喇沁蒙古贝勒曰："尔等须严加约束部众，不得侵扰稚发归降之民。若杀降民，必杀其杀人者以抵命；抢掠者则应按律惩办……尔若违悖我言，不严加约束部众，杀掠降民，惜哉！我眷爱尔等之心亦徒然尔！"②

皇太极将保护汉人生命财产安全加以法律化，对诸王贝勒严加管束，不得侵犯汉人权益。皇太极谕令，"凡归降之地土，皆我地土，归降之民人，皆我民人"③。对归附之人加以恩养，将汉人、蒙古"皆分给与诸王贝勒贝子令加恩养"④。皇太极对驻守永平、遵化等地诸贝勒大臣曰："明帝之人民，天若赐我，则其民即我民也。以我之民，而我加以侵暴，则已服之国，将非我有之他国人民，亦无复来归者矣。守城诸贝勒大臣等，宜严饬我军士。嗣后，若有杀害薙发归降之民，则鞭一百，刺耳，并罚取安葬银，给予被杀之人。行窃者，勒令赔偿所窃之物，并鞭八十二，刺耳。抢掠者，亦按盗窃论罪。牛录额真、章京若有不知者，照失查之例，治以应得之罪。若知情不举，则与首犯

① 中国第一历史档案馆、中国社会科学院历史研究所译注：《满文老档》，中华书局1990年版，第974页。

② 中国第一历史档案馆、中国社会科学院历史研究所译注：《满文老档》，中华书局1990年版，第999页。

③《清太宗实录》，中华书局1985年版，第78页。

④《清太宗实录》，中华书局1985年版，第556页。

同罪。”① 皇太极认为，原属于明朝的汉人加入后金后就属于后金的人民，若后金统治者不加以爱惜和保护，而去歧视和侵害他们，那么其他人将不会再加入后金，这对在人数上本就不占优势的女真统治百害而无一利。皇太极知道农业生产是保障人民生存的基本条件，五谷乃万民之命所关，一再督促耕种，保护土地和牲畜。他限制各旗主和贝勒的庄田范围，派人丈量土地，将“各处余地”归公，发给民户耕种，保障人民的生活来源。并对社会的基层编制也重新进行规划，把原来每 13 名壮丁编为 1 庄改为每 8 名编为 1 庄。同时下令释放奴婢，将其与汉人共同编为民户，分屯别居，这样一来，汉人正式纳入国家社会治理体系，增加了社会劳动力，生产力得到极大提高。天聪四年（明崇祯三年，1630），皇太极在招降滦州时给滦州官员的书信中写道：“尔等云有来归者，欲赏给牲畜等语。其所言极是，酌情拨给之……并催彼地人民，从速耕耘。”② 同时下令禁止诸王贝勒扰民伤财，驻防之人因事去往庄屯时自备行粮，“擅取庄民牛、羊、鸡、豚者，罪之”③。皇太极善于体察民情，深恤民间疾苦。对于民中无牛者，皇太极下令分给耕牛，令其从事耕种。④ 皇太极爱惜民力，不忍见牛庄筑城夫役劳苦，遂命拨给他们牛 40 头，宰而食之。对于无妻室之人，皇太极下令将官库中的锦帛分给他们，“国中有贫苦无妻室者，可给资令其婚娶”⑤。

在社会风俗方面，满人在服饰、婚姻嫁娶等都有异于汉人。满人

---

① 中国第一历史档案馆、中国社会科学院历史研究所译注：《满文老档》，中华书局 1990 年版，第 1000 页。

② 中国第一历史档案馆、中国社会科学院历史研究所译注：《满文老档》，中华书局 1990 年版，第 984—985 页。

③ 《清太宗实录》，中华书局 1985 年版，第 26 页

④ 中国第一历史档案馆、中国社会科学院历史研究所译注：《满文老档》，中华书局 1990 年版，第 976 页。

⑤ 中国第一历史档案馆、中国社会科学院历史研究所译注：《满文老档》，中华书局 1990 年版，第 882 页。

的服饰具有很强的民族色彩，为了便于打仗，其服饰多为紧身窄瘦的缨帽箭衣，当满人占据辽沈地区后，服饰上也随之发生变化，其服装形制也由紧身窄瘦转为宽袍肥大。对于满人曾长期存在的同宗族人之间，妻子、庶母、伯母、儿媳可以相互乱娶的这种带有氏族社会的残余现象，也被皇太极下令禁止。"凡人既为人生，若娶族中妇女，与禽兽何异，我想及此，方立其法。"[①] 皇太极比照汉族的习俗，禁止收继婚。虽然满人自己的语言和文字已成体系，但随着在辽沈地区年经日久，满汉民之间杂居交往，满汉之间互通有无，汉语在社会上更加流通。皇太极根据汉人文化积极移风易俗，无疑是一种历史的进步，也是民族间交流融合的进一步呈现。

对于汉人和满人之间的渗透与交融[②]，皇太极有一句十分形象的话，他比喻满、蒙、汉人的关系就像"五味"一样，唯有"调和得宜，斯为美耳"[③]。后金政权虽然是少数民族建立的，但从建立初期开始，就一步步地吸收汉族元素，无论是在经济秩序层面、政治制度层面，还是思想文化层面，皆体现出统治者的包容性和开明性，也不仅仅是满人对汉人地域文化的一种吸收和延展，其灵活的民族政策也为中华民族关系的发展奠定了重要历史基础。

（三）建立八旗汉军

汉人转变为汉军旗人是伴随着汉军八旗的组建过程而实现的。努尔哈赤在建立八旗过程中，将一些汉人分成小单位，独立地编为八旗基层组织，万历四十三年（1615），已有汉人牛录16个，[④] 分隶于女真

---

① 《清太宗实录稿本》，辽宁大学历史系1978年版，第6—7页。

② 朱诚如主编：《清朝前史》，辽宁师范大学出版社2016年版，第170—173页。

③ 《清太宗实录》，中华书局1985年版，第12页。

④ 《清朝通典》卷68，商务印书馆1935年版。参见《兵一》，记为汉军牛录，因为当时汉军旗还未创立，故为汉人牛录。

旗分内。从汉人牛录中抽丁当兵差者，即为汉兵。天命时，八旗内汉兵是不多的，但是在长期的战争中，这个兵种披坚执锐，总是冲锋在前，“攻城摧坚”。并且将从明军缴获的火炮交给他们使用，他们能够熟练地操作这些火器。在天命甚至天聪年间，八旗内出现黑营编制，有学者认为披棉甲、携带大量枪炮及攻城之具的“黑营”兵，极可能就是汉兵，并言汉兵自成小单位并有自己的营号——黑营、旗帜——黑旗及作战方式。① 这些汉兵由汉官管理、组织训练，并由汉官率领作战。此外，天命八年（明天启三年，1623）二月初七日，八旗内部，在每旗分别设汉审事官八人②，专门办理汉人讼狱，这说明努尔哈赤时期就已经出现专门管理汉人事务的官员。

天聪年间，汉兵呈现新的发展势头。天聪五年（明崇祯四年，1631）正月二十一日，皇太极敕谕额驸佟养性曰：“凡汉人军民一切事务付尔总理。”③ “佟养性被任命为汉兵的总兵官，所以有西乌里额驸旗之说。”④ 天聪七年（明崇祯六年，1633）七月，“上命旧隶满洲户下汉人十丁授棉甲一，得千五百八十人，命光远（马光远）等统之，分补旧甲喇缺额”⑤。当年十月，大阅时，以“旧汉人马、步军为一营”，与八旗护军、满洲步军等按次“依令而进，依令而退”，“亦如对敌，三喊而进攻炮军，炮军亦声炮对战”。⑥ 从这里可见汉兵进一步发展，兵种有马、步、炮兵。天聪八年（明崇祯七年，1634）

① 谢景芳：《八旗汉军的名称及含义沿革考释》，《北方文物》1991 年第 3 期。

② 中国第一历史档案馆、中国社会科学院历史研究所译注：《满文老档》，中华书局 1990 年版，第 411 页。

③ 《清史列传》，上海中华书局 1928 年版，第 192 页。

④ 中国第一历史档案馆、中国社会科学院历史研究所译注：《满文老档》，中华书局 1990 年版，第 1226 页。

⑤ （清）赵尔巽等撰：《清史稿》，中华书局 1977 年版，第 9333 页。

⑥ （清）曹仁虎、蔡廷衡、祝德麟等纂修：《清朝文献通考》，浙江古籍出版社 1988 年版，考第 6543 页。

五月初五，皇太极谕曰："满洲、蒙古、汉人前此骑步守哨等兵，虽各有营伍，未分名色，故只以该管将领姓名为某将领之兵。今宜分辨名色，永为定制。随固山额真行营马兵为阿里哈超哈；巴雅喇营前哨兵为噶布什贤超哈；驻防盛京兵为守兵；预备兵为援兵；各城寨兵为守边兵；旧蒙古左营为左翼兵，右营为右翼兵；旧汉兵为乌真超哈；元帅孔有德兵为天佑兵；总兵官尚可喜兵为天助兵。"① 这里把汉兵定名为女真语"乌真超哈"，而其汉兵成分仍未变，如孟森先生所言："汉人在满洲军自成牛录者，名乌真超哈。"② 并且此时的汉兵又有新的发展。"乌真超哈"或记为"乌珍超哈""乌金超哈"，女真语音译。"乌真"，女真语意为轻重之重；"超哈"，意为文武之武，兵、军队之意。因此，乌真超哈可直译为"重兵"。从其携带的武器看，无论是早期的楯车、斧、凿，还是红衣大炮，都是"重武器"，堪称"携重武器之攻城兵"——重兵。③"乌真超哈"④ 特别之处就在于其火炮的配置。这次上谕的发布意义重大，是八旗制度自成立以来，首次对八旗兵（基本上）按战争中的作用进行划分名色，区别兵种。

皇太极深知先进武器在战争中发挥至关重要的作用，为顺应战争形势的进一步深入和发展，他对火器愈发重视。天聪五年（明崇祯四年，1631）始铸造红衣炮并用其攻城，"天聪五年红衣大炮成……先

---

① （清）曹仁虎、蔡廷衡、祝德麟等纂修：《清朝文献通考》，浙江古籍出版社1988年版，考第6392页。

② 孟森：《八旗制度考实》，载《明清史论著集刊正续编》，河北教育出版社2000年版，第207页。

③ 谢景芳：《八旗汉军的名称及含义沿革考释》，《北方文物》1991年第3期。

④ 顺治十七年在八旗官名由满称改为汉称的上谕中，改"乌真超哈"为汉军。（参见《清史稿》卷105"兵一"。）准确来讲，从天聪八年至顺治十七年这一时期的汉兵应称为"乌真超哈"，但《清实录》等多数文献直接称为汉军。本书为了引用文献和叙述方便，亦把"乌真超哈"称为汉军，请读者注意。

是，未备火器，造炮自此始”①。此后，后金军出征必须携带红衣大炮，每次攻城必然使用红衣大炮。火器的使用极大增强了后金军队打攻坚战的能力，攻城略地之事似乎也变得更加容易了。承担火炮研制和使用的汉人，也因此在八旗部队中提高了地位。

随着汉兵的发展，皇太极着意于八旗中汉人队伍建设。天聪五年（明崇祯四年，1631）正月二十一日，皇太极敕谕额驸佟养性：“凡汉人军民一切事务付尔总理”的同时令“各官悉听尔节制。如属员不遵尔言者，勿徇情面，分别贤否以闻。尔亦当殚厥忠忱，简善绌恶，恤兵抚民，竭力供职，勿私庇亲戚故旧，陵轹疏远仇雠，致负朕委任之制”。又谕西乌里额驸旗诸汉官：凡是汉官皆听佟养性节制，并告诫所有官民，“如有势豪嫉妒，藐视不遵者”，就不仅仅是对佟养性个人不尊，而是“轻国体而玩法也”②。天聪六年（1632）九月二十三日，见有八旗教习汉文生员名单，③ 虽然这些汉人只是生员身份，却为以后汉军八旗的组建准备了人才。天聪九年（1635），皇太极利用两个多月的时间，对八旗中汉官从小拨什库、牛录章京，到甲喇章京以上进行大规模检选，以其管理属民的数目之增减定其官职之升降与赏罚。④ 皇太极通过这种督责方式，确实训练、培养出一大批忠于职守且能干的、善于致治的汉官人才。

汉人“别立旗分”作为汉军旗人的记载，最早见于崇德二年（明崇祯十年，1637）七月皇太极的上谕。此上谕道：“朕于尔等新附各官

① （清）曹仁虎、蔡廷衡、祝德麟等纂修：《清朝文献通考》，浙江古籍出版社 1988 年版，考第 6587 页。

② 《清太宗实录》，中华书局 1985 年版，第 109 页。

③ 中国第一历史档案馆、中国社会科学院历史研究所译注：《满文老档》，中华书局 1990 年版，第 1338 页。

④ 关嘉录、佟永功、关照宏：《天聪九年档》，天津古籍出版社 1987 年版，第 96、129 页。

与旧臣一体抚育，更或优于旧臣，俱免徭役。今旧臣中，有如尔等之徭役获免乎？若以功论，诸旧臣随朕多年，身经百战，攻城则克，遇敌则胜，用能大造我国，以有今日，是旧臣之宣力实多。至于尔等汉官或乘时归顺或穷迫来降，更有阵获而养之者，何尝攻城陷阵，身撄矢石，志捐踵顶，效死力战乎？以旧臣之功，尔等较之，尔等彼此悬殊，无俟朕言。然而，朕待尔等，曾不减于旧臣。昔年，尔等诸臣中有与明国往来行谍，背叛逃亡者，事泄被诛，父母兄弟妻子离散，又管辖尔等者，强取财物，尔等如在水火之中，苦无容身之地，自朕继位以来，尔等诸臣有先与明交通者，朕知其罪而赦之，其无故诛求者，复行禁止，别立旗分，予以生全；出诸涂炭，爱养有加。"① 可见，新旧汉臣是在皇太极优遇下，提高了地位，"别立旗分"的，而成为早期的汉军官人。

这里所说的"旗分"指的是汉军八旗的前身汉军二旗，文献没有明确记载"一旗汉军"建立的时间，但是汉军二旗、四旗和八旗建立时间明确。崇德二年（明崇祯十年，1637），鲍承先奏将混乱的汉营按满洲规矩分为两营。接下来的事实证明他的上奏发挥了作用。崇德二年七月，乌真超哈加以扩充，分为两翼（两旗汉军），照满洲例编壮丁为牛录。以石廷柱为左翼固山额真，马光远为右翼固山额真。② 旗色仍皆用"元青色"。③ 崇德四年（明崇祯十二年，1639）六月再度扩充，编为四旗。旗色仍为青色。为在颜色上加以区别，其中一旗纯青，其他三旗分别镶以黄、白、红色。④ 这与满洲八旗的镶旗意义非凡。满洲

---

① 《清太宗实录》卷37，中华书局1985年版，第486页。

② 《清太宗实录》卷37，中华书局1985年版，第494页。

③ （清）曹仁虎、蔡廷衡、祝德麟等纂修：《清朝文献通考》卷179"兵考一"，浙江古籍出版社1988年版，考第6392页。

④ （清）曹仁虎、蔡廷衡、祝德麟等纂修：《清朝文献通考》卷179"兵考一"，浙江古籍出版社1988年版，考第6392页。

的四个镶旗，黄、白、蓝皆镶红边，红旗则镶白边。[①] 如按此原则称呼，则四旗汉军中，除一个称“正黑”外，另三个应同称呼为“镶黑”。每旗设牛录18员，固山额真1员，梅勒章京2员，甲喇章京4员，正黄、镶黄两旗以马光远为固山额真，马光辉、张大猷为梅勒章京，戴都、崔应泰杨名远、张承德为甲喇章京；正白、镶白两旗以石廷柱为固山额真，达尔汉、金维城为梅勒章京，金玉和、佟国荫、佟代为甲喇章京；正红、镶红两旗以王世选为固山额真，吴守进、孟乔芳为梅勒章京，金砺、郎绍贞、王国光、臧国祚为甲喇章京；正蓝、镶蓝两旗以巴颜为固山额真，李国翰、佟图赖为梅勒章京，张良弼、曹光弼、刘仲锦、李明时为甲喇章京。[②] 如果对照一下前文所列出的汉官名单，就会发现马光远等这些汉军二旗、四旗旗员都已在名单中出现，这就说明汉官正在向汉军官员转变。

崇德七年（明崇祯十五年，1642）六月，汉军八旗正式创立，旗制与八旗满洲、八旗蒙古相同。六月十一日，管吏部事睿郡王多尔衮、启心郎索尼等向皇太极请示汉军各旗应补放的固山额真、梅勒章京，经皇太极批准的固山额真、梅勒章京和甲喇章京如下：

> 以祖泽润为正黄旗固山额真，祖可法、张大猷为梅勒章京，戴都、张承德、李献策为甲喇章京，熊仁、祖迎远为候补；旧固山额真刘之远为镶黄旗固山额真，马光辉、祖泽洪为梅勒章京，杨明高、邓长春、胡有生、陆延佐为甲喇章京，张迟梦为候补；吴守进为正红旗固山额真，王国光为梅勒章京，郭朝忠为候补，吴迟军、门细文、冯景运为甲喇章京，蒋义魁、孙德盛为候补；

① 王云五主编：《清朝通志》卷61“器服略六”，商务印书馆1935年版。

② 《清太宗实录》卷47，中华书局1985年版，第626页。

旧固山额真金砺为镶红旗固山额真，孟乔芳、郎绍贞为梅勒章京，郭如吉、张绍贞、白奇策为甲喇章京，郭永生、吴汝斋为候补；图赖为正白旗固山额真，裴国珍为梅勒章京，屯泰为候补，佟国荫为甲喇章京，胡鸿宪、陈大新、佟养先、列玉克等为候补；旧固山额真石廷柱为镶白旗固山额真，何济吉尔、维奇为梅勒章京，张良弼、金玉和、孙有功为甲喇章京，崔达贵、祖邦武为候补；旧固山额真巴颜为正蓝旗固山额真，祖泽远、刘仲金为梅勒章京，李明、陆登科、崔明新、高功纪、祖泽陪为候补；李国翰为镶蓝旗固山额真，张存仁为梅勒章京，曹光弼为候补，朱万策、杨文魁、任明世、陆有良、马如龙为候补。①

其中，图赖即佟图赖。② 除维奇不详外，其余原来皆是汉官。由以上可见，汉军八旗每旗只设固山额真1位，共8位；每旗设1—2位梅勒章京不一，共13位；候补梅勒章京正红、正白各1位，正蓝、镶蓝分别为5、6位，其他四旗无，共13位；两蓝旗未设甲喇章京，其他六旗1、3、4位不一，共17位；两蓝旗亦未设候补甲喇章京，其他六旗1、2、4位不一，共13位。汉军八旗固山额真、梅勒章京、甲喇章京，合计64位。

接下来补授汉军八旗牛录章京。七月初五日，皇太极曰：

“不知汉军各官贤否，命该部王、大臣等同汉军各固山额真、梅勒章京等商议，酌选用之。”商定的补放牛录章京名单：祖泽润旗祖可法为牛录章京，戴都牛录下周国佐为署理牛录章京，伊哈纳牛录下李都为署理牛录章京，大凌河守备祖大娟、蒋成良、周福三人为署理牛录

① 中国第一历史档案馆编：《清代档案史料丛编》第十四辑，中华书局1990年版，第80页。

② 杜家骥：《清初汉军八旗都统考》，《历史档案》2000年第4期。

章京，杏山都司祖迎远为署理牛录章京，张承德牛录下分得拨硕库杨宗为牛录章京，戴都牛录下分得拨硕库赵汝清为署理牛录章京，赵仲科牛录下分得拨硕库黄得功为署理牛录章京。刘之源旗祖泽洪、邓长春、胡有生、张文魁等四章京为牛录章京，张大猷牛录下分得拨硕库刘文高为署理牛录章京，杨明高牛录下华迎春为署理牛录章京，张泽盟牛录下裴登宽为署理牛录章京，马光辉牛录下刘泰为署理牛录章京，秘书院林济友为署理牛录章京，锦州守备祖士奎为署理牛录章京，祖大弼家赵云龙为署理牛录章京。吴守进旗吴泽君、冯景运二章京为牛录章京，锦州参将高超宗为署理牛录章京，杏山游击王尚志为署理牛录章京，王世宣牛录下刘翰英为署理牛录章京，吴守进牛录下分得拨硕库王成功为署理牛录章京，王国光牛录下分得拨硕库郎才为署理牛录章京，固山额真金砺为署理牛录章京，孟乔芳、郭汝吉、白奇策三章京为牛录章京，锦州游击吴如杰为署理牛录章京，范文程牛录下分得拨硕库陈伯同为署理牛录章京，赵国珍牛录下孙英屏为署理牛录章京，分得拨硕库李永生为署理牛录章京。图赖旗裴国珍为牛录章京，大凌河游击胡鸿宪为署理牛录章京，图赖牛录下分得拨硕库朱泰山为署理牛录章京，佟国荫牛录下罗守进为署理牛录章京，王国明牛录下高弟为署理牛录章京，佟养先牛录下佟荣年为署理牛录章京，刘月科牛录下韩英聚为署理牛录章京，彭绍勋牛录下分得拨硕库朱浩善为署理牛录章京，梁宗策牛录下分得拨硕库赵国颜为署理牛录章京。石廷柱旗杨胜远、王廷宣二章京为牛录章京，邓先功牛录下分得拨硕库董廷柏为署理牛录章京，伊永贵牛录下分得拨硕库尚浩仁为署理牛录章京，柯台吉牛录下分得拨硕库金廷保为署理牛录额真，石廷柱二子绰尔门、绰尔诺为署理牛录章京，锦州参将刘之有为署理牛录章京，都司李天福、祖云龙为署理牛录章京，松山游击夏景美为署理牛录章京，都司郑樵林为署理牛录章京，大凌河守备萧永佐为署理牛录章京。巴颜旗下高国荫为牛录章京，锦州副将祖泽远、参将祖泽沛、都司李生、守备李廷志四人为署理牛录章京，大凌河都司陈金为署理牛录章京，祖大乐家姚世永为署理牛录章京，崔明新牛录下分得拨硕库高尚义为署理牛录章京，高军牛录下分得拨硕库宋国胜为署理牛录章京，李明牛录下分得拨硕库刘翰为署理牛录章京。墨尔根虾旗张存仁、刘盼林二章京为牛录章京，曹光弼为署理牛录章京，杏山参将吕品奇为署理牛录章京，梅勒章京陈邦选之子陈卫道为署理章京，朱万泽牛录下朱万华为署理牛录章京，大凌河守备高明宗为署理牛录章京。[①] 共16位牛录章京，59位署理牛录章京，合计75位。

以上汉军八旗内任职人员，加在一起共计139位。[②] 这139位汉军旗任职人员，基本上是由汉官转变而来的，[③] 这一点可从本章汉官列表备注中得到明证。这些汉官成为汉军旗人官员，这是伴随着汉军八旗的成立而隶籍于汉军八旗而出现的。也就是说，汉军八旗基本由汉军旗人任职管理。这139位汉军旗官，只是汉军八旗内中上级官员，实际上汉军旗内还有很多下级汉军官员。由此而知，汉军八旗肇建，旗内汉军官员具有一定规模。这些汉军旗员有的还享受着一些优待政策，如，初授张大猷为祖泽润旗下梅勒章京，张大猷复上书，言何忍弃我管下之民而去等语。于是命仍授为刘之源旗下梅勒章京，解梅勒章京马光辉任。马光辉又上书，言我自任梅勒章京以来未曾获罪等语。皇太极曰："章京额多，则多罢。"遂保留马光辉闲散梅勒章

① 中国第一历史档案馆编：《清代档案史料丛编》第十四辑，中华书局1990年版，第84—86页。

② 这里略有重复，如：固山额真金砺兼署理牛录章京，梅勒章京祖泽洪、张存仁、孟乔芳兼任牛录章京，候补梅勒章京曹光弼兼署理牛录章京。

③ 有一部分汉官仍留在满洲八旗内，有的顺治朝或以后才加入汉军旗，如洪承畴于顺治八年十月才加入汉军镶黄旗。

京职。[①] 又如，镶蓝旗下牛录章京张翼轸因年老，乞准其子袭职，皇太极命其子张学周仍袭其职，准再袭一次。[②] 对汉军官员有按规定袭职的，如王国光袭其父王义平三等甲喇章京职。[③] 可见皇太极对他们的优待。

综上所述，汉军八旗建立过程中，大量汉人参与其中，并加入汉军八旗，从而实现了汉人到汉军旗人的嬗变，标志着汉军旗人的兴起。汉人被拨出满洲八旗，隶于新的组织——汉军八旗，成为汉军旗人，并得到最高统治者的重视，地位显然提高了。崇德八年（明崇祯十六年，1643），一位满洲大臣的感叹恰如其分地说明了这一点："昔太祖诛戮汉人，抚养满洲。今汉人有为王者矣，有为昂邦章京矣。至于宗室，今有为官者，有为民者，时势颠倒，一至于此！"[④] 汉军旗人在汉军八旗创建的一两年内获得了巨大的发展机会，汉军官员不仅地位高，而且得到了皇太极的重用。其一，统领八旗汉军。八旗汉军的建立一定程度缓和了民族矛盾，改善了满汉关系，在清人关前的历史发展中具有十分重要的作用，使社会趋于安定；扭转了努尔哈赤末期与皇太极继位以来与明朝战争的被动军事局面；使皇太极皇权与日俱增，将上三旗牢牢控制在自己手中，这也意味着确立了他对整个八旗制度的绝对领导权。此时皇太极的身份已然是大清皇帝，而不再仅仅是"一整黄旗贝勒"[⑤] 了。而汉军八旗这些作用的发挥主要是皇太极通过任用

---

① 中国第一历史档案馆编：《清代档案史料丛编》第十四辑，中华书局 1990 年版，第 83 页。

② 中国第一历史档案馆编：《清代档案史料丛编》第十四辑，中华书局 1990 年版，第 91 页。

③ 中国第一历史档案馆编：《清代档案史料丛编》第十四辑，中华书局 1990 年版，第 77 页。

④ 《清太宗实录》，中华书局 1985 年版，第 881 页。

⑤ 罗振玉：《胡贡明五进狂瞽奏》，载辽宁大学历史系《天聪朝臣工奏议》卷上，辽宁大学历史系 1980 年版，第 30 页。

旗内汉军旗人实现的。其二，汉军旗人在部院任职，进言奏事，出谋划策，极大地推进了金（清）政治建制、生产发展以及其他各项制度的完善，有利于加速满洲政权的封建化进程。

女真（满洲）之所以能够在短时间内异军突起，由弱至强，最终取代了大明王朝，进而定鼎中原，这是与其入关前的统治者实行的重用汉官，吸纳汉民，积极吸收汉文化，坚持改革本民族内部陋俗的做法分不开的。皇太极自继位以来积极采取各项汉化措施，为清朝统治打下了坚实的基础。同时在民族关系上也做出突出的贡献，以至于后来满汉矛盾逐渐被淡化，隔阂逐渐消失。另外，皇太极所做出的积极汉化的重要决策在入关后能够被中原汉族较快地接受也发挥了重要作用。

后金国还有大量朝鲜人，他们的来源分为五部分，第一部分为女真各部掠入或早已住居辽东地区的“土高丽”；第二部分为乌拉部掠夺朝鲜人口，转相买卖，有相当一部分卖入后金地区；第三部分为萨尔浒战役中，朝鲜都元帅姜宏烈所部三四千人，其中除被杀、逃归部分外，分隶各个村庄为奴；第四部分是天聪初年后金军攻入朝鲜，掳掠大批的朝鲜居民；第五部分是崇德初年，再次进军朝鲜，掳掠的朝鲜人。五部分人口达到数万之众。①

明末清初，在中国东北，据《满文老档》记载“八十万尼堪、四十万蒙古、三万诸申”②。很明显这是笼统数字，但这些估计数字反映了东北满人、蒙古人、汉人兵力对比情况。显然满人兵数最少，然而就是兵数最少的满人最后控制蒙古大部，管辖东北汉人，开创了民族

① 滕绍箴：《满族发展史初编》，天津古籍出版社 1990 年，第 265—266 页。

② 中国第一历史档案馆、中国社会科学院历史研究所译注：《满文老档》，中华书局 1990 年版，第 118、119、129 页。

融合的新局面。为什么满洲（女真）能开创民族融合的新局面？笔者认为有两点最为重要。其一，实行统一的联合的民族政策。主要依靠亲密的血缘关系为号召统一女真各部，女真统治者深谙“族类同，则语言同，水土同，衣冠居处同，城郭土著射猎习俗同”，“得朝鲜人十，不若得蒙古人一；得蒙古人十，不若得满洲人一”的道理，同族人便于沟通，有利于并肩作战。同时意识到仅依靠同族力量，势力是难以扩张的，宣传“满蒙一家”，“树羽翼于同部”，与蒙古各部结盟；宣传“满汉一家”，拉拢汉人。这些政策有利于满洲“齐风气，一心志”[①]，不断积蓄力量，增强实力，聚合各民族，使各民族有归属感。而明朝实行羁縻政策，使各民族陷于无休止纷争，蒙古各部实行独尊政策，打压和排斥各民族。明朝和蒙古各部政策不利于民族的统一与融合。其二，实施有效聚合措施。加强军事实力，以武力征服为主要手段，此外以尊崇地位相诱、厚重利益拉拢、联姻争取等措施综合运用，团结了满、汉、蒙古、朝鲜等民族。而相对来讲，明朝与蒙古各部措施简单粗暴，更偏重武力征服，而结果事与愿违。归顺后金（清）政权的蒙古人、汉人、朝鲜人，尽管多数是被动加入女真（满洲）政权，但是从此开创了各民族新的融合局面。

---

① （清）魏源：《圣武记》，中华书局1984年版，第9页。

第二章　和而不同：汉军旗人与满洲旗人的融合

汉军旗人与满、蒙、朝鲜等旗人，虽族源各异，地位、经济待遇、文化基础不完全相同，但同在八旗组织下，他们之间有更多相互往来的方便条件，形成旗人共同体。本部分重点论述汉军旗人自产生后，与满洲旗人协同发展，尊享旗人政治地位和经济待遇，战争中与生活中互相影响，彼此依存，不断融通。

第一节　汉军旗人与满洲旗人同而有别的政治地位

汉军旗人作为清代政治中一个特殊的群体，在清代统治中发挥重要作用的同时也与满洲旗人之间有着颇深的联系。一方面，汉军旗人与蒙古旗人、满洲旗人相同，都隶属于八旗制度之下，享受着“旗人”身份带来的荣耀，在政治地位上也是汉人无法相比的。但是在八旗内部，汉军旗人与满洲旗人、蒙古旗人（尤其是满洲旗人）之间存在巨大的差别，汉军旗人政治地位远不如满洲旗人，这种不平等也就充分彰显出二者之间特殊的政治关系。

一　尊享八旗政治地位

“八旗者，太祖所定之国体也。”① 八旗制度由八旗满洲、蒙古和汉军组成，自成立以来，“旗人”变成了八旗体制内之人的代名词，也彰显着八旗的身份特征。

八旗满洲创建于明朝万历年间。万历二十九年（1601），建州女真首领努尔哈赤根据当时的战事局势，将女真社会中原有的牛录组织进行了调整。其中，努尔哈赤将每牛录之内编入三百人，每五牛录编为一甲喇，每五甲喇编为一固山。同时对每级建置的首领也分别称呼为，牛录首领称为牛录额真（亦称“佐领”），甲喇首领称甲喇额真（亦称“参领”），固山首领称固山额真（即“旗主”）。设为纯黄、纯红、纯蓝、纯白四旗，此后又在四旗的基础之上又增设四旗为镶黄旗、镶红旗、镶蓝旗和镶白旗，这四旗与前四旗的颜色和样式有所区别，即在原来纯色四旗的基础之上，再在周围嵌上其他颜色而成。这样，兵农合一的八旗制度便确立起来了。至于八旗汉军的建立，早在太祖时期就已经出现了十六个牛录，是“太祖（努尔哈齐）初设八旗，是在万历四十三年和四十四年间（1614—1615），其时有汉军牛录十六”②。后来随着后金与明朝双方战争局势的变化，加之皇太极上台后对汉政策的改变，投降于后金的人数逐渐增多。清太宗皇太极出于长久的政治考虑，在大凌河之役后“将各旗的汉人拨出……后来定名为汉军，以黑色为旗帜”③。单独编制一军，名“乌真超哈”

① 孟森：《八旗制度考实》，载《明清史论著集刊正续编》，河北教育出版社 2000 年版，第 120 页。

② 孟森：《八旗制度考实》，载《明清史论著集刊正续编》，河北教育出版社 2000 年版，第 187 页。

③ 郑天挺：《清史探微》，北京大学出版社 1999 年版，第 333 页。

(意为“重兵”)。两年后增至四旗。崇德七年（明崇祯十五年，1642），后金在松锦大战后取得了重要胜利，在这次战争后，归附的汉人与日俱增，于是皇太极便将之前收编的汉人与此次战役后投降的汉人归并到一处，组建成了一个新的组织——汉军八旗。汉军八旗的成立意味着汉人也被纳入统治范围，有了独立的旗籍，开始和汉人有所区别。其旗制与八旗满洲相同。对于汉军，又分为新汉军和旧汉军，归附较早的称为旧汉军，稍晚一些的则被称为新汉军，这种概念的界定并没有一个具体的时间界限，只是根据归附时间的早晚而这样称呼。

八旗制度之下，三大八旗组织并不是完全根据族属来划分的。例如，八旗汉军的基本来源就是汉人，但是除了汉人，还有少量满洲人和高丽人等，只是针对组织内部的人员进行了一种整体的势力归纳。汉军旗人身在其中，一方面拥有着象征满洲身份的“旗籍”；另一方面其来源又的的确确来自汉族，如此一来，汉军旗人便既不能属于满洲也不能完全等同于汉人，在一定程度上造成了“民族属性的模糊”，便成了游离于满汉民族间的一种特殊群体“大明骨，大清肉”[①]。在八旗组织中，掌握着核心统治权力的是满洲旗人，但满洲旗人与汉军旗人有着很大的区别，那就是——满洲旗人虽骁勇善战，善于弓马骑射，但“不谙世务”[②]；而汉官“习于武者昧于文，擅于文者耻于武”[③]。汉军文武兼备的特点深受满洲统治者的赏识，这对于巩固新生政权能够发挥莫大的作用。可以认为汉军身上存在的优点是引起满洲统治者重视和拉拢的重要因素。也正因如此，在清代满汉融合的历史大背景之

① （清）张怡：《謏闻续笔》，载《笔记小说大观》第三十册，江苏广陵古籍刻印社1984年版，第255页。

② （清）昭梿：《啸亭杂录》，中华书局1980年版，第212页。

③ （清）福格：《听雨丛谈》，中华书局1984年版，第26页。

下，汉军旗人与满洲经过长期的共同生活，双方关系在无声无息中发生了重要的变化。在八旗制度的影响下，汉军旗人不仅自身的属性发生了改变，而且政治、经济和社会文化习俗等方面也逐渐与满洲融合，与满洲旗人逐渐形成了一种特殊的关系。

二　差异地位下的政治关系

为了更加有效地统治辽东汉民，后金征服辽东地区后，努尔哈赤重视、任用汉官的同时也积极安抚当地的汉民。“副将、参将为数也不多，多数为游击、备御、千总、百总、守堡等低级的武官或是基层管理汉民之官……形成了一股不可忽视的政治力量。”① 范文程、祖大寿、李永芳等汉人加入后金政权后受到了重视和优待，统治者通常对他们授予高官厚禄，给予世袭特权，许以满洲女子婚配。但努尔哈赤统治后期猜忌和怀疑汉人的措施严重伤害了两族之间的关系，皇太极即位后，面临着形势依旧严峻的辽东，积极改变策略，因为他深知统治汉地必须有汉人的帮助，笼络汉人和汉官的力量是此时政治形势的需要，他提出“满汉一体”，促使双方之间的关系进一步融合发展。天聪五年（明崇祯四年，1631），大凌河一役后，原驻守在辽东地区的明朝汉人被编入八旗组织，成为汉军八旗的重要部分。如此一来，这些汉军旗人的社会地位得以大大提高，也获得了较多的经济特权，身份就逐渐开始转换为清朝所培养的汉人群体中的特权阶层，成为汉军旗人群体的代表。如尚可喜、耿精忠、孔有德等人，他们虽为汉官，但深受皇太极的信任。对于这些有能力的汉官，皇太极对其授予旗内高官，统领归附的汉人。由此可见，皇太极时期对汉人的政策使汉人的政治地

① 孙守朋：《汉军旗人官员与清代政治研究》，人民日报出版社 2011 年版，第 15 页。

位显著提高了。

汉军旗人对后金顺利入关、而后统一全国的伟业功不可没，是满洲统治中重要的政治支柱。如汉军旗人洪承畴文武兼备，“出经略江南诸省，逋寇以次削平、后再出经略楚、粤、滇、黔诸省，西南底定，皆其功也”[①]，为清朝镇抚全国，荡平反清势力而效尽犬马之劳，立下赫赫战功。汉军旗人这种忠心为统治者所感动和赏识，甚至还下令将全国的绿营军归属于汉军将领直接统领，顺治帝曾谕旨：“汉军牛录内尽可增添披甲。不便编入汉军牛录下绿营兵之勇壮，非关满洲、蒙古之故，但能善抚士卒，加以劝惩，兵自强勇。提督员缺，原系于汉军中选择有才者补授，不必除授满洲蒙古。”[②] 但是，值得注意的是，清朝统治者在重用汉军的同时，也进行了一些防备和钳制措施，如国家重要机关内的重要职位皆由满洲旗人担任，汉军旗人不能担任；另外，汉军都统亦由满洲八旗子弟担任，就连汉军旗人披甲的机会也比满、蒙旗人少。在开国之际下令：汉军八旗与满洲八旗界限甚严，饮食坐卧俱不得在一处，出军，则备充前敌，驻扎，则别为一营，官籍只能就汉军中升擢，不能与满蒙八旗相掺和。

尽管如此，汉军旗人并没有因此而放弃自己的信仰和使命。康熙时期，在平定三藩之乱中涌现出一批有坚守儒家传统的忠君思想，坚决维护国家统一的汉军官员，比如顺治和康熙时期多倚重汉军官员，将汉军旗人内外兼用。汉军旗人范承谟、甘文焜、马雄镇等，他们也因此深受康熙帝的赞赏；雍正时期的田文镜和李卫等汉军旗人被朝廷重用。但这毕竟只是少数人，统治者对汉军旗人的这种钳制和歧视使其在康、雍时期就已经呈现衰落局势，清朝统治者对汉

① （清）赵翼：《檐曝杂记》，中华书局 1982 年版，第 39 页。

② 《清世祖实录》，中华书局 2008 年版，第 2493 页。

军整体的印象已经逐渐不佳。雍正帝曾严厉指出："你们汉军习气甚是不好。"[1] 雍正帝常用一些侮辱性的词汇来形容这些"习气不好"的汉军旗人，可见汉军旗人势力和地位江河日下。尤其是在乾隆帝时期，清初有功的汉军官员悉数被列入了清廷纂修的《贰臣传》，"'贰臣'便开始逐渐成为定义操守边界者的同义语"[2]。另外，从乾隆帝时期开始的出旗政令使汉军旗人开始不断地被大量出旗，频发的汉人起义也令清统治者对汉军旗人产生了一定的隔阂。这是由于满洲入关统治已久，满洲已经和汉人长期相融合，汉军旗人最初具有的调和满汉关系的作用便不再是一种被满洲统治者所重视和可利用的优势，所以汉军旗人地位与满洲旗人的地位更是不可同日而语。遂从整体来看，清代汉军旗人并未被满洲统治者所完全信任，只是出于政治的需要而做出的选择，因此，作为本民族统治的满洲旗人与汉军旗人在政治地位上更不可能等同。

在官缺这一方面就可以很明显看出区别。满洲入关后继承了明代的国家机器，即清承明制，在明代旧有的官职设置基础之上又结合本民族的情况建设了一套有着清代特色的官职系统，统治着满、蒙、汉等。在以满洲统治为主导的政治体制之内，汉军旗人和满洲旗人官员在权力、地位方面始终有着区别。满洲统治者为了彰显满汉一体的统治理念，针对满洲、蒙古和汉军三者旗人官员的权力地位分配特别设立了"官缺"制度，分别为宗室缺、满洲官缺、蒙古官缺、汉军官缺、汉人官缺和内务府包衣缺。顾名思义这些不同类型的官缺皆是在各自所属范畴内选任补缺。同时，清代的六部、通政院、大理寺、翰林院、

① 中国第一历史档案馆编：《雍正朝汉文朱批奏折汇编》，档案出版社1985年版，第326页。

② 孙守朋：《汉军旗人官员与清代政治研究》，人民日报出版社2011年版，第136页。

国子监等文官机构的长官均设置满洲缺、汉军缺同额，即满汉复职制。这种情况在清代其他机构中也存在，如军机处大臣和地方督抚、地方提督和总兵等。尤其清朝入关之初，汉军旗人在驻防地方、镇守疆土方面发挥了重要作用，“整个顺治年间，满洲、蒙古人，没有一个任督抚者……而汉军督抚却达 116 人”①。随着清朝入关后疆域的逐渐拓展，为了更好地安抚地方，清朝统治者派遣越来越多的汉军旗人在全国各地驻防，并对担任将领的汉军官员赋予当地的直接管辖权，管理当地的汉民。但是，汉军旗人只限于管理汉军旗人部分。统治者为保持本民族的绝对优势统治地位，仍然坚持强调满洲在政治上的话语权，令满洲官员在驻防地区统筹全局，掌握最终的裁定权。康熙时期亦是如此，甚至还出现了“汉军人少缺多，致贤愚莫辨，猥琐不堪之人，亦被录用”② 的局面，也反映了汉军人才的稀缺。而满洲内部也有同样的问题存在，出现了满洲官员与士兵不足为用的现象，也促使内地的驻防基本变成八旗满洲、蒙古和汉军旗人的混合群体。综上所述，我们可以发现，在同一职位上设置满汉两官缺的确能够彰显清代统治者在政策上强调满汉一致的原则。但更深层次的是，满汉一体终究只是满洲统治者一直在统治形式上所标榜的口号，而在真正的实践中却有所防范。一面允许汉军参与政治，出任官职；而另一面则又固守着满洲政治主体地位，使满洲官员始终占有绝对优势，从未放弃过“首崇满洲”的政治原则，希望满洲贵族能够始终占据着朝廷要职，捍卫好满洲旗人在政治上的统治地位。之所以对汉军旗人加以重用是基于汉军旗人可弥补满洲与蒙古旗人官员政治方面素养上的不

---

① 谢景芳：《清初八旗汉军的地位和作用——兼论清初政权性质》，《求是学刊》1986 年第 3 期。

② 中国第一历史档案馆整理：《康熙起居注》第 2 册，中华书局 1984 年版，第 1356 页。

足，及更好地利用其在满汉之间桥梁性的特殊作用，巩固清朝的统治。

“京堂俱一满一汉，印归满官”[①] 的现象始终在清代存在。清入关后，盛京作为“陪都”仍然在辽东地区发挥着重要作用，顺治帝在盛京也设置了和京城一样的官缺，但官职基本是为满人而置，“吏部设郎中、员外郎、堂主事、笔帖式等汉军官缺，未设汉军尚书、侍郎”[②]，六部中的其他部与吏部官缺设置情况相同，合称为六部汉军专缺[③]。汉军专缺大致如下：“侍郎、学士、左副都御史、顺天府、奉天府府尹、光禄寺卿、左佥都御史、宗人府启心郎、通政使司右通政、大理寺少卿、光禄寺少卿、督捕右理事官、通政使司右参议及郎中以下官员。”[④] 中央的部分官制虽设有汉军专缺，但汉军旗人一般皆居于副位，居于正位的多为满洲人。这种现象还广泛地分布于朝廷中的武职机关之中，武职历来是各朝代所重视的官职，为了防止军事力量落入他人之手，清代的武职基本由满洲贵族子弟担任，唯独领侍卫府从武进士中选出的侍卫可以有汉人的存在。这种现象在清朝始终存在，满洲大臣位高权重，汉卿则多奉行文书，话语权远远不如满臣。甚至在清末组建的“皇族内阁”满洲人占据绝大部分，统治者坚持以皇族为主，担任着朝廷中重要机构的长官，不愿大权旁落；而汉族人数则与之形成鲜明的对比，还不到三分之一，并且没有掌握实权。由此能够看出，清代统治者即使已经到了穷途末路之时，也不愿意将权力移交给汉官，对汉官仍旧心存芥蒂。与全国的其他地区驻防特别不相同的是，在京畿地区的驻防上，除了不断添设的部分蒙古兵丁，八旗满洲

① （清）谈迁：《北游录》，中华书局1960年版，第349页。
② 孙守朋：《汉军旗人官员与清代政治研究》，人民日报出版社2011年版，第62页。
③ （清）昭梿：《啸亭杂录》，中华书局1980年版，第224页。
④ （清）鄂尔泰等修：《八旗通志》，东北师范大学出版社1985年版，第839页。

兵丁一直为满洲统治者最为信任和倚重的主体，至于八旗汉军始终不曾被考虑在内。清代时还有旗人不任地方低级官员的规定，比如从六品、左贰以下的官职不授满洲人和蒙古人。在地方的职官设置的官缺中，如盛京五部、盛京内务府和盛京三陵官等多为满、蒙旗人所设置。各地的驻防将军、都统及其下属官员，新疆等地的参赞大臣、办事大臣等及其属下，各地的同知、通判及某些地区的道员或某些时候以八旗旗人充当的官差等的职位官缺，也因为涉及满、蒙等民族问题，遂在政治方面需要专门的满洲官员进行交涉管理，但这些官制或另有汉军官缺。

根据清朝官方文献记载，汉军官缺不仅品级较低，且数量也远远少于满洲官缺，这一点我们可以从以下相关资料可以看出，“康熙《大清会典》一共开载内阁、六部等13个中央机构中有品级和无品级额缺2082个，其中属于汉军和汉人的额缺325个，仅占15.6%，其余额缺大部分为满洲旗人和内务府包衣旗人占有”①。从中可以发现汉军和汉人的额缺总共加起来也才到15%左右，所占比例微小，汉军旗人在清建立后不久就陷入了任职上的困境，政治上的艰窘，说明接下来的情况不容乐观。下一组数据则直接证明了这一点，至咸丰朝，各省督抚中的任职人员身份发生了巨大翻转，汉军旗人的数量大幅度下滑，而满洲旗人数量可以占据十之六七。此外，有人曾据《光绪大清会典》中的内容，针对当时包括内阁在内的15个中央机构做了相关计算和统计，在这些机构中，共有2303个官缺。其中，满洲官缺的比例为55%，而汉军仅仅占了4.7%。此外，“京中司员，向有十大优差之目，为三库、三口、宝泉宝源二钱局监督，及坐粮厅监督、崇文门奏派总

---

① 刘小萌：《清代八旗子弟》，辽宁民族出版社2008年版，第206—207页。

办委员（俗呼奏委）”[①]。此处所提到的三库指的是银库、缎库和颜料库，皆属户部为外库；三口指的是张家口、杀虎口和山海关税务监督，同治中期设立道员后废除此差。诸如“三口”和“三库”这种掌管着重要财政的部门，抑或是牟取暴利的工部部门官员官缺基本专任满人，满洲贵族子弟皆可出任此缺，极少职官任用汉人。清代统治者的这种根据身份给予加惠满洲的做法，对汉军旗人实是有失公允。清代在关乎军事、皇族和民族事务方面的任官制度上首崇满洲的做法，充分显示了满洲统治者根深的民族狭隘观念，这种观念使汉军旗人始终备受质疑，汉军旗人的地位也受到其统治政策的影响逐渐划拢至汉人，始终与满洲不能同等。

在清代的候补官缺中，满洲补汉军的现象经常存在，但汉军补满洲缺却寥寥无几。例如，康熙四十四年（1705），镶蓝旗满洲人福宁安补任了正黄旗汉军都统，不久旋升为都察院汉缺左都御史，随后又调满缺左都御史，被任为任议政大臣。至于汉军旗人出任满缺是难上加难，乾隆时期“范时纪曾任满缺户部侍郎，范宜清曾任盛京工部侍郎，李侍尧曾任热河副都统，孙庆成曾任满缺户部侍郎兼护军统领”[②]。虽有特例，但仍然只是少数。直至清代中期出现八旗生计逐渐窘迫的情况之际，在力图保持本民族在政治层面的绝对优势的同时，统治者做出削减八旗组织的决定——裁撤汉军官缺。早在康熙朝时，就已经出现过这样的状况，“康熙十二年，悉以京堂官归入汉缺，与汉人一并拟补。惟右通政归满缺。止存内阁侍读学士、郎中等员”[③]。雍正时期，“本朝汉军、汉人一体简用，内外不分，惟科道部属小京官，汉军不占

① （清）崇彝：《道咸宦海见闻录》，北京古籍出版社1982年版，第5页。
② （清）昭梿：《啸亭杂录》，中华书局1985年版，第224页。
③ （清）鄂尔泰等修：《八旗通志》，东北师范大学出版1985年版，第839页。

汉人缺”①。诸多汉军缺并归至汉缺中，致使汉军旗人无论是在任职机会方面还是官员数量方面都有了大幅度的缩减，其出路愈发狭窄，升转繁难。而这种现象随之而来的会产生一种负面效应，即汉军的仕途阻塞势必会产生行贿不良之风，一些汉军为了谋求一官半职，不惜重金贿赂上司，导致吏治的腐败。

汉军旗人的加入使清代统治者意识到文化教育的重要性，八旗兵除了日常挑补甲兵之外，还可以通过接受官学教育步入仕途。清入关初，满洲统治者就积极培养对八旗子弟的教育。顺治元年（1644）十一月，国子监大臣李若琳上书奏请设立书院专门培育八旗子弟，得到了顺治帝的应允。此时规定在八旗内部，每两旗设一学校，为官学，只允许满洲、蒙古和汉军八旗子弟参与，教学内容主要为满、汉文化知识以及弓马骑射。随着教育制度的逐渐完善，每旗内的名额限制也逐渐放松，满洲旗人有60个名额，蒙古和汉军名额相同，皆为20人。顺治十年（1653），为了加强对宗室子弟的教育，提高其文化知识水平，顺治帝规定，凡年满十岁的宗室子弟必须进入宗学内学习，并每旗之内均设置一宗学。此后的清代皇帝也基本遵循这一意识，着力加强八旗子弟和宗室子弟的文化教育。康熙年间分别建立了景山官学和八旗义学，对满、蒙、汉子弟进行教育。雍正五年（1727）再次对八旗官学进行了调整，在京城内的八旗，每旗都设一所学校，确保各旗子弟都能接受教育。清朝统治者专门为八旗子弟设置的官学使汉军旗人能够和满、蒙旗人一样享有受教育的权利，在学成肄业后便可以被朝廷选中入仕做官。但汉军旗人与满洲旗人的地位差别仍旧很大，对于满洲，统治者可以将佼佼者授封王爵，但是汉军旗人则不然。“太祖

① （清）萧奭：《永宪录》，中华书局1959年版，第354页。

肇基，以满语定爵号，最尊者曰贝勒”[①]，又有“冲锋陷阵有功者，悉命晋升，无爵者赐以爵位”[②]。“所擢用之大臣，凡尽忠者，或阵亡或病故，即令其子承袭其父所升之职。”[③] 努尔哈赤时期便确立了以功赏爵的原则，其中，封爵又分为以下几种情况。第一，皇子及宗室子弟成年后可以进行封爵。第二，亲王爵或将领爵的继承要在诸子嗣中选出一个贤德之人接替，这样的工作便由宗人府来完成。第三，未能够继承亲王以下爵位的诸子，若已经年满 20 周岁，便可参加朝廷的考核，通过后方可获得相应的爵位。总之，爵位的继承必须是熟悉满文并善于弓马骑射之人。另外，还有侍卫制度，一旦能够入宫任职侍卫，朝廷将会量其才能对其授予官职。但侍卫之路并非人人皆走得通，能够入宫当值侍卫之人出身必须高贵，非京师三品以上，或者在外总督、巡抚和总兵等官职家庭者不得成为侍卫，这也是清代为满洲贵族子弟创造的一个重要入仕途径。除了以上入仕的途径外，荐举、捐纳等方式也是旗人进入仕途的重要途径，这样一来满洲旗人的入仕概率就远远高于汉军旗人了。

自朝廷提倡八旗科举后，满洲、蒙古和汉军为谋求一官半职皆积极踊跃参加。科举考试自隋炀帝时期确立进士科以来，就成为入仕选官的重要途径。清朝统治者为了笼络汉族人才，以及更加有效地统治汉地，承袭了历代的科举取士制度，创建出带有本民族特色的八旗科举，积极鼓励八旗体制内不同民族成员参与其中，为统治扩大人才基础。但实际上，清代的科举考试根据考生身份的不同会有着不同的待遇或政策倾斜。

---

① （清）徐柯：《清稗类钞》，中华书局 2010 年版，第 1264 页。

② 中国第一历史档案馆、中国社会科学院历史研究所译注：《满文老档》，中华书局 1990 年版，第 154 页。

③ 中国第一历史档案馆、中国社会科学院历史研究所译注：《满文老档》，中华书局 1990 年版，第 278 页。

满洲统治者出于维持民族的“国语骑射”的考虑，担心八旗子弟学习文科知识后放弃本民族的特性，故在八旗子弟是否参加科举考试的问题上始终决策不定。清入关初，旗人是不允许参加科举的，直至顺治八年（1651）才颁布谕令，“是年吏部议准八旗科举之制，为定鼎后八旗科目之始”①。次年实行满汉分榜，顺治十二年（1655）再次强调满汉分榜制度，满洲、蒙古和汉军考试内容有所不同。八旗科举并未延续很久，至顺治十四年（1657）即废止。康熙帝即位后为选拔人才，遂复置。康熙年间的八旗科举才正式确定下来。康熙六年（1667），康熙帝下令，满洲和蒙古人员归并到一处参加考试，汉人和汉军则归并到一处考试。至康熙二十八年（1689），满洲和汉军的考试内容和录取名额上仍旧保持着区别。在科举考试的生员选拔中，汉军人员录取率极低，因为汉人整体的录取比例才占取1/50，使本就竞争激烈的考试难上加难。

随着清朝入关年久，熟悉满文之人越来越少，故朝廷非常看重精通满文之人。尤其是龙兴之地的东北地区。乾隆年间曾遣人视察东北地区学生的学习情况，对熟悉满文且字体清秀之人留加查看，可用于留补堂库各司办事处为官。还有笔帖式这一官职的设置，笔帖式通常指处理文书之人，从事档案记录和翻译。俸禄和阶品都较低，但深受统治者的重视，并且在清朝统治当中发挥了重要的中介作用。由于汉军旗人对满汉语言的兼通，故笔帖式一职始终有汉人的存在，但担任笔帖式的满洲人也不在少数。清廷设置满洲人为笔帖式，一方面能够锻炼其行政能力；另一方面能够起到防止汉人在这一职位上的“垄断”作用，以保持满洲官僚的核心地位。笔帖式便成为满洲入朝为官的重要门槛。此外，清代设置的翻译科举是专门为满洲旗人安排的入仕之

① （清）福格：《听雨丛谈》，中华书局1984年版，第187页。

路。在翻译科中，一旦取中即可进入翰林院、光禄寺或国子监等中央机构为官。中下级官员也可参考，考中者官位会被提升。满洲贵族往往会通过翻译科享受着统治者为其带来的特殊优待，充分显示满洲贵族的特殊性，这些特殊的机会都是汉军旗人所不曾拥有的，也是其他任何一个民族都无法比拟的。

按照清朝制度规定，清朝统治者在选拔官吏时十分重视出身，其出身情况就决定了此人能否被授予官职以及官职的等级。对于朝廷来讲，最重要的一项核查就是官员的出身，入仕的官员必须身世清白。满洲人员和汉员若处于同一级别，那么授官选拔标准是不尽相同的。官员在任职前必须接受朝廷对其身份的严格审查，类似于我们现在所说的“政审”。清朝规定，身份低微者不得入朝为官，如八旗户下的汉人家奴及随从等人不允许入仕。若已经出旗为民，那么要经历三代以后才可以入朝廷做官，但是所担任的官职也只能局限于三品以下，其身份的低微导致不能够出任高官。除了看重身份高低之外，还有一个重要的择官标准，就是看其学问水平的高低。在清代，大学士一职必须由有深厚学问的人来充任，对于这一官职的铨选，满汉之间也有着区别，满洲贵族稍有学问即可充当，而汉人必须是科甲出身才能充当。还有科道官员的选任也是如此。鉴于满洲人员基本编进了八旗作为职业兵，享受着朝廷的俸饷，入仕途径广泛多样，因而才出现了“旗人不占鼎甲”的现象，“清代历届殿试前三名共计 324 名。而满蒙子弟只有 3 名。清朝，任用的大学士、尚书、侍郎等朝廷高官中，汉人有 140 名，占 1/4。汉人出任高官，要有进士出身。但旗人无此条件所限制，在 420 名旗人高官中，也只有寥寥的几个进士出身”①。从中我们可以

① 林白、朱苏梅：《中国科举史话》，江西人民出版社 2000 年版，第 69—70 页。

轻易发现，满洲统治者对满人和汉人在任官方面的态度和做法截然不同，带有很明显的偏袒和保护满洲的色彩。

虽然自皇太极以来的满洲统治者皆提倡“满汉一体”“满汉一家”，努力打造出满汉和谐共处的局面，但在科举、入仕和官吏铨选方面，满洲统治者皆践行着“首崇满洲”的政治原则，始终维护满人的特权，使汉军旗人备受排挤，在司法方面也是如此。从中央到地方，清朝皆专门设置机构来办理关于旗人的案件，步军统领衙门专管京师普通旗人案件，对于京师收监死刑案件还制定有专门的朝审制度，即我们常说到的“秋后问斩”，将其收监，再于霜降后约10天再审理犯人。审理之后“有情实、缓决、可矜、留养承祀四个方面，由皇帝做最后的定夺”①。驻防地方理事通知管理全国驻防地区的普通旗人案件，任何人和任何机构皆不得涉足。汉人官衙更无权处理旗人案件。至于各省旗民冲突案件，若是普通的民事案件由州县受理，但是普通的州县司法机关没有判决权，只能转送理事厅专门审判处理。如遇重大刑事案件，或者牵涉重大官员，历朝历代皆会非常重视，专门组成一个机构来审理，唐代以来实行的“三司推事”或“三司会审”皆为此类机构，清代也基本承袭了前代的司法体系，如遇重大旗人案件则由理事厅会同州县协同审理。汉军旗人作为旗人的一部分，同样享有上述种种司法特权，但本属汉族的汉军旗人始终未能真正地与满洲旗人画等号，这是由于满洲统治核心地位决定的。封建制度之下的法律不可能做到真正的平等，尤其是作为少数民族统治的清朝，本民族必然是统治各民族的主体和核心，地位也在汉军旗人之上。尤其是有着黄带子之称的满洲宗室和有着红带子之称的觉罗，他们拥有着尊贵的特权

① 中国政法大学法律古籍整理研究所编著：《中国历代刑法志注译》，吉林人民出版社1994年版，第1046页。

和法律地位，是清朝统治阶级最崇高、最尊贵的群体。京师内部若有宗室或觉罗触犯法律，均移交宗人府处理，其他机构不得参与。由于亲王地位尊崇，《宗人府则例》规定，若亲王触犯法律，可不经传讯，直接在其王府内审讯。若其行为不构成重罪，不得随意使用鞭笞、监禁等酷刑，只是夺其属丁或罚俸以示惩戒，位高权重且富有的亲王为逃脱惩罚，往往可用其赡养钱或圈禁来折抵除刑法。重案时则需先请问宗人府意见决定是否传讯。实际上，宗室和觉罗的犯罪与否只不过是统治者的一念之间，明文律法上虽规定触犯了法律的宗室有笞、杖、徙等惩罚措施，但通常情况下只是一纸空文，有名无实，只是将其圈禁，期满即可释放，后续若表现良好，不再作奸犯科，便可官复原职。在统治者看来，宗室和觉罗是其统治的中坚力量，非必要不得损害其利益，从而保证了不伤及满洲根本。故光绪年间出现了这样的情况，御史贯贤上奏："从前监禁宗室，尚可逾垣宵遁，近更似无惮，白昼游行街市，甚至持枪在内仓左右轰击飞鸟。"① 此类"不足挂齿"的惩戒使宗室觉罗更加肆无忌惮，为所欲为。此外，清代宗室觉罗还享有"八议"之特权，宗室觉罗可以通过"八议"逃脱惩戒。所谓"八议"，分别为议亲、议贤、议贵、议功、议故、议能、议勤和议宾。宗室觉罗在法律方面的特权地位最终引起了统治者的忌惮。嘉庆二十四年（1819）五月，针对宗室人员中屡有罔顾法纪、不知悔改的行为做出明确的规定，宗室犯罪者不得再倚仗身份而轻视审判官员，受审时一律摘官帽同平民一样长跪听审，若最终被判定无罪时方可重新戴上官翎。在一定程度上能够起到约束宗室行为的作用，但这对于统治者来讲，并不是要限制其权利，也不是要削弱其地位，不过是约束其行

① （清）《宗人府则例》，光绪二十四年刻本。

为，防止他人非议罢了。法律不过是用来维护其政治地位的官方保障，这也决定着汉人出身的汉军旗人和满洲旗人在司法待遇上不能够一视同仁。

三　汉军旗人“抬旗”为满洲旗人

清代统治者为区别旗内等级高低，在入关后制定了严格的等级秩序，将八旗分为“上三旗”和“下五旗”。“上三旗”和“下五旗”界限十分明朗，旗人地位亦不同，“上三旗”为正黄旗、镶黄旗和正白旗，地位较高，为八旗的核心，且由皇帝直接统辖。“下五旗”为驻守在各地方的正红旗、镶红旗、正蓝旗、镶蓝旗和镶白旗，地位不如“上三旗”，但比人民高，由亲王、宗室等统辖。“上三旗”和“下五旗”之间有着严格的身份之差，这种身份所带来的二者之间的差距便孕育了一项清代特有的制度——抬旗。关于抬旗的概念，学者杜家骥曾指出，抬旗即“某旗佐领下某家族人，抬入地位较高的旗分中，另外，由包衣佐领（奴仆组织）抬为本旗非奴仆的旗人组织——旗分佐领者，虽未出原旗，也谓之抬旗”①。随着旗籍的提升，其身份、地位和出身都会提高，实际上，抬旗是“各色旗人由低位向高位的一种升迁现象”②。抬旗有两种方式，第一种，包衣佐领、管领下人抬入满洲旗；第二种，“下五旗”抬入“上三旗”。第一种方式在下文有详细叙述，此处主要探讨第二种方式。满洲八旗、蒙古八旗和汉军八旗共同隶属八旗组织，故第二种抬旗方式“间亦有由汉军旗抬入满洲旗者”③。乾隆时期即有汉军旗抬入满洲旗者，“正红旗汉军王持枢一族

---

① 杜家骥：《八旗与清朝政治论稿》，人民出版社2008年版，第324页。

② 孙静：《清代八旗汉军研究》，民族出版社2017年版，第104页。

③ 郑天挺等主编：《中国历史大辞典》，上海辞书出版社2000年版，第1775页。

被抬入正红旗满洲"①，"抬旗"为被抬旗家族带来的不仅仅是出身上的改变，还意味着其在政治地位上的提升，无论科举还是出仕方面都有诸多相得益彰之处。"凡抬旗，或因功，或以恩，皆出特命"②，故终清一代，可以真正享受抬旗待遇的旗人人数并不显著，主要集中在八旗官员和后妃母家这两类群体之中。

抬字"即往上托，举，有抬高、提升之意，抬旗即各色旗人由低位向高位升迁的一种现象"③。顺治帝进行八旗旗色的划分并亲领上三旗时就已经是对八旗旗分进行了严格的上下区分，所以"抬旗"这个称法自然明显地含有八旗旗别之间的不等。对于抬旗的两大群体，我们分别将其进行探讨。

（一）八旗官员

由于清初天下未定，战事不断，政权亟须巩固，正是汉军旗人立战功的时机，故汉军旗官员被抬旗主要集中于清朝中前期，大多因政绩较为突出而抬旗。较早有明确记载的抬旗事件出现在顺治时期。后金时期，洪承畴归降后编入内务府镶黄旗，入关后，于顺治八年（1651）九月，洪承畴主动奏请入汉军镶黄旗，得到了顺治帝的准允。洪承畴之所以能够得到皇帝的应允从而顺利地进入汉军旗，完成身份的转变，是由于在清朝定鼎中原的过程中，洪承畴宣猷献力，为后金立下汗马功劳，也为后金能够顺利入关发挥了重要作用。另还有汉军大员高其位，本随其父高天爵隶属于汉军镶白旗。曾在康熙时期的战争中率百名兵抗敌三万达七十余日之久，后在准噶尔战争中再立新功，

① 孙静：《清代佐领抬旗现象》，《史林》2012年第2期。
② （清）赵尔巽等撰：《清史稿》，中华书局1976年版，第10947页。
③ 孙静：《清代佐领抬旗现象》，《史林》2012年第2期。

为收复边疆做出突出贡献，高其位的忠心报国之举深为皇帝所感动且器重。雍正帝即位后便恩允其抬入镶黄旗，“高天爵，字君宠。初系汉军镶白旗人，至子其位任大学士，始改隶镶黄旗”①。雍正时期同被抬旗的还有原系正蓝旗汉军的田文镜，因治豫有功被特授为河南总督，“至是奉旨抬入正黄旗”②。还有时任两广督抚的杨林也受到了抬旗的荣誉，感激涕零，遂上奏回复皇帝恩典“正红旗吴成龙着将奴才弟子男侄及佐领所管下人俱拨入正黄旗都统下行走……今蒙皇上圣鉴，拨诸上三旗，是奴才素日所不敢言者”③。另还有乾隆时期对李永芳家族的抬旗。李永芳在清入关前就为后金的发展做出重要贡献，至乾隆朝，其家族后代子孙世代忠心，克勤职守，乾隆帝深感其念，将其由镶蓝旗抬入了“上三旗”中的镶黄旗。抬旗是清代统治者赋予汉军旗人的殊荣，也是笼络汉军旗人忠心于朝廷的必要政治手段，享受抬旗荣誉的汉军必将感念这份恩德，使其家族乃至后代对清朝统治更加忠贞不二。满洲统治者通过对八旗内优秀官员进行抬旗来更好地圈纳人才为己用，以总览政治全局确保统治的稳固，最终彰显出自己至高无上的皇权地位。

（二）后妃母家的抬旗

关于后妃家族的抬旗，杜家骥曾把其分为四种情况，分别为“皇帝继位后，其生母尊为太后，母族抬旗；皇后母家抬旗；皇帝妃子中某些受宠者，其母家受恩赐抬旗；前朝皇帝之妃，由于其子受到新朝

---

① （清）鄂尔泰等修：《八旗通志》，东北师范大学出版社 1985 年版，第 4457 页。

② （清）赵尔巽等撰：《清史稿》，中华书局 2010 年版，第 10340 页。

③ 中国第一历史档案馆译编：《雍正朝汉文朱批奏折汇编》，江苏古籍出版社 1991 年版，第 13 页。

皇帝的重视、倚为辅政宗王，外戚即因此而抬旗等四种情况”①。通过后金时期就已经出现的满蒙贵族政治联姻就可以发现，皇帝后妃不仅仅代表个人，更重要的是其背后的家族势力。自顺治皇帝以来，历代皇帝的嫔妃多出身于八旗，妃子背后的家族势力越大，受到冷落的机会便越小，皇帝会考虑其家族能给自身统治带来的好处。或者统治者欲彰显、培养以及扶植新的家族势力，便会产生抬旗。最为显著的一个特例便是康熙皇帝的生母孝康章皇后，康熙皇帝为了提高母家地位，将佟国纲一支先抬入了上三旗中的汉军镶黄旗，以示尊贵。后又于康熙二十七年（1688）将母家抬入满洲镶黄旗，佟氏一族由汉军旗入满洲旗，这是开国以来唯一一例。佟国纲一支的身份和地位都是其他汉军无法比拟的，而这份尊荣一方面是由于康熙帝的生母孝康章皇后带来的；另一方面也是由于佟氏家族在满洲初兴之时就已经归顺效力，可以算得上是“开国元勋家族”，与满洲颇具渊源。康熙帝为其家族抬旗自然有私心所在，“皆随时出于特恩，不再定例”②，同时也夹杂着一定的政治因素。抬旗是下五旗旗人上进的途径之一，若想享受抬旗带来的荣誉，那么必须对清朝统治忠心耿耿，克勤职守，故研究汉军的抬旗时要考虑到统治者为缓解政局矛盾和民族关系的政治因素。例如，“雍正五年编纂的《八旗通志》（初集），以及乾隆五十七年（1792）续编《钦定八旗通志》中《满洲镶黄旗旗分志》内竟均无佟氏佐领的记录”③。这一段话指出佟国纲一支旗人虽被抬入满洲旗，但其他的官方史料中并未记录此事。另外，《钦定八旗通志》的“旗分志”中也未见汉军整佐领拨入本旗满洲旗分的现象。④ 那么

① 杜家骥：《清代八旗制度中的“抬旗”》，《史学集刊》1991 年第 4 期。

② （清）福格：《听雨丛谈》，中华书局 1984 年版，第 3 页。

③ 徐凯：《佟国纲家族八旗“旗籍”考释》，《沈阳故宫博物院院刊》2014 年刊。

④ 孙静：《清代佐领抬旗现象》，《史林》2012 年第 2 期。

佟国纲一支被抬入满洲旗为何不被记录在册呢？原因就在于我们刚刚提到的政治因素，这不过是统治者对佟氏一族加以笼络的手段，跨旗分抬入满洲旗可能只存在于康熙帝的口头话语中，而并未得到真正的落实。无论是官员因政绩突出而被抬旗，还是为彰显后妃家族身份而抬旗，皆取决于皇帝的一念之间。

清朝的汉军旗人与满洲旗人同样作为旗人，同隶属于八旗制度下，享有着政府对他们提供的一切政治待遇。但不得不承认，两者在政治待遇方面实际上有所不同，而这政治上的差别不能阻止两者间的交往、交流，他们同朝议事，共同执政，听从朝廷旨令。清朝的汉军旗人与满洲旗人在政治生活中不断地交往交流，关系日益密切，形成了稳定的政治共同体。

第二节　汉军旗人与满洲旗人同而有别的经济利益

在八旗制度之下，一方面，汉军旗人与满洲旗人享有旗产、恩赏银、养育兵等经济待遇。另一方面，两者政治地位不同，汉军旗人的经济待遇与满洲旗人有一定的差距。然而，随着八旗人口的增加，这种差距似乎没有那么明显，同为八旗生计，满洲旗人与汉军旗人相互交往，不断交流，共生共存。

一　同享八旗经济利益

清太祖努尔哈赤在牛录的基础上，将满洲人全部编入八旗，形成了以“兵民合一”为特征的八旗制度，旗人平时正常的生活劳作，战时随军出征，需自备粮草和兵器，出兵作战可获得额外的财物和军械，增加收入，旗人皆愿出战。太祖为促进八旗经济发展，改善八旗生活，于天命六年（1621）制定了“计丁授田”制度，“海州一带有田十万日（日即晌，一晌约合六亩），辽阳一带有田二十万日，共三十万日，宜分给驻扎该处之军士，以免间废。其该人民之田，仍令其就地耕耘”①。将无主田地视为国有，平均分配给八旗统治下的女真及汉人中的所有男丁数目进行耕种，其中也包括乞丐和僧侣。每一个男丁，5 晌种粮田，1 晌种棉田，租赋初为上缴实物或是为公田进行劳役，后为每丁每年纳银 3 两，通过计丁授田来为旗人提供给养。实行这一政策不仅巩固了后金的统治地位，而且这种自耕自种的形式促进了向封建制度的转变，同时也使得旗人的生计问题得到解决。至清太宗时期，开始给予出征的八旗士兵一定的“行粮”，比如天聪元年（明天启七年，1627）三月，向义州镇江驻防旗兵发放行粮。入关以前并无兵饷之制，旗人的收入主要是依靠田地耕种以及在出征时额外获取的财物生活。

八旗制度为清朝之“根本”，八旗子弟生计问题不容忽视。清军入关后，于顺治年间制定八旗俸饷制度，由政府拨给饷银、马匹和粮草。大多数旗人自出生便就靠朝廷俸禄给养，八旗子弟“生则入档，庄则当兵”，收入稳定，被称为“铁杆庄稼老米树”。但旗人中也是分等级的，不同阶级的俸禄也是有一定差距的。

皇室享受着最高待遇，最多每月可高达万两白银；其中即使无任何爵位的男丁，仍享受优渥的待遇。兵丁中，也有高级兵丁和初级兵丁之分，其中高级兵丁每月可分到 4 两银子以及 46 斛米；低级兵士，每月只有 1 至 3 两银子，22 至 46 斛米不等，但随着八旗制度的不断发展，兵丁的俸禄也是在不断变化的。顺治元年（1644），规定前锋、护

① 中国第一历史档案馆、中国社会科学院历史研究所译注：《满文老档》，中华书局 1990 年版，第 219 页。

军、领催以及马甲，每月俸禄饷银 2 两。二年添加赈济条例。顺治六年又规定，步兵每月给 1 两饷银，之后又增加了 5 钱。顺治九年将前锋和护军的饷银增至 3 两。到了康熙时期，旗兵的俸禄继续呈上涨趋势。旗人俸禄一般包括饷银和饷米，按季发放，分为春秋两季，按照品级依次发放。一品官员俸禄市银 180 两、米 90 石，依次递减，至最低的骁骑校，俸银 60 两，俸米 30 石。盔甲折合成银两的数量也在不断变化，“顺治间定，每顶副折给银四两八钱八分三厘。康熙十八年题准，护军盔甲，每顶副折给银四两八钱八分三厘。马步兵盔甲，折给银四两一分五厘。二十二年题准，鸟枪兵丁盔甲，每顶副折给银三两七钱，并给鸟枪一杆”①。八旗子弟的俸禄此后几乎没有太大变化，直至辛亥革命后粮饷依然发放，从整体上看，满洲旗人与汉军旗人经济待遇同属于一个体制，同享经济利益。

除此之外，旗地和旗房是旗人的不动产，是政府提供的重要保障。旗房与旗地，是保障旗人衣食住行、养家糊口的重要依托，关乎旗人的生计，与八旗制度的损益息息相关，影响着清朝统治的兴衰。在定鼎北京后，对旗人实行恩养政策，分给旗地和旗房。随着入关旗人数量的增加，对其安置问题亟须解决。在入关初期，三下圈地令，驱赶京畿地区的汉人，强占其土地和房屋。三次大规模的圈占土地持续时间长，范围也在不断扩大，近 16 万公顷土地被清朝贵族强占。或拨归皇室，建立皇庄，或赠予亲王、郡王，或按照等级依次赏赐给八旗军兵。直隶旗兵的旗地是从畿辅地区的圈地中拨发，各地驻防的兵丁旗地由其所在地附近圈地中进行拨发，于顺治七年（1650），规定了驻防八旗的土地拨发标准，为各省驻防官员拨发园地，每名兵丁

① （清）鄂尔泰等修：《八旗通志》，东北师范大学出版社 1985 年版，第 567 页。

拨发五垧土地。给予其余八旗人丁赋税免除的“壮丁地”。对于旗房，八旗一品可分20间，以此类推，最少平均八旗士兵每人可分配到2间房。因此八旗贵族可雇用汉人租用耕种，收租即可，收入可观；士兵生活也十分富足。旗房逐渐由国有转向私有化，可自行耕种亦可在八旗内部进行买卖交易，但私有化并不充分，其禁止与民进行交易。康熙时期，制定了“生息银两”政策，所谓生息银两“是由皇帝内帑库银中拨出一定数额的专款，分给八旗衙门或各省政衙门掌管，进行营运，借以滋生本银”[①]，衙门执掌官员对本金和利息进行核查，并将其上报皇帝，从中牟取经济利益，是八旗官兵经济补贴的重要来源。恩赏范围不断扩大，腐败问题不断滋生，出现了“银数不敷，难以运转”的状况。至乾隆二十一年（1756），提出“恩恤银停止生息”[②]，将其收撤。但还需维系八旗官兵的生计，八旗官兵的赏恤钱后从朝廷的课税款中抽取。但制度推行年限较长，涉及方面较广，直至乾隆三十三年（1768）才彻底废止。“生息银两”这一政策不仅增加财政收入，带动社会市场的发展，而且有利于满洲统治者更好地笼络和控制八旗官兵，稳定统治。综合所述，满洲统治者为八旗提供的经济待遇，足以使八旗旗人养赡家庭，也皆为满汉旗人共享的经济利益。

二　不同经济待遇下的关系

八旗制度作为清朝独有的、特殊的政治制度，为了巩固政权，清廷将八旗旗人培养成职业军人，并且严禁八旗子弟从事农、工、商业，八旗子弟无须参加劳动便可得到国家供养，这种供养以俸禄的形式发

---

① 郭春芳：《康雍乾三朝八旗官兵赏恤制度》，《满族研究》2006年第3期。

② （清）长善等纂：《驻粤八旗志》，辽宁大学出版社1992年版，第28页。

放，这使得八旗成为清朝统治基础里的特权阶层。清朝的俸禄制度大致上延续了明朝的制度，但在制度设计中，相较于汉军旗人，满洲旗人的待遇仍然具有特殊性。

满洲旗人中待遇最好的便是宗室贵族，其待遇随着制度不断健全也有所变化，如在清初时，宗室贵族虽可以按照爵位领取银粮，但并不能支俸。顺治元年（1644）清廷则准许给宗室俸银，“八年议准，岁给俸银，亲王，一万两。郡王，五千两。贝勒，三千两。贝子，两千两。公，一千两。已上，每俸银二两，给俸米三斛。九年议准：给亲王、世子俸银六千两。十年议准，岁给俸银：亲王、郡王仍照旧例。余俱酌量递减。贝勒，二千五百两。贝子，一千三百两。镇国公，七百两……已上，每银一两，支米一斛”[①]。雍正时期开始设立养廉制度，如掌握地方管理实权的伊犁将军和参赞大臣等总理少数民族事务的官员也都不断增补养廉银，如“伊犁将军现支养廉银三千两，著加一千两。现伊犁参赞大臣现支养廉银一千两，著加五百两。伊犁领队大臣现支养廉钱七百两，著加二百两……喀什噶尔参赞大臣现支养廉钱一千五百两”[②]。新疆伊犁将军的养廉银提高到每年四千两，盛京将军提升到两千两，虽然仍时常出现入不敷出的情况，但是相较于汉军将军每年一千五百两养廉银的水平还是有所优待，下层官员的养廉银差距便更大，如新疆喀什噶尔参赞大臣二米年的养廉钱比伊犁参赞大臣的还要多五百两。而普通地区的同级别汉军都统的养廉银也才维持在每年七百两的水平，可见满洲旗人的待遇要远高于汉军旗人，这种制度一直延续到清朝统治末期，尽管八旗优待的制度已

① （清）鄂尔泰等修：《八旗通志》，东北师范大学出版社1985年版，第978页。

② 新疆社会科学院研究所编：《清实录新疆资料辑录》，新疆大学出版社2009年版，第384—385页。

经不适合清朝的政治制度，在全国的旗人生存困苦之际，清朝统治者依然尽力维护满洲旗人的利益，如道光帝曾谕："惟念兵饷一项，为该兵丁等计口授食之需……所有京内京外各旗营及直省额设兵丁应领钱粮，仍着照旧一体支放，毋［毋］庸酌减，以示朕优加矜恤之至意。"[①]

汉军八旗与满洲八旗除了在俸禄上有差别，两者在汉军官员与满洲官员在亲随兵的数量上也有差异。"顺治年间开始实行，其给予官员及随甲额数，迨乾隆元年（1736）定制：满洲都统，给随甲八名；蒙古、汉军都统，给随甲六名；满洲副都统，给随甲四名；蒙古、汉军副都统，给随甲三名。都统、副都统随甲并非额兵，每名每月给银三两、米一石，于正项内按月支给。"[②] 又康熙九年（1670）时"谕户、兵二部：满洲甲兵，乃国家根本。虽天下平定，不可不加意爱养……月饷米银，当作何增给，可永为例，其会同详议以闻。于是部议：甲兵每月每人增银一两，岁增米二斛"[③]。从中我们可以看出，在待遇的各个方面来看，满洲八旗要优于汉军八旗。

清朝从建立伊始，统治者一直贯彻着"首崇满洲"的原则，始终给予满洲八旗优厚的待遇，这项政策伴随着人口的增长产生了一系列问题，很多旗人无法享受到饷银，旗人内部的经济差距也逐渐增大，满洲八旗内部的矛盾也逐渐尖锐，为了缓解矛盾，雍正时期推出养育兵制度，并以此来提高满洲八旗子弟的素质，所谓养育兵制度实际上是清政府对满族旗人的一项福利政策，政府每月资助无业旗人一定的钱粮，并从中挑选驻防八旗的兵丁。其中所选出的名额以满洲旗

---

① （清）希元、祥亨等纂：《荆州驻防八旗志》，辽宁大学出版社 1990 年版，第 74 页。
② 孙静：《清代八旗汉军研究》，民族出版社 2017 年版，第 135 页。
③ （清）鄂尔泰等修：《八旗通志》，东北师范大学出版社 1985 年版，第 550 页。

人为主，如从八旗满洲、蒙古和汉军中共选出四千八百名旗人设置为八旗养育兵，进行技艺训练。其中满洲每旗马兵的挑选名额为四百六十员，蒙古与满洲同，但随着人数的增加，养育兵的饷银下降很多，从当时满蒙八旗为主的荆州驻防八旗待遇我们就能看出差别，荆州驻防在旗人生计严重，社会动荡不安的情况下不仅没有大批量裁撤军员，还一度添设余兵、步兵和甲兵。“雍正元年，增设蒙古协领兼佐领二员，佐领十四员，防御、骁骑校各十六员。三年，增设炮手八十名……（乾隆）七年，增设养育兵四百名。五十二年，复增养育兵三百二十名。”① “嘉庆二十年奏准：湖北荆州驻防，添设余兵九百六十名，每名月支银一两。”② “道光十三年，增设委甲兵四百名。咸丰十一年，复增步兵二百名。”③ 政府会从巡捕营和绿营中挑选优秀的官兵担任教员对养育兵进行培训，如满洲每佐领下选出四人学习长枪，蒙古与满洲同；汉军每佐领下选出四人学习藤牌挑刀。养育兵的根本目的并非训练士兵，而是解决旗人生计问题而创设的制度，因此训练出的养育兵并没有担任重要的职务，一般是处于一种被散养的状态。

养育兵制度直到光绪三十三年（1907）才被废除，此制度的创立在一定程度上缓解了八旗子弟的生计问题，培养了一批八旗士兵，但其并未从根本上解决八旗子弟的生计问题，并且在制度的执行过程中，政府对于满洲旗人的偏袒是显而易见的，满洲八旗和汉军八旗的待遇始终是不平等的。

清朝作为中国历史上最后一个由少数民族建立的封建王朝，统

---

① （清）希元、祥亨纂：《荆州驻防八旗志》，辽宁大学出版社 1990 年版，第 117 页。
② （清）昆冈等修：《钦定大清会典事例》卷 257，上海古籍出版社 1995 年版，第 129 页。
③ （清）希元、祥亨纂：《荆州驻防八旗志》，辽宁大学出版社 1990 年版，第 117 页。

治集团内部对汉文化的态度影响很大，如受到汉族传统儒家文化的影响，满洲旗人逐渐重视妇女的守节，对于贵族的要求便更为严格。清朝建立初期，在征战中死亡的将士数量众多，而八旗妇女受到恪守妇道思想的影响，大批的八旗妇女为夫殉葬，其殉葬人数甚至超过了汉人从殉数量。总体而言，出现这种现象的根本原因在于经济问题，因清朝统治者将八旗子弟培育成职业军人，严禁他们从事其他行业，因此对于旗人的家庭成员来说，朝廷所给的饷银便成为唯一的收入来源，因此当家中的丈夫战死后，全家的收入来源即被切断，同时这些妇女又受到恪守妇道的严格要求，再嫁会引起他人的歧视，因此很多毫无依靠的满洲妇女会选择殉葬，从殉是满洲妇女走投无路的选择，但这种过激的行为终究是违背人性的，这种现象的不断发生不仅加剧了许多八旗兵丁家庭的困苦，同时也增加了国家的财政负担。清中期以后，因为难以忍受生活的困苦，出现了许多妇女改嫁的情况。“翁姑早逝……年二十一夫殁，遗一子，甫周月，家故贫，恃夫弟佐之。已而夫弟又殁，遗一子在繈褓中，娣妇竟改适。”① 这种现象引起了清廷的高度重视，针对性地提出一系列的社会保障制度，着力改善寡妇生存问题，提高对八旗兵丁的待遇和死伤将士的抚恤。

在清朝入主中原前，长年的战事使得八旗兵丁家庭中寡妇的数量急剧增加，其生计问题已经得到了清朝统治者的重视，因此在清军入主中原后便采取了一系列对寡妇的赈济政策，随即对其做出相应规定。“兵丁阵亡，及伤废亡故人之妻子，家无养赡者，该参领、佐领、骁骑校具结送该都统咨部，每月准给一半银米”②。顺治七年（1650）

---

① （清）黄维翰：《呼兰府志》，（台北）成文出版社 1974 年版，第 721 页。

② （清）鄂尔泰等修：《八旗通志》，东北师范大学出版社 1985 年版，第 610 页。

三月，诏户部对这一救济政策做出些许改变，“向来每月给寡妇银一两。今后查其家，如无兵丁、匠艺，止许支给一年。至于披甲兵丁，或出兵，或奉公差，每月支给钱粮一半，以赡其家。汇册报部，必详书牛录章京及分得拨什库名……九年三月，增八旗摆牙喇、噶布什贤月饷银各一两，每人支三两自此始”①。“摆牙喇”为满语护军的意思，隶属于清朝的禁卫军，其成员皆出自上三旗的满洲和蒙古护军，而清廷则给予了满洲旗人更多的经济补助。康熙三十六年（1697）十月针对在厄鲁特战争中阵亡的兵丁谕“应各给一子七品官食俸。马兵等，应各给一子八品官食俸。无子者，照本身钱粮米石，给其母妻，终身赡养”②。

清朝对于八旗寡妇的抚恤政策历经了漫长的过程，尽管清朝前期已经有关于对旗人寡妇的优待政策，但是并未形成一套完整的政治制度，直至清乾隆时期才真正确立下来。清朝对于旗人寡妇的抚恤主要有三种，第一种是终生半俸半饷待遇，给予的对象主要是战亡八旗兵丁的孀妇、兵丁战亡之前再娶之妇和无嗣无依靠的一般八旗寡妇。第二种是雍正十三年（1735）规定的一年半俸半禄待遇，给予的对象是八旗中非战而死士兵的遗妇。这种抚恤在乾隆时期又进行了调整。如乾隆三年（1738）并未削减丈夫生前享半俸半饷八旗遗孀的俸禄，仍旧给予其一年的半俸半饷。此外对于已有儿子充补养育兵的八旗寡妇家庭，在其子未当差或当差时食俸低于政府优恤半俸之数期间会一直给予其半俸。第三种是乾隆六年（1741），清廷对寡妇给予了特殊优待，由朝廷发放钱粮供养其终身生活。此外，据记载在乾隆三十年（1765）广州的驻防将军还曾拨出二百多间汉军出旗后空余出的房屋给

① （清）鄂尔泰等修：《八旗通志》，东北师范大学出版社1985年版，第550页。
② （清）鄂尔泰等修：《八旗通志》，东北师范大学出版社1985年版，第609页。

八旗中无所依靠的寡妇居住。清廷对于八旗寡妇的抚恤都是终身抚恤，这项抚恤制度一直实行到清朝后期。如清后期辽宁永陵地区正红旗防尉富庆增妻李氏在丈夫死后“典质簪环，办理丧事，又得永陵副都统发给孀妇银四十两，遂得送夫骸于奉天省城南苏家屯归葬。自是以还，日夜为人缝纫以谋生活。辄教训幼女，望其淑惠，女年十九，为之择配，此时该氏孤苦伶仃，无以自存，遂归宁居住，以冀全节，而胞弟故去，上有老母，下遗哑子，兼以家徒四壁，困难万状，该氏井臼躬操，女红亲劳，并能应权达变，治家有方。未数载而家道小康”①。

以上的抚恤和优待优恤政策只是针对旗人家庭中的普通家庭，相较于贵族宗室家庭的待遇还是有较大差别，如贵族寡妇有权继承财产，可以依靠所继承的田产继续生活，但是在妇女守节方面要求也更为严格，如在康熙时期就禁止宗室寡妇改嫁，否则就要治罪，顺治九年（1652）曾谕：“诸王、宗室、觉罗内有孝友义顺及守节烈者，宗人府核实具奏，礼部照例旌表。”② 顺治十三年（1656）三月，统治者制定了《岁给宗室内无子承袭孀居福金等银米例》，“郡王福金，银一千五百两；贝勒福金，银八百……米照银给发。镇国公以下，奉恩将军以上夫人，照民间封赠遗孀例，视夫俸禄银米额数，量给一半”③。但是优待的标准也有所调整，如宗室和普通的寡妇都享有半俸一年的补助。但是按照清代规定，宗室的男子年满十六周岁便可以领取赡养银，这种补贴以银八米二的比例进行发放。嘉庆二十二年（1817）七月决定对宗室、觉罗内孤寡者给予抚恤。对此，分别做出了如下规定：无嗣者，宗室孀妇每月给予养赡银米二两，觉罗孀妇每月给予银一两五钱；

① 《兴京县志》，辽宁民族出版社2003年版，第47—48页。
② 《清世祖实录》，中华书局2008年版，第550页。
③ 《清世祖实录》，中华书局2008年版，第768—769页。

孤女者，宗室每月给予养赡米一两五钱，觉罗每月给予养赡米一两。这种赡养保障了妇女的基本生活，这种对宗室遗孀的救济一直持续到光绪年间。此外，汉军旗人与满洲旗人在红白事上的恩典赏银也有一些差别，比如在雍正十三年（1735）三月前，规定：出征的京城满洲八旗兵丁，遇有红事可赏银10两，白事赏银12两。[①] 这比汉军旗人出征时得到的恩赏银要多些。

综观清代的抚恤政策，清廷对于八旗中阵亡将士的遗孀都进行了一定的抚恤，并且作为一项基本制度沿袭下来，但是根据定宜庄的相关统计顺治至乾隆年间守节的妇女中，满洲八旗的节妇所占比例要高于汉军旗人，可见清廷的真实意图。

综上所述，清朝的汉军旗人与满洲旗人同样作为旗人，在八旗制度下，享有着官方为他们提供的一切经济待遇。但不得不承认，两者在经济待遇方面实际上有所不同，而这经济上的差别随着八旗人口的滋生，变得不那么明显，不能阻止两者间的交往交流。清朝的汉军旗人与满洲旗人在生产生活中的不断地交往交流，关系日益密切，形成了稳定的利益共同体。

第三节　汉军旗人与满洲旗人的文化交融

自满洲入关后满汉民族便开始了大规模的频繁的交往，满汉民族在文化方面上不断地交融、变化。这种时代背景促使八旗中的汉军旗人与满洲旗人在社会生活中的方方面面不断地接纳、交流，从而也促使双方的文化融合进一步加深。

---

① 郭春芳：《康雍乾三朝八旗官兵赏恤制度》，《满族研究》2006年第3期。

一 婚姻与丧葬习俗

（一）汉军旗人与满洲旗人婚姻交往及习俗交融

后金（清）政权刚刚确立不久，基于对政权稳固性的考虑，需要通过自身所具的婚姻特权来利用婚姻关系建造势力联盟，为自身寻求可用的保障。例如清太宗时期，统治者出于自身部落政治势力利益的考虑，为了更好地密切与蒙古科尔沁部落的政治关系，将贵族子女与蒙古科尔沁部落贵族子女进行包办婚配，比如皇太极就曾迎娶过五位蒙古科尔沁部落的贵族之女。而入关后的满洲统治者也将此作为一种特别的恩典赋予满洲与汉军之间的关系之上，作为笼络明朝旧臣归附和争取汉人军事势力支持的一种政治安抚手段，以达到满汉民族关系得以缓和的政治目的。比如，较早的此类汉军旗人与满洲旗人的政治性通婚有“万历四十七年己未五月初一癸未……李如柏曾纳素儿哈奇（舒尔哈齐）之女为妻”①。努尔哈赤时贝勒阿巴泰之女和明朝旧勋李永芳；清太宗时李永芳隶属汉军正蓝旗后，李永芳子李永泰以满洲宗室之女为妻；明朝降将佟养性娶努尔哈赤的孙女为妻，并被册封为施吾理额驸，授为三等男。李永芳原是明朝地位一般的抚顺千户所游击，而佟养性原是普通商人，单凭身份地位两人远不足以成为满洲额驸。但是李永芳是首个投降后金（清）的明朝边关官员，使得抚顺成为清太祖努尔哈赤攻下的第一座明朝城池。佟养性也是弃明投靠于努尔哈赤，两人的行为对满洲和明朝当时的战势产生了非常重大的政治性影响。后至顺治年间，与满洲联姻的汉军家族还有石廷柱家族，石廷柱的三子华善以豫亲王多铎女为妻；铁岭李思忠家族，李思忠长子荣祖

① 《明神宗实录》，中国书店 1983 年版，第 11055 页。

以宗室贝勒女为妻，次子李荫祖继室以宗室色勒孙女为妻，三子显祖以内大臣伯穆赫伦之女为妻；汉军正黄旗耿仲明之孙耿精忠以和硕肃亲王豪格之女为妻。并且皇室与汉军间的通婚也逐渐增多，选秀女就是一个代表性例子，除了嘉庆十一年（1806）规定的八旗汉军中官位低于笔帖式或骁骑校的官员之女和兵丁之女不必参加朝廷选秀外，其他八旗汉军中的适龄女子皆可参选。两大群体也因此在政治生活等各个方面更加不断地相互融合。清代允许八旗内部各旗通婚是具有一定限制的，但这些限制也只是根据等级而非血缘所设，即只严格等级之间的通婚而非严格种族间的通婚。八旗中满洲旗人与汉军旗人通婚的现象在清代非常普遍。如“满洲贵族钮祜禄氏额亦都家族从九世到十四世先后与汉军旗人联姻者达 95 人”①。“康熙时期，大学士索额图之女桓若嫁给湖广总督李辉祖之孙、副都统恒忠之子李锴（汉军正黄旗）”②，李氏则是当时辽东的一大汉军旗人家族。还有从汉军郎氏宗谱记载中看到郎氏的姻亲家族有镶黄旗汉军汪氏、祖氏和卢氏，正黄旗汉军周氏等多是享誉清代的汉军大家族。汉军旗人与满洲旗人联姻与通婚促进了彼此融合。

文献中多记载有汉军婚礼习俗，如《黑龙江志稿》载：“汉军联姻，先由媒妁作伐，经女家允许，男家备酒礼亲谒女之父母，名曰会亲家。继则择日纳采，名曰换盅。前二日送猪酒。届期婿之父母，或其他尊属，率同诣祖先堂，与女之父母，或其他尊属，东西相向对拜。拜毕互敬酒，再命新郎拜礼于祖先堂，次拜女之父母尊长，礼毕宴而归。迨卜吉迎娶前一日，为女家过妆奁之期，男家亲友届期亲往襄事；女家送奁与男家。男女客例以四人鼓吹前导，男家于斯日，新郎率彩

① 定宜庄：《满族的妇女生活与婚姻制度研究》，北京大学出版社 1999 年版，第 353 页。
② （清）赵尔巽等撰：《清史稿》，中华书局 1976 年版，第 1378 页。

舆游街鼓吹列仗，谓之演轿，并至女家行谢嫁妆礼。亲迎之日，新郎率彩舆仪从赴女家，女家备筵，宴新郎及随新郎迎娶之人。女梳发为髻（丫髻，小姑娘妆束，挽发为髻合抓髻，夫妻之义），著华服（男家所备），首覆红巾，女之兄嫂或伯叔父母扶之升舆，沿途放爆竹，鼓乐导行，婿乘马先归，待于庭。舆至，稍迟，始启门入庭，设香案，设备之物与满汉同。履红毡至香案前，先由婿之尊亲属拈香讫，令新夫妇同拜，拜已，有女童二人执宝瓶、铜镜左右立，由伴娘授予新妇置怀中，导入房。入门，新郎亲手去其覆首红巾，至房，向福神所在之方而坐，谓之坐福。行合卺礼，新妇出谒祖先堂及谒翁姑、尊长礼，均一跪三叩首。宴新亲及来宾喜筵。宴毕，婿拱立大门外送之。第三日新妇偕婿赴女家，谓之回门礼，仪制略与汉人婚礼同。”①

文献中多记载有满洲旗人婚礼习俗，如《黑龙江志稿》载：“先由媒妁作伐。议成，男家率子谒女之父母，名曰认亲，并馈礼物。及娶，先由冰人致意，女家允许，然后择吉。吉期前二日，赍礼物送女家。迎娶前一日，举行演轿，新郎冠带，率彩舆仪从，鼓示游街，并至女家拜谢嫁妆礼。女家于是日送嫁奁。翌晨，新郎亲迎，与汉礼同。设幕一为青庐，结彩，庭中设香案一，上置烛香斗一，宝瓶一对，斗中设弓箭。新妇降舆，由新郎之姊妹或诸姑，导新妇入青庐。新郎手去新妇蒙面红巾，行合卺礼。礼毕，婿出，梳头者入，开面、梳头。新夫妇宴于庐内，谓之观宴。宴已，新郎偕新妇诣香案前，行三叩首礼。礼毕入房，移置宝瓶于牖下，新妇再理发，梳旗式头，另著吉服。是时，男家备席，宴送亲客及贺喜者。宴毕，送嫁新亲辞去，来宾亦相继散。晚间，设席于洞房，备长寿面、子孙饽饽等物，新郎、新妇同

① 张伯英总纂，崔重庆等整理：《黑龙江志稿》，黑龙江人民出版社 1992 年版，第250—251 页。

食之。翌日，设席酬谢亲友。第三日举行新妇庙见及回门礼。”①

从文献可见，不管汉军旗人与满洲旗人的婚礼怎么叙述，大体皆包括纳采、问名、纳吉、纳征、请期、迎亲六道程序。清代除了皇帝大婚外，满、蒙、汉八旗婚嫁之制大体上相同。清代的满汉驻防旗人，由于人数不多，主要处于汉文化的包围之中，所以婚俗不可避免地会受到当地汉人婚俗的影响，从而产生一定的变化。比如清代有记载的荆州地区的相关婚俗便与上文介绍的旗人传统婚俗略有差异：初期聘请媒婆至女方家说媒成功时商定下用钗镯的吉日叫作“行礼”“及岁，由原媒踵女家索更选吉。先一日送奁具。设筵邀亲友，行礼合卺。次日，谒祖先，执贽见舅姑及戚友，名曰‘识大小’。逾夕，女归宁”②。其中的“通言”即通媒，指男方选择好与自己家庭门当户对的人家后托人前去做媒。“行礼”是继承了满洲婚俗中的“小定”，即女方同意了议婚，男方主妇便亲自到女方家里询问姑娘名字并端看其相貌，姑娘需要露面并装一袋烟，男方若是对姑娘很满意，可赠予其如意或钗钏，若男方主妇把钗钏直接为看中的姑娘戴上，“小定”其实等同于现在的“订婚”。至于寻常旗人人家，若是没有在儿女幼时为儿女定过亲事的，便都是在儿女及冠笄之后再开始着手准备儿女的嫁娶事宜，请媒婆做媒。在媒婆寻到有年龄合适的未婚男女的人家时便会积极牵线搭媒，做媒成功之后便可以进行“插戴之礼”，即“新人坐于榻夫家尊属若姑嫜、诸母、诸嫂辈往之女家，以首饰、珠玉亲手簪之”③，簪毕，夫家人引新郎入室内和新娘分别依次拜识双方亲属。该习俗其实

① 张伯英总纂，崔重庆等整理：《黑龙江志稿》，黑龙江人民出版社1992年版，第251—252页。

② （清）希元、祥亨纂，林久贵点注：《荆州驻防志》，湖北教育出版社2002年版，第28页。

③ （清）福格：《听雨丛谈》，中华书局1984年版，第281页。

早在宋代孟元老的《东京梦华录》中便有提及“插簪子”，其中便讲男方相媳妇必须男方家人亲自到女方家中去看，相中了这位女子便将簪子插在相中该女子的发髻上。所以可见，即便是八旗的习俗也并非八旗古老传统婚俗完完整整的承袭，不可避免地也会被汉化，汉军旗人在侵染满俗的同时亦在悄然随着满洲旗人同时汉化。所以如此看来，“行礼”和“小定”基本等同于中国传统婚俗六个礼仪程序中的“纳采”和“问名”，还有通媒也是荆州八旗满洲旗人和汉军婚俗中所具有的。此外，“索更选吉”是指“拜女家”的仪式，即俗称的“大定”，它同“行礼”一样，都相当于现在婚俗中的订婚，但是“大定”的仪式更加正式。对于婚俗的内容，在昭梿的《啸亭杂录》中也有相关的记载“择吉日，男家聚宗族戚友同新婿往女家问名，女家亦聚宗族等迎之。庭中位左右设，男家入趋右位。有年长者致词曰：‘某家男某虽不肖，今已及冠，应聘妇以为继续计。闻尊室女，颇贤淑著令名，愿聘主中馈，以光敝族。’女家致谦词以谢。若是者再，始定婚。令新婿入拜神位前，及外舅父母如仪。既进茶，女家趋右位，男家据宾席，或设酒宴以贺”①。至于“送奁具”，也叫“过礼、下茶”，即男方准备好商定的聘礼并选择吉日进行下聘，在这之后，男方需要将选好了的成婚吉日提前告知女方家，这叫作“开剪”，也叫“送日子”。这些“送奁具”和“下茶”等本是满洲婚俗中特有的婚俗程序，汉军也在生活交往所习得，比如清代文康的《儿女英雄传》中便有与此相同婚俗礼节的相关描述：“那怎的个下茶行聘、送妆过门，都不及细说。到了吉期，鼓乐前导，花烛双辉，把金凤张姑娘一乘彩轿迎娶过来。一样的参拜天地，遥拜祖先，叩见翁姑，然后完

① （清）昭梿：《啸亭杂录》，中华书局1980年版，第281页。

成百年大礼……有等知道的也来送礼道贺。虽说不得‘百辆盈门’，也就算‘六礼全备’了。”① 书中的安学海虽为汉军旗人身份，却熟谙儒家经典，十分重视儒家礼仪制度，并且一直谨照《周礼》严肃治家，他还指导儿子安骥的婚礼严格遵照传统礼仪进行。这些其实也说明到了清中后期，清代汉军旗人和满洲旗人的婚俗整体上已经没有很大的区别了。比如迎亲的礼俗，汉军旗人中一直保留传统的要门包习俗，但在清末的瑷珲地区旗人的婚礼中也十分盛行。迎亲之日，新郎着大红喜衣，披戴红花，在亲婆的陪同之下，骑马或坐车来到新娘家接亲，新娘家人看到新郎一行人时要迅速闭门要门包，新郎一行人就需要将准备好的红纸包不断向屋内塞去。“京师娶新妇，落轿后，以红毡借地，弗令新人履尘。富家尽可用毡铺至闺闼，而不必用数毡转布。”② 最后，还有“行礼”和“合卺酒”，即新婚夫妇拜天地和饮交杯酒等礼仪也是荆州驻防八旗在满洲婚俗中“迎娶”“坐帐”“合卺”的基础之上，又同当地汉俗相融合而简化成的，被汉军旗人所习得并且一直沿用。

（二）丧葬习俗交融

从文献记载，可了解满洲旗人丧葬习俗大致情况：“满洲家父母初丧，富者着华服、袍褂、秋帽、官靴，大抵用前清服制，贫者着布袍、布靴、黑毡帽；以银块或铜字实死者手中，口含一钱，停尸室内。孝眷男戴无缨秋帽，穿前后开气之白衫，束白布孝带，长一丈尺，足著青布靴；女子即日散发，戴白布包头，穿一裹圆白布长衫。翌日，备清水一盆，洗死者之面，谓之‘开光’。灵棚之前立一高杆，杆之上端

---

① （清）文康：《儿女英雄传》，人民出版社 2012 年版，第 222—223 页。

② （清）福格：《听雨丛谈》，中华书局 1984 年版，第 144 页。

系白色之灵魂幡，一日三祭。祭时，男左女右，祭讫返供于灵前。第三日，择吉时入殓。棺形上窄下宽，盖深而高；棺内以制钱摆作人字形，钱数与死者岁数相等，外多二钱，一为'天钱'，一为'地钱'。是日'送搭裢'（如民籍送行），亲友毕至，或送纸箔，或上钱，焚纸扎车马、人役、冥镪等物于郊外，或庙前。自丧日至第七日，每日两祭，两次举哀。殡期无定，或七日，或五日。先二三日讣告戚友，开吊领奠，家族人均侍柩前，谓之'守丧'。发引之前一夜，行辞灵礼，戚友均莅致祭，孝子焚香竟夜。发引时，以白布系柩，孝子以肩承之，如拉纤然，戚友咸送室墓所。圹内燃万年灯一盏，棺外以砖砌之，贫者土埋而已。葬后第三日，约戚友诣墓验坟，每七皆致祭于墓，至百日则大祭，脱白衫，换素服，统计二十（七）个月除服。第三年，书死者之名于家谱焉。"①

文献中也有汉军旗人丧礼记载，如："汉军丧仪与满洲略同，惟初丧时，冠履以白布幂之，亦有戴白毡帽者。孝衫、孝带、开光、入殓等式，亦与满洲人无异。棺式上厚而窄，下薄而宽，前高大，后低小，外绘五色花彩。内糊以纸，富者湖以布，距底三寸许驾以木板，下垫黄土，既殓，停于正室。第三日，送搭裢，亦曰'送行'；若女丧，则婿家备纸牛一头焚之。择日开吊，讣告亲友。庭中搭灵棚，或有高数丈起一层楼、二层楼者，内悬孝幔，设香案、灵牌，孝眷集于其中，男左女右，戚友吊奠者皆在灵牌前行礼。发引、砌墓、验坟等式，亦如满洲。富贵之家，于开吊日多延僧道通经，以超度死者灵魂；贫者无之。"②

从文献来看清代汉军旗人与满洲旗人丧葬习俗略同。汉军旗人的

① （清）张玉书纂：《望奎县志·礼俗志·丧礼》，1919年铅印本。
② （清）张玉书纂：《望奎县志·礼俗志·丧礼》，1919年铅印本。

丧葬礼俗同传统的汉族丧葬习俗相差无二，汉军旗人的全白孝服也是源自汉人的丧服习惯。《儿女英雄传》小说中便有说道，汉军旗人家的丧葬服制十分的繁杂并且大多都与传统的汉族丧葬礼俗相同，守丧者着装除了衣裙外，鞋等其他也需要都用一色白的。《儿女英雄传》第二十回对何玉凤守孝描写到褚大娘不仅给何玉凤带了孝衣还带了铺盖、鞋脚等许多孝品，还“叫人在地上铺了一掌席子，垫上孝褥子”①。之后随着社会发展，五服制渐已变得罕见，整体上传承未变的只有守孝人要通体着白和守孝期限，这点满洲旗人和汉军旗人倒是大致相同。满洲旗人亦渐习丧服之制，康熙二十六年（1687）为太皇太后举办丧葬时，遵从了汉族丧服制度，诏令百官孝服全部改用白布制作。至于汉军旗人丧仪中丹旐的颜色则需要按照满洲丧仪的规定，用以表明死者的旗分。至满丧期百日便除大孝衣换白孝即灰衣、白鞋、白帽结一年，次年再换着灰素衣，最后一年着青素衣。丧礼服计年时不计闰月，“十三月再见亲死之日，谓之小祥，尚在吉凶之界。二十五月三见亲死之日，谓之大祥，始变凶为吉，是月有余哀。又一月为中月，乃行禫。自二十五月已属余哀，二十六月已无余哀”②。汉军旗人虽保留一些汉人传统的孝服习俗，礼节较满洲旗人重，但其编入旗内的成分复杂，或分散在各地，或同满洲旗人长期相处，于是汉军旗人的丧葬习俗在承袭汉族传统丧葬礼俗的同时也在长期发展中随着所处地区的风俗在不断变化着。所以尽管汉军旗人和满洲旗人长期生活在一起，但在丧葬习俗上仍旧是存在一定差别的。关于汉军旗人家族丧葬的相关记录还有“长辈白事，该承送子照常百日孝服，所有胞侄叔侄及族孙等俱穿孝服三十日，拟依每户穿孝一天，各按辈行定期。如有贫乏不能穿

① （清）文康：《儿女英雄传》，上海古籍出版社1991年版，第226页。
② （清）福格：《听雨丛谈》，中华书局1984年版，第184页。

孝服者告明族长，该本屯族长查明确实，即准避素，亦不得借此贫乏为由不穿孝服；族内白事应行穿孝服者，每户随意备办奠仪，亲赴办丧之家，不使［失］宗族之意；穿孝服若等满日脱孝，亦难约齐，拟以灵出暂行脱孝，仍应照依定限避素，各按孝满日剃头；穿孝百日者，至二十七月后贴糊年红，六十日者至十八个月后贴糊年红，三十日者至九个月后贴糊年红，永为定例”①。从中还可以看出汉军旗人家族虽然有旗人的身份，但是很强烈地在秉承着汉人传统的宗族理念，遵守着传统的宗族礼法。

至于八旗中满洲、汉军旗人丧葬皆存在请僧人为亡人超度亡灵的习俗确实是自宋朝以来的汉族丧俗，八旗在入关尊崇儒家礼制后便习得并沿用，请僧人为亡人超度也就是所谓的“七七法会”。另外，汉族传统丧礼中有烧香的习俗，即“焚香燃烛，烧冥衣纸，大金纸，冥衣纸是用纸制成衣服、帽子、子、靴子等。大金纸为贴有金银箔之纸。是烧给死者金银衣服类之意”②。这些丧俗仪式在满洲八旗丧制中也一直有类似的传统，“既殓三日，喇嘛诵经，曰接三，以死后之第三日必回煞也。接三者，近接魂魄也。柩停于家，多则三十一日，少则五日。开吊发引，一如汉人。逢单七，辄招僧诵经，双七则否，五七有焚帛之举。至六十日，则烧船、桥。桥有二，一金色，一银色。船、桥，供其冥渡也”③。该丧葬礼仪成形于清代后期，之后一直在全国各地被承袭与发展，汉军旗人和满洲旗人自是也不例外，“每七请僧侣诵经。诵经后请至上厅吃斋，在‘五七’之日请道士举办超度法会，并斋请众人。七七法会之际，须请亲友与僧道一起吃斋。在死去时，到寺庙

① 何晓芳：《满族家谱选辑》上，辽宁民族出版社 2016 年版，第 1217 页。
② ［日］中川忠英：《清俗纪闻》，方克、孙玄龄译，中华书局 2006 年版，第 471 页。
③（清）徐柯：《清稗类钞》，中华书局 1984 年版，第 3549 页。

申报请僧，或送葬时送至寺中以及僧徒来送丧之事，每七请诵经吃斋之事为古礼所无”①。

总而言之，清代汉军旗人与满洲旗人在婚丧习俗方面相同之处日益增多。这是两者相互交融的结果，是文化发展的趋势，是任何人干预不了的。曾有满洲旗人意识到，“满洲与汉军虽莅旗籍，而所行之礼已多有不同。岂止与汉礼风倍遇异而已哉，然满洲之礼，向系祖孙、父子各相口授，而未见有笔之于书者，后人多至遗忘，或家无故老，又不肯就经历之人以详其细节，乃渐习尚浮华，甚至失满洲之旧制而不问，有满洲之家娶亲用汉军礼者，又有渐用汉礼者，而满洲之礼不所遗失乎？况满洲风俗素沿朴实，惟求简易，若随世俗之态尚纷华，欲其不错制度之宜者，实难也”。他感觉到满洲礼仪存在的危机，所以“平日我家庭训相传，谕以满洲礼仪，务宜恪遵旧制，须念历代之旧规，婚嫁之仪礼甚备，勿徒踵事以增华，予刻铭于心，未敢少失，已非一朝一夕矣。嗣见各家娶亲之礼，即多讹错，渐近于汉礼。因思庭训谆谆，而所以为后嗣虑者，深且远也。予惴惴滋惧，恐后之子孙失满洲之遗风，羡世俗之靡丽，今丧祭之礼皆定，爰是书亦入于册，以垂永久，庶后世之子孙遵循无失，不无小补云尔”②。此满洲旗人虽希望维护满洲旗人旧俗，但是不可避免的是，随着满洲旗人与汉军旗人的日常交往，风俗日渐交融。

三　汉军、满洲旗人语言文化

满洲肇始，国人便擅于骑射，秉持本族传统，对文教方面则鲜有

① ［日］中川忠英：《清俗纪闻》，方克、孙玄龄译，中华书局2006年版，第461页。

② （清）索宁安：《满洲四礼集》，载林德春编著《满族民俗流变史料辑录》，吉林文史出版社2009年版，第261页。

涉猎，重武轻文是北方少数民族的典型特征。国初时满语、满文曾发挥过重要作用。但在满洲人与汉人的频繁交往中渐渐意识到汉族文化的先进与发达，意识到要强大满洲就必须提高满洲子弟的文化素养，积极汲取博大精深的汉文化。遂从爱好汉文化的清太祖努尔哈赤时起就积极命人对汉文进行翻译，还命达海翻译了《三略》《明会典》等书作为日常管理参考书籍。天命六年（1621）七月，努尔哈赤将都城迁至辽阳后，复拣选八位巴克什为专职教习，“精心教习尔等门下及所收弟子。教之通晓者赏之，弟子不勤学不通晓书文者罪之。门下弟子，如不勤学，尔等可告于诸贝勒。该八位师傅无须涉足他事”①。皇太极为推进文教事业的发展，特命人翻译了《孟子》《通鉴》《大乘圣经》等经史，也进一步加强了对宗室子弟的汉文化教育，8—15 岁的宗室子弟必须就学读书。皇太极还设置了三院，令内弘院大学士担任教化职责。满洲入关后作为以汉族为主体的国家统治者，不通晓汉语，许多政务都必须借助通晓满、汉两种语言的官员进行翻译。于是清廷便大力地倡导儒学，学习汉文，子弟开始正规化的教育。顺治时期扩大旗人子弟受教育范围，“宗室八学”相继建立，为宗室子弟各配满、汉旗人进士一名作为师傅或专人师傅，中下层旗人弟子也可以接受教育。康熙时专门命人注释四书五经等经典汉文著作，还专门设近书房，选学生入近书房学习满文和汉文，雍正时期恢复了宗学并增设了各种八旗子弟学校分授满、汉课。清前期对汉文习教并没有白费，入关之初满族子弟对汉文的积极学习，多数满洲贵族官员兼识满文和汉文，以至康熙十年（1671）时便以此为由撤除了各部衙门的满语通事。雍正年间，已从“综满洲、蒙古、汉军皆通满语”，而演变为“不能人人皆

---

① 中国第一历史档案馆编、中国社会科学院历史研究所译注：《满文老档》，中华书局 1990 年版，第 218 页。

通”的程度。乾隆时以满京堂官各一名教导旗人弟子学习课程。“康乾盛世，文教大昌。圣主贤臣，莫不以提倡文化为己任”①，满洲旗人被汉族传统的儒家文化所熏染，崇文重教风行，一时间京师儒师大兴，旗人中更是无人不会汉文，并且在此之后的嘉庆帝也是非常地重视汉文学习。到乾嘉年间已形成“满洲非惟不能翻译，甚至清语生疏，不识清字”的局面。清朝统治者的这一系列过程中可以明显看出满洲对汉文化的重视。当然满洲旗人重教习汉文化是很受益的，满洲旗人子弟自清初便多拜汉族文人雅士为师，学习汉学，清代旗人子弟从皇帝到下三旗，整体的文学素养自然不断地得以提升。如顺治帝、康熙帝、乾隆帝都喜爱汉人文化并兼晓满、汉文，满贵中则如满洲正黄旗的纳兰性德，擅长写词且清朝享誉词坛，汉文水平与汉人不相上下。至清末民初，满语的使用已在大多数满洲人中基本停止。

汉军旗人对汉文化亦同满洲旗人一样的崇尚。清代咸丰时满洲镶红旗人文康的《儿女英雄传》中就可以探析出，比如《儿女英雄传》中的安骥，出身于汉军正黄旗，从小便被父亲安学海严格教导学习和背诵儒家经书、做文章、写诗和参加科举选拔。还有作品中的纪献唐亦是如此，从小便受业于儒师，学习儒家经典文化。安骥的父亲安学海更是了不得，能够做到对儒家经典侃侃而谈。艺术源于生活，文学作品是对社会生活的写照，所以汉军旗人作为八旗的一部分，多数人成长于满洲的重汉文教风中，又因身份地位特殊，游离于满洲旗人与汉人之间。他们广泛结交师朋，见识广，阅历多，自然其中不乏儒学有才文士。关纪新就曾经对清末蒙古人恩华编纂的《八旗艺文编目》的目录进行了考察，编目中提及旗籍的作者有 1034 位，除了未标明其

---

① （清）赵尔巽等撰：《清史稿》，中华书局 1976 年版，第 13315 页。

身份的旗人，其余的作者中有61%是满洲旗籍，30%是汉军旗籍。

另外，满洲京师旗人子弟自小学习汉文，长期与汉军交往，又从小生活在以汉人群体为主的社会中，汉语自然很好，并且清代旗人弟子皆可被挑做侍卫、考翻译或参加科举进入宦海，更是会主动学习儒家优秀文化。远在满洲故土东北的满洲旗人亦是如此。他们却把自己的国语——满语完全荒废了，民族骑射的优秀传统技能也多有抛却。这种现象发展到乾隆时期尤为明显，安逸的生活里旗人子弟已经开始不愿意学习满文，交流用汉语，办公书写等皆用汉字，会满语的日渐减少，即使会讲满语也是音韵错误频出，骑射技艺也变得生疏，传统的崇武品德近乎丧失。其中当然包含有汉军旗人子弟，因为大多数的汉军旗人被派出到各地驻防，除了他们本身的汉人本质影响外，生活的环境也使得他们学习满语已基本变得没有必要。所以整体上的满、汉旗人都逐渐地被汉族文化洗礼，满汉旗人的文化习俗也一直都在趋近融合。

清朝统治者在汲取优秀的汉族文化时，意识到了汉人文化的强大同化作用，所以对满洲文化衰落危机存有一定的戒备之心，采取了一系列必要的手段去减小崇汉文轻武风气的侵蚀风险。顺治时便设立了八旗官学，从八旗牛录中选取学生，最终定20名学习汉学，其余的学习满学。顺治十年（1653）又谕："今见八旗人等，专尚读书，有子弟几人，俱令读书，不肯习武，殊违我朝以武功定天下之意"意警示八旗子弟过度崇拜汉学。康熙帝也感叹八旗子弟中会满文和骑射的人太少，遂于二十五年（1686），令人建立了专门用于内务府旗人子弟教育的景山官学，允许满洲、蒙古和汉军一同参加各级考试；旗人弟子通过骑射考试才有参加各级考试的资格，这个规定一直延续到了清末科举废除之时。至雍正帝时，增建八旗官学，优秀的学生专门分开教授满、汉学问和骑射武艺要求各旗都要精心训练士兵。雍正十年（1732）时“盛京八旗设义学四处。选取汉军俊秀子弟，每旗各十五名，每学各三十名。选学官教习满汉书及马步箭”①。此外他还明确指出汉军也要重视国语骑射，汉军士兵要勤加训练，提高武艺，致力于培养文武兼修的八旗子弟。至乾隆时，乾隆帝对国语骑射的强调更甚，他在继位之初就谕：“满洲素习，原以演习弓马骑射为要。而清语尤为要务，断不可废……近见满洲子弟……不以骑射为事，亦联学习清语，公所俱说汉话”②，还要求朝廷各部机构奏事满文和汉文都要有。虽然乾隆帝的汉学水平很高，尤其在诗词歌赋上造诣更甚，他却对八旗子弟在汉学上的趋之若鹜十分厌恶，经常谴责八旗子弟骄奢忘本。不得不说乾隆时期的一部分文字狱也与此有关，如胡中藻案涉及了满人鄂昌和宗室塞尔赫，说明当时满洲旗人确实爱好汉文化并与汉人交往密切，这是统治者不愿乐见的，乾隆帝所认为满洲旗人“熏染汉习”。嘉庆帝针对当时吉林地区官兵大量使用鸟枪的现象曾颁训谕，认为八旗官兵现今行能沿袭满洲旧制进行狩猎的人已经寥寥无几，而这部分人在狩猎时还是多使用鸟枪，而不是佩带满族传统的弓箭等狩猎工具，如果对这种现象不加以整饬，长此以往必定会导致满洲本业的废弃。由此可见清代历朝皇帝对振兴满洲国语骑射所做的努力，尽管满语骑射等满族传统文化到不久后的道光帝时期已经不可挽救。

从以上清代统治者在处理满汉语言文化的一系列表现中看，汉军旗人子弟与满洲旗人子弟被给予的是相同的教育地位。而事实上仍旧是存在区别的，满洲统治者认为汉军旗人子弟同满洲旗人子弟一样从小生活在八旗中，隶属并效命于满洲遂学习满语和骑射很有必要。满

① （清）鄂尔泰等修：《八旗通志》，东北师范大学出版社 1985 年版，第 961 页。
② 《清高宗实录》，中华书局 2008 年版，第 987 页。

洲抱有目的性的实施措施也确实使得汉军旗人在满语与骑射方面得到了良好的培养，如此使得汉军旗人与满洲旗人在语言文化方面大体上越来越相似。

四 汉军、满洲旗人姓氏变化

姓名是一种重要的民族文化，代表着一个民族社会的血缘团体，传统社会姓名更是关乎礼教的重大问题，名可以改，姓氏是断然不可改动的。尤其汉人，一向注重封建礼教，重视名节，改姓必然不敢为的。然而在满洲崛起后，数量众多的汉族开始融入满洲，尤其大量汉人被编入八旗制度成为汉军旗人之后，仿效满洲习俗变名改姓的行为在清代社会上渐渐变成一种普遍现象。

八旗制度是一种地位严格的政治组织形式，汉军旗人之所以成为其中的成员是因为本身既有别于汉人又不同于满人的特殊性。努尔哈赤时就已开始重视归附的汉军官员并将他们皆编入八旗，还称赞汉军骁勇。如洛翰，原姓刘，因在战役中徒手御敌护卫太祖而被赐姓觉罗并编入镶黄旗，之后便世代顺应满洲习俗不再称汉姓。所以可见汉姓满化的一种方法是被满洲统治者赐姓。趋利避害是人的本能，“汉军本为汉人，有汉姓，其欲依附丰沛，以旗籍自炫者，亦效满、蒙”①，汉军旗人长期生活在八旗中各方面难免会受满洲影响，生活习惯和生活意识潜移默化地趋近满洲旗人。至于一般汉军子弟姓氏的满化，则多是因长期在八旗生活中对满洲文化习俗耳濡目染。不过，满化姓名其实也是一种与满洲旗人拉近关系、融洽相处的有效方式，同时也是尊重和迎合满洲统治者的一种态度，是快速融入八旗旗人的有效方法。

① （清）徐柯：《清稗类钞》，中华书局1984年版，第2144页。

汉军旗人主动取用满名在皇太极时期就已经出现，比如当时隶属八旗中正白旗汉军的魏氏，将名字改为绥恩，以致后辈子孙姓名完全顺服满洲习俗。除此之外，我们在《钦定八旗通志》的旗分志中也可以看到汉军改满姓的情况，如镶黄旗一个佐领为汉军第五参领第五佐领。系顺治八年（1651）编设，初以刘泽泳管理属于世管佐领。其中管理者有名为常住者，常住的汉姓为刘氏[1]等。据旗分志的相关记载八旗里汉军世袭佐领改为满姓的共有 44 人，可以看出汉军姓氏满化是满洲统治者所乐见其成的结果。在清末书籍中也有相关记载："临桂浼夔笙太守周颐，在京日，得一子甚慧，爱之笃，惧其夭也，为命名额而克。额而克，满语也。以汉文译之为铁，欲其如铁之坚固耐久也，然其后竟夭。"[2] 可见取满名已经被汉军旗人所接受并持续传承着。

汉军旗人与满洲旗人长期相处，汉军旗人的姓氏在不断满化，与此同时，满洲旗人的姓氏也不可避免地在不断汉化。首先我们来简单了解一下老满姓的概况。姓氏的满语叫"哈拉"（Hala），汉意为血亲氏族，满洲的姓氏多是源于山川地名和部名，比如居住在宁古塔地的族群便为"宁古塔氏"，居住在辉发河一带的族群便为"辉发那拉氏"。当然其中还有部分沿用的女真旧姓，比如"钮祜禄氏""瓜尔佳氏"和"富察氏"等。这些老满姓中几乎每一种姓氏可以解析为多种姓氏，因为他们都是同一血缘成员不断分散到远近不同的各地生活，又逐渐形成新的血缘分支后，在旧姓氏上又加之所居地名而形成的。比如觉罗氏的内部也有着姓氏区分，例如有伊尔根觉罗氏、舒舒觉罗氏以及西林觉罗氏等，皇室的爱新觉罗便是觉罗氏经过发展后所产生

① （清）福隆安主纂，李洵、赵德贵、周毓芳等主校点：《钦定八旗通志》，吉林文史出版社 2002 年版，第 404 页。

② 徐柯：《清稗类钞》，中华书局 1984 年版，第 2160 页。

的一个分支。其中“伊尔根”的汉意为平民、百姓，“舒舒”汉意为荒凉之地，清代多尔衮名字的汉意为獾子，礼亲王代善的第三子萨哈廉名字的汉意为黑白之黑，从以上我们不仅可以看出满洲姓氏的多音节性，还可以看出起初生产力水平较低的满洲取姓氏有很大的随意性，多是对当时的满洲社会生活的直接反映。满洲姓氏中还有部分来源古老姓氏，据传，董鄂氏是北宋宗室之后。满洲虽有姓氏，但满洲秉承族俗，见面时都是只叫名不唤姓。从以上满洲姓氏的来源我们可以看出满洲姓氏皆是多音节，并且对姓氏的采用具有随意性。但这些老满姓在明朝满洲崛起之时就开始发生变化了。

满洲姓氏在明朝时期就开始深受汉族文化的深刻影响，正在崛起的满族吸收了大量的外族人民，数量众多的汉族是其中的重要部分，尤其在满洲八旗制度建立后，大量被编入八旗制度的汉人成为汉军旗人时，满洲旗人与汉军旗人长期共同生活，深受八旗中汉军旗人文化的影响，潜移默化地开始效仿汉族文化改取汉族姓名。这种现象早在清入关之初已有，比如顺治帝名福临。之后清代皇帝皆取汉名，还仿照汉族传统讲究辈分，一个家族中同辈分的人名中留一个相同的字，比如康熙帝儿子们的名字，允禔、允礽、允祉、允祺等雍正帝儿子们的名字，弘晖、弘昀、弘时、弘历等之后的皇室皇子的名字亦是如此，其他的满洲官员家族取名也纷纷采用这种取法。此外这些取名字开始注意名字的含义，效仿汉族以名寄托某种重要含义。到了乾隆和嘉庆年间，由于八旗子弟多是自小学习汉文，更是深受汉军旗人及汉人文化影响，早已不识满洲姓氏旧俗，都以改汉姓为流行，顺应汉习俗改汉姓的比比皆是。但是乾隆和嘉庆两朝满洲子弟追随汉俗的改汉姓，如许多宗室子弟改姓为金、赵等，在自己名字前冠黄姓，有甚者竟以“吴米粮贵”“奕盖”等戏谑之语为名，但如此的满洲旗人姓氏的汉化便不是满洲统治者所乐见其成的了，“高宗不喜满人渐染汉俗，满洲旧旗，有命名如汉人，以钮祜禄氏为郎者，深鄙之，恐忘本也”[①]。满洲旗人名字长且难记，在与汉军旗人交往过程中比较烦琐，所以满姓汉化是满洲旗人与汉军旗人之间进行便利生活交往的自然选择，也是汉军旗人与满洲旗人密切关系发展的自然结果，并不会因被统治者的干涉就停止。总体来说满洲旗人改汉姓的改法大致有以下几种。其一，取本姓氏的满文的汉义为姓氏或满文汉义的谐音冠为姓。如爱新觉罗氏原满语意思为“金”，便以金为姓氏；萨察氏，萨察的满语意思为“盔”，于是取盔谐音字“隗”为姓；宁古塔氏，满语意思为“六”，便取六的谐音字刘为姓。其二，取本姓的第一个音节定或第一个音节的谐音为单音姓。“顺、康、雍、乾之朝，满大臣有以姓之一字为氏者，有以名之一字为氏者，父子祖孙，相沿成习，犹有周人以地命氏、以名命氏之遗意焉。若石，若顾，若舒，若鄂，若尹诸族皆是也。”“雍正朝，大学士徐元梦，本姓舒穆禄氏，舒与徐满音略同，遂相沿误。孙舒赫德，曾孙舒常，此一族乃以姓之一字为氏者也。”[②]另外还有马佳氏后来的姓氏为马，富察氏后来的姓氏为富，瓜尔佳氏以第一个音节的谐音关为姓氏，等等。其三，随名姓，即用爷爷或父亲名字的第一个字作为姓氏，清朝民间多流传满洲人的子和父不同姓的说法。比如“顺治朝，镇海将军石廷柱，本姓瓜尔佳氏，子石林，孙石文炳、石文晟。康熙朝，礼部尚书顾八代，本姓伊尔根觉罗氏，子顾俨，孙顾琮。雍正朝，大学士额尔泰，本姓西林觉罗氏，以父名鄂拜，遂以鄂为氏。子鄂容安，孙鄂津”[③]。现在的万、荣、英、德

① （清）徐柯：《清稗类钞》，中华书局1984年版，第2151页。
② （清）徐柯：《清稗类钞》，中华书局1984年版，第2132页。
③ （清）徐柯：《清稗类钞》，中华书局1984年版，第2132页。

等亦是如此而来的姓氏，但皆是因“满、蒙两族之姓氏，不著于世，辄以其名之第一字相呼为姓流俗不察，遂以为其祖父子孙不同姓矣”[①]。其四，以官名为姓，满人入仕后便会以官职为姓。其五，同一满洲老姓在不同地区或因为不同条件需要汉化成不同的姓氏，比如富察氏在沈阳地区可能改为“傅”，在辽西地区可能就改为“李”，也可以说是同一老满洲姓氏会汉化成多种不同的姓氏。满洲旗人的这些改姓方法使得满洲的姓氏开始由多音节姓变为和汉族一样的单字姓，因此，在清代时期汉军旗人改满姓，满洲旗人改汉姓的现象也就使得两者仅从表面特征上更是难以辨别，更推进了彼此在文化习俗上的亲密关系。

八旗是贯穿于清代始终的军民合一的特色组织，所有编入八旗的满洲、蒙古和汉军通称为旗人。作为八旗之一的汉军旗人主要来源于明末时期归附的辽东人丁，这些人丁以汉“重炮兵部队”为主，同时也有一些少量的满洲人、蒙古人等。满洲统治者收编归降的各族官兵势力建立八旗制度，人员通为旗人，汉人入八旗后便不再是汉人身份，亦变成旗人，虽也异于满洲旗人，但是在八旗制度要求下不断地向满洲靠近。这无意间成为促进民族融合之举，使得群体关系产生了复杂的变化，在民族规划方面亦是。所以从这点看来，汉军旗人与满洲旗人之间的复杂关系首先基于国家框架内民族认同的，“可能是单纯的利益性认同……并随着时间的推移，逐渐产生一种同类意识，甚至还有可能重构或创造新的文化并作为其认同的依据”[②]。其次我们可以从对汉军旗人与满洲旗人在各方面的对比内容中明确地看出，两者受“首

① （清）徐柯：《清稗类钞》，中华书局 1984 年版，第 2144 页。

② 刘正爱：《“民族”的边界与认同——以新宾满族自治县为例》，《民族研究》2010 年第 4 期。

崇满洲”这一始终贯穿于整个清代原则的影响，无论在政治、经济或文化习俗上都是存在一定程度差别的。但也正是在满洲统治以此为基准百年所实行的各项政策影响下，才促使了汉军旗人不断地在各个方面逐渐与满洲旗人靠近，满洲旗人亦不断地从各方面接纳和包容汉军旗人。两者所归属的八旗制度在清代满汉交往的社会环境之中不断地汉化，遂旗内满蒙汉旗人长期互相接触、互相熏陶后，“旗籍内形成了一个多民族融合的文化圈”①。这种彼此间主动相互兼容与补充的认同便是国家框架内民族认同的另一种不受官方界定影响的方式，“人们在面对面的生活场景互动中形成的彼此之间的认同……根据不同情境，将缺乏一贯性的意义与功能的‘碎片’临机应变地结合起来……”②在身份本质上，汉军旗人始终不是满洲旗人，满洲旗人也始终不同于汉军旗人。汉军旗人与满洲旗人两者在根本上仍旧存在着一定区别的，我们不能简单地就将汉军旗人直接定义为满洲旗人（满族）。清代时期的满人一般称为“满洲”，而“满族”一词是近代才出现的民族概念性名词，但是作为一个民族的“满族”，与历史上的汉、契丹、蒙古等民族一样，是客观存在的，只不过当时没有现代称谓“民族”而加“族”的那种概念③，用“满族”称呼清代满洲在很大程度上说是可以的，而对于汉军旗人则需慎重。因为汉军旗人与满洲旗人之间虽然一直是互相影响又不断彼此涵化的关系，即便最终到了清末八旗中汉军旗人的双重身份特性已经变得非常不明显，两者实际上仍旧各自固留着一些自身的本质特征。清末八旗消亡之际社会上出现了一阵

① 杨永旭：《以满族家谱为例探讨满族重要组成成分——汉军旗人》，《吉林省教育学院学报》2009年第12期。

② 刘正爱：《“民族”的边界与认同——以新宾满族自治县为例》，《民族研究》2010年第4期。

③ 杜家骥：《清代满族与八旗的关系及民族融合》，《社会科学战线》2016年第6期。

"旗族"流行之说，也在一定程度上表明了两者的不可归等关系。汉军旗人章福荣在1914年发表的《旗族解》中对"旗族"做了充分的阐述，并认为八旗中各族成员在长久相处中已经彼此忽略了彼此间所存在的差异，趋向于一体，不能以偏概全称之为满族、蒙古族或是汉族等某单一民族。

章福荣所讲的"旗族"是根据当时社会中存在的历史事实而提出来的。所谓"旗族"，即八旗制度下辖的民族，旗族是一个整体，他反映了当时的现实社会生活。文康所撰的《儿女英雄传》能够证明这一点。文康公开承认自己写的是旗人生活，对旗人这一字眼完全不避讳。如他笔下的安学海，"那正黄旗汉军一家人，这家安姓，是汉军世族旧家……双名学海，表字水心，都称他安二老爷……到了这安二老爷身上，世职袭次完结，便靠着读书上进"①。又提到了十三妹也"是正黄旗汉军旗人"②。文康笔下的安学海是一个热衷于科举，追求仕途，并能够在浊流的世风中洁身自好的人，他说："只是生为国家的旗人，不作官又去做什么"，反映了清代旗人除当差之外，没有其他求生之路，尤其是在八旗生计日益严重的状况下，旗人将如何面对？所述内容皆为旗人世家的生动写照，真实反映了清朝后期满蒙汉八旗内部共同的经济、政治、心理与社会生活全面整合的客观事实。若要在社会上辨别一个人的身份，"但问旗民、不分满汉"是唯一的办法，至于这个人是属于满洲旗人，或是汉军旗人，亦是蒙古旗人，则一般不为时人所注意。正如文康笔下写到的安太太对何玉凤也提到了八旗之间的亲密关系，有一次两人在交谈时，说："咱们八旗论起来，非

① （清）文康：《儿女英雄传》，上海古籍出版社1991年版，第7页。
② （清）文康：《儿女英雄传》，上海古籍出版社1991年版，第220页。

亲即友。”[①] 另外，文章中在写到汉军旗人安公子入围考试时，遇到一满洲人答亦哈，为安公子提供了方便，安公子表示谢意的时候答亦哈说道“好兄弟咧，咱们八旗哪不是骨肉，没讲究”。在安公子入围考试时的经历更能凸显出来这一特点。按照清代“汉不选驸马，旗不点鼎甲”惯例，安学海不相信儿子会考入前 10 名，得到口信便说：“怎的十名以前难得有一两个旗人，而且这第六名便算个填榜的头名。”再三分析后，仍然认为“那一甲三名的状元、榜眼、探花咱们旗人是没分的”。得到确认以后才都说：“这实在要算本朝破天荒的第一人了，纷纷纳罕。”[②] 从文康笔下人物的话语中我们可以切身体会到作者本身身为一个满洲旗人，他已然把自己对本民族的期待加载到了笔下的汉军旗人身上，显然他并没有把汉军旗人视作外人看待。无论是从满洲人角度，还是汉军角度都能够看清楚，此时八旗内部已经形成了一种密不可分的整体意识，故“旗族”这一称谓也应运而生。

文康生活在清朝末期，作为清王朝支柱的八旗劲旅已经备受生计问题的煎熬，旗人文康也家道中落，他依靠着那份正宗旗人的未泯良知，自然不会优哉游哉、故作轻松而编织一个快活的生活情境，更不会去刻意制造“虚假繁荣”，所以可见八旗中满汉旗人是在八旗社会中和不断被满汉相融和时代背景的外在压力之下所产生了强烈共同自我归属认识，形成了一种类似群体，依旧没有皆满化成满洲旗人。

早在清军刚入关初，满汉之间就已经相互渗透、相互融合了。八旗与汉人杂处，使八旗满洲、八旗汉军和民人三者能够相得益彰。满族入主中原实行了“旗民分治”政策。八旗人员迁入内城，旗兵携眷

① （清）文康：《儿女英雄传》，上海古籍出版社 1991 年版，第 263 页。
② （清）文康：《儿女英雄传》，上海古籍出版社 1991 年版，第 483 页。

属居住其中，汉官及商贾民人居于外城，与内城相互隔离分治。这样一来，聚居于内城的满城则俨然成为一个独立的旗人社会。满洲统治者之所以这样做完全是出于维护统治，防止满人在与汉人长期的接触和交流之中逐渐被汉人同化，而丧失本民族的特性。但是，由于满人人数少，且落后于汉人，生活中必要的衣食住行无法得到满足，于是对汉人的经济文化产生了迫切愿望。这就意味着旗民分治不会长久地禁锢住双方。不久便有旗人和民人突破禁令，城内外互相来往穿梭，旗界与民界也不那么清晰，“旗民地土，虽各有圈开界分，但互相交错”[①] 的旗民杂居共处的局面形成，随之而到来的则是两个民族之间的深度交融。

汉军旗人虽然对满洲政权更加亲近和认同，但并没有完全摒弃了汉文化和传统，汉军旗人缠足、着汉人服饰即能够证明这一点。国初原有裹足之禁，皇太极于崇德三年（明崇祯十年，1637）就曾下令“若有效他国衣帽，及令妇人束发裹足者，是身在本朝，而心在他国也，自今以后犯者，俱加重罪”[②]。康熙七年（1668），经左都御史王公熙奏免，亦因习俗相沿，无关政要故也，我八旗汉军原关东籍，凡妇女装束，除不裙而袜，余与民间无异。这一奏要得到了康熙帝的许可，缠足令罢禁。屡行屡禁的缠足令使缠足现象更加严重。乾隆四十五年（1780），傅公玉为将军，勒令放足，并谕耳穿六孔，作满装。一时几激成大变，虽暂时勉从，不久旋复故样。人谓此移风易俗之事，固非傅公之所能行也。[③] 广州汉军旗人保持缠足穿耳之俗，禁令竟能激起“大变”，以满俗变汉军俗终未能行通，可见汉军习俗自我认同。嘉

① 《清圣祖实录》，中华书局1985年版，第582页。
② 《清太宗实录》，中华书局1985年版，第554页。
③ 樊屏：《驻防广州小志》卷3，哈佛燕京学社图书馆。

庆九年（1804），汉军镶黄旗都统上奏该旗内汉军秀女内有十九人缠足，引起嘉庆帝大怒，说道“我朝服饰本有定制，必当永远遵守。今该旗汉军秀女竟有缠足者，甚属错谬。一旗既有十九人，其余七旗汉军想亦不免，今姑不深究……通谕八旗汉军各遵定制，勿得任意改装……不惟将该秀女父兄照违制例治罪定将该管都统参佐领等一并治罪”①。嘉庆十一年（1806）重申“汉军秀女内仍有裹足者，一经查出，即将其父兄指名参奏治罪”②。即便如此严行禁止，缠足之风在汉军旗女子内仍不绝如缕。道光十八年（1838），上谕内阁“近来旗人妇女往往衣袖宽大……至仿效汉人缠足，尤属违制”，随即下通谕“有违定制者，一经查出，即将其家长指名参奏治罪”，若经训诫后仍不奉行，则“定将该旗都统、章京等一并严惩，绝不宽贷”③。清朝推行禁止穿汉人宽大服饰样式和裹足令，是对旗人共同体构建的一种手段，不能将这一做法视作割裂汉军旗人与满洲旗人关系的理由。

综上所述，清代汉军旗人与满洲旗人是不同的群体，两者一直存在诸多不同之处。随着社会发展两者处在无限趋近进程中，在这不断趋近过程中，汉军旗人主动与满洲旗人融合。为什么汉军旗人主动与满洲旗人融合呢？这是人与人群发展的倾向性使然，发展资源的不平衡性决定的。因为满洲旗人是清代统治主体，享有最高政治地位和优厚的经济利益，地位高于汉军旗人，这是汉军旗人所向往的，故此主动学习满语，借鉴吸收满洲旗人文化。所以汉军旗人与满洲旗人在政治、经济和文化各方面相同之处日益增多，形成了千丝万缕难以分割的联系。

---

①《清仁宗实录》，中华书局1985年版，第698页。

②《清仁宗实录》，中华书局1985年版，第76页。

③《清宣宗实录》，中华书局1985年版，第940页。

第三章　源同一体：汉军旗人与汉人的融合

在清朝的政治结构下，汉军旗人与汉人的地位虽不同，但汉军“本系汉人”，与汉人文化同源，有着千丝万缕的联系。汉军与汉人科举同榜、任官“一体升转”、官品与官缺渐趋一致，礼仪习俗相通。尤其汉军出旗为民，与汉人一体升迁调补，是驻京与直省驻防汉军旗人汉文化的回归。本部分重点阐述汉军旗人与汉人的融合。

第一节　“入旗”与“出旗”之间

崇德年间，一些汉人被编入汉军八旗，汉军旗人登上了历史舞台，而至乾隆朝才出台汉军旗人政策，100 年间，这一“入”一“出”，关键在于两者同源关系。

一　汉人“入旗”为汉军旗人

八旗制度始于清太祖努尔哈赤时期。为了对汉人进行有效的管理，万历二十九年（1601），努尔哈赤整顿编制，设置四旗。万历四十三年

(1615) 八旗制度正式确立。努尔哈赤领正黄旗、镶黄旗，他旗分别授予宗室子弟统领。清朝建立后，朝廷对八旗制度进行一系列调整，分为上三旗和下五旗，上三旗直属皇帝；其余五旗由皇亲的权贵职掌管理。八旗制度是一项相对开放的制度。为了鼓励汉人勇于立功，为清王朝效力，便出现了“入旗”这一褒奖酬劳的政策。这一举措是满族统治者笼络人心、更好地实行政权管理的一种手段和工具，其对汉人乃至八旗本身之影响非同小可。清代统治者为八旗赋予了优于汉人的权利和政治地位，八旗子弟于当时是清朝的贵族，“凡八旗壮丁、差徭、粮草、布匹，永停输纳”，[①] 不仅免除相应的税赋与劳役，而且每月额外给予相应俸禄，子孙可世袭爵位，永享八旗相关待遇，并享有优先选择八旗子弟做官的特令等。

在八旗汉军建立的过程中，大量汉人加入其中，即汉军旗人。皇太极时期，根据辽东地区的统治形势，为了更好地管理和安抚好辽东地区的汉民，女真统治者推行“以汉治汉”的政策。天聪五年（明崇祯四年，1631)，皇太极敕谕佟养性曰：“凡汉人军民一切事务付尔总理。”[②] 在这样的政策下，汉官的队伍逐渐壮大，为汉军八旗组建积蓄了人才力量。随后皇太极将战争中俘获的一批汉人单独编建成了汉军八旗，明朝的一些旧汉官也被授予了八旗旗籍。隶属于八旗组织的汉军旗人，地位得到了提升并深受皇太极重用。顺治时期，由于汉人对关中地区的地形、环境较为熟悉，再加之较为强大的战斗力，因此在一定程度上得到了统治者的依赖和信任。无论在献计入关上还是冲锋陷阵上，凭借自身的优势，成为重臣。顺治六年（1649)，汉军招募炮甲“每旗额设五十名”，顺治十八年（1661)，汉军旗人兵额变为四丁

---

① （清）嵇璜、刘墉：《清朝通志》，商务印书馆 1935 年版，第 238 页。

② 王锺翰点校：《清史列传》，中华书局 1987 年版，第 192 页。

披一甲，总数大大增加。随着清军入关，一部分明朝官员和农民军将领投降清政权，“和硕德豫亲王多铎、多罗巴图鲁郡王、固山额真准塔，出兵招降公二、侯九、伯七、总兵二十七、副将、游击二百二十、都司、守备一百四十一。将此已分别派往有官缺之旗下”①，“分隶投诚官于八旗，编为牛录”②，成为汉军旗人。通过入旗，确实为清王朝统治集团吸纳了汉人将才，“由于编成佐领或授世职，在八旗制下可以得到存在基础”，③ 入旗政策的确立与实施，实现了清廷拉拢民心的政治目的。清廷对主动归附的汉人是实行恩养与善待的。只要诚心归附者皆给予优待，例如在攻取抚顺城后，后金统治者与明将李永芳约定：“来降之千户，未分其父子、兄弟，未离其夫妇。”④ 镇江城游击祝世昌“率领官兵首先来归”，亲弟祝世胤接着“带家属三百余人来归”。⑤ 被清廷钦赐的“入旗”汉将有施琅、佟养性、马光远、祖大寿等。清朝统治者利用汉军旗人不同于满蒙旗人的特点，审时度势地重用他们，以实现更好地“治天下”，因此八旗对于一些汉官来说，有着较大的吸引力。乾隆帝非常重视汉军官员的引见，但就总体来说，对于汉军旗人的印象一般，评价不高。尽管如此，也有一些汉人得到重视从而实现入旗，其中就包括孙士毅。“士毅入安南，度重险，采入其庭。是时诸将多骄侈，士毅独廉，盖亦有不可没者。”⑥ 由此可见，除了才干，忠义也是当时统治者非常看重的。“入旗”汉将带领着汉军八旗与蒙古

① 中国第一历史档案馆、清初内国史院满文档案译编：《满文老档》，光明日报出版社1989年版，第196—197页。

② 《清世祖实录》，中华书局1985年版，第213页。

③ ［日］杉山清彦：《清初期对汉军旗人“满洲化”方策》，载刘小萌主编《清代满汉关系研究》，社会科学文献出版社2011年版，第69页。

④ 中国第一历史档案馆、中国社会科学院历史研究所译注：《满文老档》，中华书局1990年版，第63页。

⑤ （清）鄂尔泰等修：《八旗通志》，东北师范大学出版社1985年版，第4323—4324页。

⑥ （清）赵尔巽等撰：《清史稿》，中华书局1976年版，第10924页。

八旗、满洲八旗共同为促成清王朝的早日统一起到了关键性的作用，同时由于汉将被清朝认可“入旗”，这一事实对汉人起到了快速归顺清廷的作用。汉人由于受深厚的汉文化影响，行动听指挥，更好管理和控制，而且对中原情况较为了解。“入旗”在一定程度上实现了“以汉治汉”，并使满汉文化得到融合。

从汉军旗人成分上看，乾隆帝说得很全面：“有从龙入关者，有定鼎后投诚入旗者，亦有缘罪入旗与夫三藩户下归入者，内务府王公包衣拨出者，以及召募之炮手，过继之异姓，并随母、因亲等类先后归旗，情节不一。”[①] 汉军旗人以“从龙入关者”和“定鼎投诚者”及其后代居多，虽然也有汉化的女真人、朝鲜人和越南人，但还是以汉人居多。这些人入旗后，身份由汉人变为旗人。

八旗汉军是满洲统治者巩固统治的产物，是八旗制度的重要组成部分。汉军旗人是清朝政治制度下诞生的一个特殊群体，由明末主动归降后金或者被掠夺的汉人等构成，为清朝入关前后的统治发挥过重要作用。汉军旗人与行省制度下的汉人同根同源。

二　汉军旗人“出旗”为汉人

从康熙朝开始八旗生计就出现了问题，为了解决旗人生计，清朝政府实行了诸多措施。在乾隆朝，为了解决八旗生计问题其中重要一项措施就是汉军出旗。关于汉军出旗学界多有研究，本节不欲对其做全面研究，而是围绕主题分两方面探讨汉军出旗政策下对汉军旗人与汉人的融通。

出旗一般指八旗汉军改归民籍，即所谓出旗为民。乾隆年间的出旗

---

① 《清高宗实录》，中华书局1985年版，第75页。

为民的主要对象即汉军。作为自崇德年间编制而成的八旗汉军，有清一代皆发挥了重要作用。但由于朝廷对八旗的恩养政策使八旗人员生活优渥，逐渐形成奢靡之风，加之旗内人口越来越多，财政入不敷出的状况日益加重，实际上从康熙朝开始，八旗的生计问题就逐渐出现了。

雍正五年（1727），就已经出现了使汉军出旗的苗头，但尚未正式实行。此次政议是由汉军旗内缺乏人才而引出的。雍正帝谕八旗大臣："旗员以习武为要，即文职亦不可废。若将弟兄子侄带赴外任，家口既多，如何能为廉吏。而子弟但知倚仗势力，无所不为，扰害百姓，最为恶习。汉军内不得人才，皆由于此也。"随后对外任官员所携家子的年龄做出规定，18 岁以下的年幼者可以跟随赴任，18 岁以上者若外任带赴则必须向朝廷请旨，获得允许方可带赴，其余者则理应留京学习，文武二者皆不可偏废，习武者学马步弓箭，习文者赴官学读书。"外省旗员见在随任子弟，姑免调回。其文武杂职等官，俱着回旗。如有该督抚提镇等保留者，准其留任。"① 寻议："汉军闲散人丁，有情愿入绿旗者，该旗咨部，转送直隶总督造入民籍，准选为绿旗兵行走。"②根据雍正帝的谕旨，我们可以从中看到，汉军闲散人员可以入民籍，这就为乾隆时期正式出旗为民打开了一个缺口和先例，"出旗"政策逐渐明确。

乾隆七年（1742）四月，乾隆帝正式发布诏令，允许汉军旗人"自愿"出旗为民："其中惟从龙人员子孙皆系旧有功勋，历世既久，自毋庸另议更张。其余各项人等，或有庐墓产业在本籍者；或有族党姻属在他省者，朕意欲稍为变通，以广其谋生之路。如有欲改为原籍者，准其与该处民人一例编入保甲。有不愿改入原籍者而外省可以居

① 《清世宗实录》，中华书局 1985 年版，第 984 页。
② 《清世宗实录》，中华书局 1985 年版，第 911 页。

住者，不拘道里远近，准其前往入籍居住。此内如有世职，仍许其带往，一体承袭。其有原籍并无倚赖，外省亦难寄居，不愿出旗仍旧当差者听之。所有愿改归民籍与愿移居外省者，毋论京外官兵、闲散，俱限一年内具呈本管官查奏。"[①] 此道谕旨阐明令汉军旗人出旗是为了解决"汉军人等，生齿日多"的生计问题，因为"汉军本是汉人"，原籍有"庐墓产业"，即使没有"庐墓产业"，也能在他省找到"族党姻属"。正是因为汉军旗人有这样的天然优势，所以才让其出旗，寻找生路。

乾隆帝刚下出旗令，一些汉军官员立即主动出旗，虽然数量不多，却反映了八旗制度的现状问题。在出旗为民政令下达的三个月后，管理镶红旗汉军都统事务弘晊、都统弘璟向朝廷奏报此次办理汉军改籍事宜，"八旗情愿为民者有现任京外文武官七员，进士举贡监生七十员名，捐纳职衔者十六员名，原任官及闲散人等九百二十九名，此内除现任文武官员均有额缺职守，臣等不便即行宁议，俟一年限满汇奏，请旨遵行，其余进士举贡生监以及捐纳职衔人等尚未出任居官似应准伊等职衔带往入籍为民"[②]。八旗组织在满洲崛起与统一中国的过程中，毋庸置疑发挥了重要的作用，但随着大规模战争结束，和平时代的到来，它的局限性暴露了出来。乾隆朝是清朝盛世的顶峰，达到了中国历史上人口的峰值——3 亿，人口的急剧增长为社会生产带来了大量生产力，也使经济发展到了最高峰。但也使旗人生计越发严重，这 3 亿中不仅有社会中的民人，还有旗人。朝廷的恩养政策已经严重对旗人的生活保障供养不足，旗内贫困人口与日俱增，而八旗制度对旗人的活动区域和经商活动等都有严格限制，所以很多

① 《清高宗实录》，中华书局 1985 年版，第 75 页。

② 《朱批奏折》乾隆七年七月二十五日，管理镶红旗汉军都统事务弘晊、都统弘璟奏为遵旨办理汉军改籍事宜之请旨事，档号：04－01－01－0073－049。

中下层旗人的生活甚至远不如不是旗籍的民人。所以当出旗令一下，汉军旗人或为生计，或向往民人的自由生活，摆脱八旗束缚而纷纷选择出旗。

乾隆八年（1743）四月，为出旗为民政令下达一年的期限。经过一年的出旗政令的实施，这次出旗的状况是怎样的？据八旗汉军都统等奏："皇上以八旗汉军生齿日繁，改归民籍。查现在情愿为民者，一千三百九十六人，内除盛京工部郎中施廷龙等十七员，原系汉缺，既改籍为民，即与汉人无异，应令照旧供职，其整仪尉韩国钺等三员，俱系旗缺，既未便因改归民籍，遽行黜退，又不便仍占旗缺，应照本身职衔，给予顶戴，如愿在各该处营伍当差，准其呈明效力，如果人才弓马可观，酌量题补，丁忧郎中施廷敬等三员世职，准其带往，俟服满归入班次补用，其进士、举人、贡监生，乃候补、候选、降调官员，并捐纳职衔，共一百十七名，应照本身职衔，与汉人一体考试录用，其现食钱粮马步兵、拜唐阿，并告休参革官员以及闲散，共一千二百五十六名，应照呈准入各该地方民籍，一体编入保甲，所出马步兵各缺。各该旗另行挑补。"① 乾隆帝根据都统奏议下旨："朕前因八旗汉军，户口日繁，生计未免窘迫，又限于成例，不能出外营生，特降谕旨，除从龙人员子孙，无庸更张外，其余各项入旗人等，有愿改归民籍与愿移居外省者，准其具呈本管官查奏，原指未经出仕，及微末之员而言，至于服官既久，世受国恩之人，在伊等本身及伊等子弟，自不应呈请改籍，而朕亦不忍令其出旗，此奏内文职自同知等官以上，武职自守备等官以上，俱不必改归民籍。"② 乾隆帝这道命令对于汉军

---

① 《清高宗实录》，中华书局1986年版，第436—437页。

② （清）曹仁虎、蔡廷衡、祝德麟等纂修：《清朝文献通考》，浙江古籍出版社1988年版，第101—102页。

出旗政策做了限定，把控出旗人员身份，明确规定与满洲贵族关系密切的从龙汉军不准出旗，而且将文职自同知等官以上，武职自守备等官以上作为出旗官员等级衡量的标准。《清会典事例》记载，乾隆二十七年（1762），朝廷决定："汉军内六品以下现任官员，并一应候补、候选、告退、革退文武官员……有情愿改入民籍者"，呈明报部后可改入民籍。[①] 可见汉军出旗政策是在逐步放开。

一直以来实行的"出旗为民"政策在乾隆五十五年（1790）却因夏永淳出旗案停止。乾隆五十五年（1790）七月，正红旗汉军都统弘旿等参奏原任广东新宁县知县夏永淳以贫病无力回京为由，改归江南丹徒民籍，但经查不符合事实，真正的原因是他历外任多年，出旗为民是在"藉端规避旗差"。于是弘旿借此事向朝廷奏请停止汉军六品以下职官为民之例，乾隆帝予以批准。[②] 但关于汉军六品以下职官出旗尚未完全宣告结束，三十年后，道光帝荣登九五，大学士伯麟等上奏："今汉军生齿繁多，较倍往昔。其附近京城屯居者，务农、读书、习武，原可各从其便，而情愿来京挑差以及居京无产可依，株守挑差，不能得缺者亦众。"可见，道光初年，汉军八口增长，但生计出现困难，家道苦寒，伯麟等人建议汉军旗人与满洲、蒙古旗人共同享受皇帝恩泽，希望可以缓解这一状况。"如有穷苦情愿出旗为民者，准其呈报该旗上司咨部，于旗籍册内登注，任其自谋生理，不准再归旗籍挑差。但该管上司等毋许抑勒使之出旗，仍应各遂所愿。其中如有人才可以造就，家道可以支持者，亦准该管上司酌留，即以出旗为民之缺充补，以存汉军旧制。如此，则有力者仍可安居当差，无力者亦可自

---

① 《清会典事例》卷1115，《八旗都统》。

② （清）福隆安主纂，李洵、赵德贵、周毓芳等主校点：《钦定八旗通志》，吉林文史出版社2002年版，第557页。

谋生理矣。"[1] 道光元年（1821）七月，道光帝批复伯麟等奏折，应允了他的题请，仍按照乾隆年间出旗为民的旧例办理，"其八旗汉军六品官以下，准其出旗为民，久着定例，仍着照旧办理"[2]。道光朝再次将八旗汉军六品以下职官出旗政策提上日程，说明此时八旗生计日益严重，"汉军生齿繁多，较倍往昔"，汉军生计更为堪忧，汉军低级官员生计也不容乐观。清廷为了减轻政府负担，在没有其他高效的解决办法下只能再次重启出旗为民政令。此项政策的再度实施，确实一定程度上能够减轻政府负担，而且使一些汉军官员摆脱八旗制度的束缚。但从整体来看，对整个汉军官员群体发展来讲是十分不利的，汉军六品以下职官出旗使汉军的势力逐渐下降。

乾隆十二年（1747），乾隆帝谕曰："观汉军人等，或祖父曾经外任置立房产，或有亲族在外依倚资生，及以手艺潜往直隶及各省居住者，颇自不少。而按之功令，究属违例。伊等潜居于外，于心亦不自安。朕思与其违例潜居，孰若听从其便。亦可各自谋生。"[3] 从此则史料可见，清廷因势利导，把汉军不归旗现象纳入汉军出旗政策得以解决。然而伴随着京师汉军出旗政策的颁布和执行，旗人生计问题未有明显改观，于是清廷扩大汉军旗人出旗范围，即乾隆十九年（1754）三月谕令驻防汉军可以出旗，驻防出旗从福州开始，颁谕称："八旗奴仆，受国家之恩，百有余年，迩来生齿甚繁，不得不为酌量办理，是以经朕降旨，将京城八旗汉军人等，听其散处，愿为民者，准其为民，现今遵照办理，至各省驻防汉军人等，并未办及。亦应照此办理，令其各得生计。所遗之缺，将京城满洲派往，而京城满洲亦得稍为疏通

① 吕小鲜编选：《道光初筹议八旗生计史料》，《历史档案》1994 年第 2 期。

② 中国第一历史档案馆编：《嘉庆道光两朝上谕档》第 26 册，广西师范大学出版社 2000 年版，第 327 页。

③ 《清高宗实录》，中华书局 1986 年版，第 852 页。

矣。著交总督喀尔吉善，会同福州将军新柱将彼将彼处汉军人等，或亦照京城汉军之例，各听其散处经营，或将军标绿旗营兵缺出，将伊等转补，所出之缺，即将京城满洲兵派往顶补，则京城满洲，既得以疏通，而本处汉军等，于生计之道，亦得自由，诚为两便。”[①] 此谕令明确提出驻防汉军旗人出旗总的指导原则，那就是，汉军人等出旗为民，所遗之缺，将京城满洲派往。具体措施由办理出旗的官员上报议行。随后，当年七月闽浙总督喀尔吉善、福州将军新柱等会奏改补福州驻防汉军各项事宜：“一、汉军愿为民者，令指定所往省分州县，呈明出旗入籍。子弟与民籍，一体应试。捐纳官职贡监，呈地方官换照。男女听与民婚配。一、汉军仍愿食粮者，分派绿营改补，于督标陆路抚标福协军标各营内，遇有粮缺，四缺中补汉军三人。其子弟曾习弓马者，入余丁内考拔，俱准在食粮地方入籍应试。一、汉军甲兵。应先尽马甲改补一千名，于省会各营马粮内坐补六百名，其余遇有绿营马粮，即补马缺。如无，即以步战粮通融酌补。一、汉军原住房屋。无论官房自盖，均留给满兵驻扎。自盖者按间给价，于住屋之满兵饷银内扣缴。一、汉军水师兵暂留，令满洲壮丁随营学习，遇缺渐次顶补，俟满兵熟习后，再尽数改补。一、京城拨驻满兵。俟闽省汉军改补绿营后，酌量数目，随时请拨，分起行走，每百名为一起。五十名由仙霞岭至福州，五十名由常山光泽至福州等语。均应如所请。至为民之汉军，有应袭世职。臣等酌议应准其随带出旗。其承袭录用及分发标营学习，即照汉人世职办理。又奏称、改补绿营之汉军，绿营原有兵房，每名给搬移银二两。无兵房，给赁屋银六两。其移居他处之穷户，每户给资本银八两。所动饷银，于旷缺项内扣还。又奏称驻防既换满

---

① 《清高宗实录》，中华书局1986年版，第968页。

洲，请挑选在京满员带领。每兵百名派防御一员、骁骑校一员、三百名、派参领一员；五百名派协领一员，分次来闽，与汉军人员交替任事。至四旗悉换满员，遇缺照驻防旧例办理。笔帖式三缺应于驻防满洲内考取各等语。亦应如所请。至该处现任汉军人员，臣等酌议，除愿出旗者，听其告退外，其余大小各官，均令出具考语，送部引见，或以旗员补用，或以营缺改补，或休致，统俟钦定。其改补营缺之员，仍发闽省补用，现在考取未补之笔帖式及记名领催，如愿改绿营，分发通省各营，以外委千把用。”从中可见，福州汉军出旗章程非常详细，根据实际情况采取相应对策，为乾隆帝所认可。①

福州汉军旗人出旗为民，旗员改调，出旗愿意补绿营兵，必须等绿营有缺才能顶补；满洲官兵也不能迅速更替。在这种不能完全接洽情况之下，地方大员采取了循次办理之法，即“先令出旗之汉军甲兵一千名内年老衰弱者与闲散人等，概令出旗为民，其强壮技娴者拨绿营食粮充伍。俟分别办竣，再奏请派拨在京满洲官兵分起来闽补额。此一千名办毕，其余汉军一体办理”。② 清廷甚是赞同闽浙总督喀尔吉善、福州将军新柱的做法，同时嘱咐他们：“但期其妥，不在欲速也。”③ 也就是说，在办理福州汉军出旗过程中，清廷警告要妥善处理汉军旗人、汉人等的关系，不能急于求成。

福州驻防汉军出旗稳妥进行，使朝廷非常放心，计划“所有京口、杭州、广州、各驻防汉军，似应照此办理”，“若要办从京口起”④。然而京口不是紧随其后者，而是广州抢得先机。广州将军锡特库请将广州驻防汉军官兵照福州之例，改驻满洲1000名，其应裁兵丁人等，分

① 《清高宗实录》，中华书局1986年版，第1067—1068页。
② 《清高宗实录》，中华书局1986年版，第1120页。
③ 《清高宗实录》，中华书局1986年版，第1120页。
④ 《清高宗实录》，中华书局1986年版，第1068页。

别入伍为民。朝廷认为福州汉军出旗办理经验值得借鉴，因此令两广总督杨应琚会同福州将军锡特库，咨问喀尔吉善、新柱已定章程酌筹妥办。[①]

朝廷对于广州仿效福州令1000名汉军旗人出旗不满："广州驻防汉军共三千余户。细察情形，未便全行改驻，酌量请改一千名等语。驻防汉军改驻满兵，所有汉军内情愿入伍者改补绿营，原为伊等生计所资，酌量通融调剂。该将军等如果确见地方情形，实有难以办理之处，即应据实奏明，停其查办。若既应办理，则当一体改补。或分以年分，宽其时日，陆续筹拨，期于该处驻防全行改驻满兵，方合体制。今该将军等于三千余户之内奏请酌改一千名，是伊等原无定见，冒昧请改于前，迟回观望于后，而为是月攘一鸡之议，岂成政体！可将此旨传谕锡特库、杨应琚知悉。"[②]

朝廷批评广州汉军旗人出旗办理不明白本意，只是仿照办理，过于瞻前顾后："于筹办此事本意殊未明晰。汉军生齿日繁，若令专隶八旗坐守驻防之缺，转不能如汉人之随便谋生，所以令其出旗，正为伊等生计起见。而所遗甲缺，即以满洲充补，亦于满洲生计有益。所谓一举而两得也。若如所奏汉军出旗后，复为料理安插，亲族户口辗转筹划，是使伊等仍就拘束，不能随便营生。其与不令出旗何异？至于改补绿营粮缺乃专为汉军中之只能披甲食粮者而设，初非驱散处之汉军尽入绿营也。该将军等乃以所支粮饷之多寡，沾沾相较。试思直省民人如此浩繁，其日用盈缩，安能一一官为料理耶？此等岂非胶柱鼓瑟之见。且现在闽省已经办有章程，粤东不过仿照办理，何乃过于瞻

① 《清高宗实录》，中华书局1986年版，第88页。
② 《清高宗实录》，中华书局1986年版，第198页。

顾若此？"[1] 在朝廷批评下，广州驻防汉军出旗详细可行性的章程终于出台，包括组织的更新与结构、水师营人员安置、将军衙门人员调整[2]。

京口汉军出旗到乾隆二十八年（1763）才开始提到日程上来，此年二月，江宁将军容保、两江总督尹继善就京口地方驻防的汉军旗人出旗，或为民人或调用于绿营，上满文奏折：

…kimcime baicaci ging keo i seremšeme tehe jakūn gūsai ujen coohai dorgide bošokū duin tanggū, moringga cooha emu minggan sunja tanggū uyuju jakūn, poo i niyalma nadanju juwe, faksi orin, yafahan cooha emu minggan, uheri ilan minggan uyunju juwe. ese jalan halame gurun boo hūwašabume ujiha ujen kesi be alifi, tanggu aniya funcehe fuseke anggala ulgiyen i geren ofi, banjire doro tesubume muterakū. te enduringge ejen dabali kesf isibume, cembe iregen ome tucibumbime. geli niowanggiyan turun kūwaran coohai oronde forgošobume, teisu teisu gemu banjire doro babuhanggge, yargiyan i enduringge ejen ujen coohai urse be jilame gosire ten i gūnin aha be ging keo i ujen coohai ursei oron meitere babe icihiyara, jai giyang ning ni manju cooha be ging keo de guribume tebunere baita hacin be kimcime bodome gisurefi, hacin aname faidame（arafi）arafi gingguleme tucibume wesimbuhe emu hacin cihangga irgen ome tucire kooli be baicaci fujuri boo amba mukūn uksin baitangga sula be bodorakū, gemu, ceni beyese jorofi genre goloi jeo hiyan be getukeleme alibufi, gūsaci tucibufi iregen i dangsede dosimbumbi, ging keo i ujen coohai dorgide cihangga iregen ome

① 《清高宗实录》，中华书局 1986 年版，第 296—297 页。
② 《清高宗实录》，中华书局 1986 年版，第 521 页。

tuciki serengge, ne siran siran i bithe alibumbi ton toktoho manggi boigon anggala gebui ton be cese weilefi, jurgan gūsade boolafi, dangse be kūwarafi, ceni joriha bade iregen obuki, esei juse deota bithe coohai simnere kūwaran de dosifi simneki serengge bici, emu adali simnebuki aika aisilame jafaha hafan silgasi tacimsi bici meni meni ba na i hafasa de getukeleme alibufi, temgetu bithe halame bufi, harangga jeo hiyan de simnebuki, niyaman jafara de inu iregen i adali obuki. jai iregen obure ursei dorgide jalan sirara hafan bisirengge be gemun hecen i ujen coohai kooli songkoi dahalabume gūsaci tucibuki, hafan sirara erinde ba na i hafasa ci akdulara bithe be gaifi jurgan de unggifi sirabuki adarame sonjofi baitalara, alban yabure babe beyebe tuwabuha amala hese be dahame icihiyaki. emu hacin, ging keo i ujen coohai urse cihangga irgen ome genere ci tulgiiyen, cihangga caliyan jeterengge be niowanggiyan turun kūwaran de forgošoki baicaci, jing keo de damu jiyanggiyūn i fejergi hashū ici ergi juwe kuwaran. jai jeng giyang ni hoton tuwakyara kūwaran de cooha uheri emu minggan jakūn tanggūn funcembi. coohai ton labdu akū, aika gemu ere ilan kūwaran de tomilafi baitalaci goidame aliyabure be akū obume muterakū. aha be dahūn dahūn i bodoci, jiyanggiyūn i fejergi kūwaran jeng giyang ni hoton tuwakiyara kūwaran, jai ging keo i hanci bisire mukei coohai hashū ici ergi kūwaran, guwa jeo ki bing tai jeo cang jeo i jergi kūwaran uheri kadalara amban giyarimr dasara amban jekui baita be uheri kadalara amban, birai baita be uherj kadalara amban fideme kadalara amban, lang šan i uheri kadalara da i fejergi geren kūwaran jai geren hoton tuwakiyara kūwaran uheri orin funcere kūwaran, ging keo ci sandalabuhangge asuru goro akū bime, gemu mukei jugūn hafunambi, kūwaran i amba ajige be tuwame, coohai ton labdu komso be bodome neigenjeme tomilafi, oron tucike manggi siran siran i forgošome gaiki, duin oron i dorgide ujen coohai urse be ilan gaime niowanggiyan turun. urse be amke gaiki, ujen coohai urse daci yafahan cooha oci giyan i yafahan coohai oronde gaici acambi, daci bošokū moringga uksin oci, giyan i moringga coohai oronde gaici acambi, damu geren kūwaran i moringga coohai oron labdu akū, goidame aliyabure de isinambi, bahaci fugiyan i kooli songkoi oron teisulehe be tuwame neneme afara coohai oronde gaifi, moringga cooha oron tucike manggi jai sirame gaiki, ya kūwaran i caliyan jeterengge be uthai harangga ba na i irgen i dangsede dosinbufi, aieten hacin i baita be kooli be dahame icihiyaki emu hacin ujen coohai harangga urse cihangga gūsaci tucifi irgen ome generengge be giyan i hūdun oron tucibuci acambi, damu esei boigon anggala geren emu erinde boo guribure de mangga, aha be kimcime bodofi acare be tuwame bilagan bufi, hacihiyanme icihiyafi ere aniya duin biyai dolo gemu gūsaci tucibuki gūsaci tucire inenggi ci uthai caliyan gaire be ilinjaki, jai niowanggiyan turun de forgošoro urse, damu caliyan de akdafi banjimbi, aikabade niowanggiyan turun de forgošoro onggolo uthai caliyan gaire be ilinjaci bajte doro ufarabure be akū obume muterakū, geren kūwaran tucike oron i ton be……①

译文：

……经查京口驻防汉军八旗中领催 402 人，骑兵 1598 人，炮手 72 人，工匠 20 人，总计 3092 人。这些人累世享受国家养育之

① 《容保、尹继善等奏议复将京口驻防汉军旗官兵或出旗为民或调入绿营折》，乾隆二十八年二月十三日，中国第一历史档案馆藏《军机处满文录副奏折》，档案号：03－0180－2008－025。

恩，百余年来因人口渐繁，不得生计。现在得到圣主殊恩，令彼等出旗为民，或调入绿营，各自得以生计，诚圣主怜爱汉军之至意。处理裁减京口汉军之空缺情况，另外详察商议江宁满兵迁往京口去驻防事务，逐项列出具奏。

一项，情愿出旗为民的，查例，世家大族、披甲、执事人、闲散都不考虑，彼等自己专门去省州县察明呈送，附入出旗民人的档案。京口汉军中情愿出旗为民者，相继呈文，数目定后做户口清册，销去旗籍报部，彼等指示民人，这些人的子弟若有想入帏（参加）文武考试者一体考试，若有捐官贡生、监生者，当地官员各自查明呈送，更换文书，也如民人一样在该州县（参加）考试、结亲。在民人中，所有世袭的依京师汉军例出旗，袭职时由地方官保举，携带文书，送至部院，如何拣选使用，官员视当地情况行事，奉命办理。

一项，京口汉军除情愿出旗为民者之外，查调入绿营吃钱粮者，在京口只有将军部下的左右翼两营。再，镇守镇江的守兵共1800余人，兵丁数量不多，假如都分派在这3个兵营中使用，不得不久等。奴才再三筹划，将军部下的兵营、镇守镇江城的兵营，及京口附近有水兵左右翼兵营、瓜州、扬州、泰州、太平等营总督、巡抚、粮务总督、水务总督、狼山部兵部下的所有兵营，和镇守诸城的兵营计20余营，与京口相距不太远，全通水路，视兵营之大小，虑兵丁数量之多少，均分缺出后，继续调补，4缺中补汉军3人，补绿营者多，汉军缺中原来是步兵的理应补步兵缺，原来是领催、骑兵的理应补骑兵缺，惟诸营骑兵缺不多，致使久等。若得依福建例视相应缺补先前战兵缺，骑兵缺出后再续补，（在）哪营吃钱粮者即于该处入籍，事情依例办理。

一项汉军情愿出旗为民离开者理应快速开缺，只是这些人口一时很难迁移，奴才详虑斟酌定期限，加紧办理，今年四月内所有的（汉军）都要出旗。出旗期限一到立刻停领钱粮。再调入绿营者，要依靠钱粮生活，若在调入绿营之前就请求停止领钱粮……

从这份奏折可见，地方大员根据朝廷总体汉军出旗政策，制定了京口汉军旗人出旗章程，即一方面，出旗人等削去旗籍，入民人档案，子弟与民人一体考试、结亲；另一方面，仍想留在军营出旗者，补绿营缺。

乾隆二十八年十月，江宁将军容保等奏报办理京口汉军出旗为民进展情况：

…uheri emu minggan ilan tanggū orin niyalma be gemu gūsaci tucibufi irgen obuha. cihangga caliyan jeterengge be. gemu ging keo ci sandalabuhangge hanci. muke jugūn hafunnara geren kūwaran i coohai ton labdu komso be bodome neigenjeme tomilafi siran siran i geren kūwaran i coohai oronde forgošorongge . uheri emu minggan ilan tanggū nadanjun jakūn. manju gūsade obuhangge emke. oron be aliyara bithesi ilan. gebu ejehe bošokū emke. gūsade bederebuhe cooha juwan uyun. ekiyehe oron gūsin sunja ci tulgiyen kemuni fogošoro undengge adali akū. ememu kūwaran de forgošome wajihangge bi. ememu kūwaran de udu oron funcehengge inu bi. ahasi gemu da wesimbuhe songkoi geren kūwaran de dendeme tomilafi oron be aliyabume unggihe. cende bahabuci acara morin i hūdai menggun. ulhūi jubki hūdangmenggun. enduringge ejen degereng kesi isibume niowanggiyan turun i kūwaran de fogošoro urse de boo gurire de kunesun obure menggun jai sula ursei dorgi gogin. anggasi. emteli umdu akdara nikere ba akū ursede. šangnaha menggun be. ahasi gemu da wesimbuhe songkoi beye tuwame dendefi šangname buhe. ujen cooha ursei edelehe siden hacin i menggun be. gemu ceni bahaci acara menggun i dorgici. ton i songkoi tebufi dahacin de toodame wacihiyaha. ujen coohai ursei dolo jalan halame sirara hafan nirui janggin sirara de ubu bisire ursebe. ahasi hese be gingguleme dahafi. encu icihiyafi wesimbureci tulgiyen. te ujen cooha ursei baita be icihiyame wajiha be dahame. tuwašara hafan i jergi janggin ci wesihun hafasa be. giyan i beyebe tuwabume unggici acambi. beye bithe alibufi. cihangge gūsaci tucifi irgen ome genere gūsai da juwe. jalan i janggin juwe tuwašara hafan jergi. janggin juwan jakūn be. gemu kooli songkoi irgen obuha ekiyehe juwe oron ci tulgiyen. funcehe gūsai da sunja. jalan i janggin ninggun . tuwašara hafan i jergi janggin orin emu. jalan sirara baitalabure hafan emke. uheri gūsin ilan hafan be ahasi gemu gabtabume niyamniyabume simneme tuwafi dahabure gisun nikebufi. erei dorgi beyede sirara hafan bisire. hafan sirara de ubu bisire sunja hafan be ileme faksalame harangga gūsa. coohai jurgan de unggifi. jugan ci gaifi beyebe tuwabufi eici gūsai hafan de baitalara. eici niowanggiyan turun i kūwaran de forgošome baitalara. eici da jergi nisihai turan ci nabure babe gemu enduringge ejen i toktobure be aliyambi funde bošokū bithesi uheri dehi juwe dorgi. giang ning de forgošome baitalahangge emke. sirara hafan de ubu bisirengge emke beye bithe alibufi. cihangga irgen ome generengge duin wesike bithesi emke. ekiyehe funde bošokū i oron juwe funcehengge be aha be gabtabume niyamniyabume simeme tuwafi. uheri kadalara amban de benebufi. geren kūwanran i minggatu baksatu i oron be aliyabume unggihe. oron be aliyara bithesi ilan. gebu ejehe bošokū emke be. inu aha meni fejergi kūwanran ituleri araha baksatu i oron be aliyabume unggihe. monggo gūsai hafan cooha be enduringge ejen kesi isibume alban jahūdai šanggime tebufi sunja biyade neneme emu dulin be juwe meyen obufi. ging keo de guribume tebunehe. funcehe emu dulin hafan cooha be juwe meyen obufi. juwan biyai juwan juwe de jurambufi ineku biyai juwan nadan de. siran siran i gemu sain i ging keo de isinaha. ujen cooha ursei afabuha alban i boo be gūsai ursei irgense emgi suwaliyaganjame tebubukū obume hešen ilibufi monggo gūsai hafan cooha de neigenjeme dendeme bufi tebubuhe baita icihiyame wajiha be dahame. ①

译文：

……其中自己呈文自愿出旗为民者共1320人，全部出旗为民人。考虑京口附近由水路通过的众营兵数多少，平均分派全部自愿吃钱粮者，陆续调动众军营的兵缺。总计1378。编入候补满洲旗1名、笔帖式3名、记名领催1名、归旗兵者19名、空缺35个，除此之外还有各种各样的未调动者。有的军营调动已经结束，有的军营还有剩余兵缺，奴才已据实上奏，差遣候补之缺分派到众兵营。圣主施恩使他们理应得到的马价银和芦银，作为他们搬迁的盘缠。再有众人中闲散无依靠之鳏寡独孤者，赏赐他们银子。奴才等按此前上奏，分别赏赐。汉军众人所欠官银按照他们应得数目全部偿还完毕。汉军众人里有世袭牛录章京资格的，奴才遵旨办理。此外，汉军众人的事情办理结束，防御等高官们理应遣送带领引见。呈文自愿出旗为民人的，协领2人、参领2人，防

① 《江宁将军容保奏报办理京口汉军出旗为民事宜折》，乾隆二十八年十月二十四日，载中国第一历史档案馆藏《军机处满文录副奏折》，档案号：03－0180－2057－007。

御18人，全部按例改为民人，除缺少2缺之外，剩余5个协领，6个参领，21个防御，1个世袭骑都尉，总共33个官员，奴才考察他们骑射国语挑选，世袭官有继承资格者5个，派遣到该兵部，该旗分别带领引见，或作为旗官任用，或调入绿营任用，或者连用原来的旗中的品级。退职全部等待圣主的裁定，42名骁骑校和笔帖式中，江宁再调动使用1个。有世袭官资格1人，呈文自愿出旗为民者4人，1个升任笔帖式，减少骁骑校2缺，剩余的，奴才等看他们的马步射挑选，总计呈送给总督。派到军营中等候千总、把总之缺，派遣3名笔帖式，1名记名领催，奴才办理差遣我们属下兵营的外委把总缺。蒙古官兵平均分成2队，乘坐圣主施恩赏赐的官船前去驻防，其中1队已于五月迁移到京口驻防，剩余的一半官兵分成2队于十月十二日起程，在本月十七日全部陆续到达京口，汉军众人交出的官房，不能把这些人混合安置，立下界桩，平均分给蒙古旗的官兵供其居住。

从以上档案可见，京口汉军全部离开京口，原计划由满洲旗人充补，而最后改由江宁蒙古旗人调补。京口汉军官兵3000余名，自愿出旗者1320人，出旗为民者入民籍，有仍愿为兵者，被绿营缺。

凉州、庄浪、杭州和西安也是在乾隆二十八年令汉军出旗。凉州、庄浪汉军官兵出旗方案："一愿为民者，准呈明凉庄地方官给印票，行文所往地方，一体考试、婚配、立业；一愿补绿营者，查系领催马甲，并有马匹役头目，补马粮；系步兵、匠兵、养育兵，补步粮，就近于甘抚标陕甘提标及陕提属之靖逆标，宁夏凉州，西宁、肃州、沙州，五镇所属营匀补，即于食粮处入籍；一调补兵穷苦闲散户口，照闽省汉军调补例，分别给赏，准领回，自立马匹；一出旗官员分别送部引见，咨部改补，及世职，进士，举贡、生监并候补、候选、降调、捐职衔等员，均归入汉班考试补用。"[①] 杭州驻防四旗汉军马甲、步甲共3000、铁匠等共1900名裁撤，并裁汉军副都1人。西安"令汉军一千余陆续出旗，分别改补绿旗营"[②]。乾隆四十四年（1779）又"裁西安驻防汉军马步甲二千三百名，炮甲十二四名，弓匠八名，改充绿旗营兵。增设满洲、蒙古马甲一千二百名，步甲一百名，由京师八旗满洲、蒙古内拣选派往"[③]。

综上所述，在京汉军旗人主要是无职或六品以下者出旗为民；在地方直省除东北驻防基本没有波及，广州驻防存一半汉军旗户、福州等水师营留有一些汉军旗人外，其余汉军全部出旗或调补。总体而言，在京出旗的汉军基本是自愿的，而驻防汉军旗人离开原职是强制性的，面临出旗或到京候缺。汉军旗人出旗或调京从史料上看基本是顺利的，没有造成社会的动乱，这要归因于清廷政策引导和地方官员妥善办理。八旗汉军长时期生活在八旗组织中，身上带有明显的民族融合的色彩，出旗为民，回归汉人群体，对汉人的发展和清代社会变革产生了一定影响。

第二节 汉军旗人与汉人"一体任用"

在国家官职的权力分配中，清朝以官缺的形式表现出来。清朝的官缺职位除了由八旗组织下的满洲旗人、汉军旗人和蒙古旗人担任之外，还专门为汉人设置了汉缺，这四大官员群体基本构成了清朝国家权力配置体系，维持着国家机构的运行。清朝的"官缺"制度颇具特

① 《清高宗实录》，中华书局1986年版，第626页。

② （清）张廷玉：《清朝文献通考》卷186，浙江古籍出版社2000年版，第6496页。

③ （清）昆冈等修：《钦定大清会典事例》卷1128，《续修四库全书》第813册，上海古籍出版社1995年版，第557页。

色，看起来名目繁多，实际上具有一定的制度合理性。有清一代，汉军旗人与汉人在官阶、入仕途径和官缺等制度规定上存在不同之处，然而在具体行政过程中又趋于同一。在任职时，汉军旗人与汉人渐趋“一体任用”，指汉军旗人与汉人同等任用官职，即在任职系统内被同样对待，任用条件相同，不再把汉军旗人和汉人分别对待。

一　入仕

清朝汉军旗人与汉人在创立之初就有不同的入仕制度。科举制自隋炀帝设立进士科以来就成为我国古代选拔官吏的主要途径和制度，一直被历代所遵循。经历过1300余年的发展，是世界范围内，延续时间最长的选拔人才考试办法。经过科举选拔进入仕途，寒门子弟可改写自己及整个家族的命运。清入关前，八旗子弟由于与汉民族文化接触尚少，较为陌生，与汉人的日常交流存有困难，善骑射的八旗子弟和汉人学子同场同题考试并不是容易的事。考虑后，根据实际情况，于顺治八年（1651）清廷开始采取满汉不同场考试、双榜录取制，满洲、蒙古独立一榜，汉军与汉人一榜，以保证朝廷对满官选拔的实际需要。“是年吏部议准八旗科举之制，为定鼎后八旗科目之始”①，但清入关后初期并未对科举制度进行改革，并不符合当时的旗学制度，大部分的旗人主要肩负的职责是行军打仗，少部分的文化人被挑选入京，担任朝廷要职，考试的人相对较少。直到顺治十四年（1657），科举制度实行一定的改革，停止了专门为旗人子弟开设的旗考。康熙八年起，旗人参加科举考试，与汉人同套题目，不再有所分别。三藩之乱爆发后，八旗军的首要职责是保证兵源充足，在这种情况下，八旗

① （清）福格：《听雨丛谈》，中华书局1984年版，第187页。

子弟科考再次被停止。直到康熙二十六年（1687）又一次恢复旗人科考，仍然是和汉人同套考题进行考试。至此，旗人的科举仕途和汉人趋于一致，旗人与汉人无论是在考试形式方面，还是录取环节方面，都大致相同，“满榜”“汉榜”自此后消失殆尽。作为少数民族的统治者，出于巩固本民族的政治地位，在选官途径上势必会做一些政策上的倾斜，以示对本民族的优待，比如爵位世袭、家族恩荫等。但是，值得注意的是，在科举这条入仕之途上，清廷并没有做出大的改变，而依旧是因循旧习，这也是清代统治者积极接受汉化，吸纳儒家基本思想的表现。“太祖肇基，以满语定爵号，最尊者曰贝勒”[①]，确立了以功赏爵的原则，“冲锋陷阵有功者，悉命晋升，无爵者赐以爵位”[②]，一些爵位还可以延恩后代，即世爵，可见世爵在满洲肇始时期就已经出现。努尔哈赤在制定八旗内部武官组织时就规定可以授予爵位，爵位的授予一般根据功勋来进行，功勋卓著者允许其家族子弟世袭。“凡得诰敕世职官员亡故，与其子承袭。若无子，方与亲兄弟承袭。其承袭官亡故，仍与承袭官之子。若承袭官无子，始与其兄弟承袭。”[③] 清代汉人入仕几乎均要经过科考，与之产生强烈对比的则是满旗人入仕，只参加乡考，不需要参加科考，并且考题简单到只需会听懂汉语，会说汉语即可；另外，特殊入仕的途径也有很多，例如荐举、捐纳、荫子、翻译科举等。相比较之下，汉人想要通过学术科考入得仕途，真是难上加难。汉军八旗和汉人能有资格参加“武考”的凤毛麟角，清王朝当时为满旗和汉旗及汉人分配了两种考试类别，为满旗人开考他们非常熟悉的骑马善射，文考考的是满汉翻译，武考过关委以武官重

① （清）徐柯：《清稗类钞》，中华书局 2010 年版，第 1264 页。

② 中国第一历史档案馆、中国社会科学院历史研究所译注：《满文老档》，中华书局 1990 年版，第 154 页。

③ （清）鄂尔泰等修：《八旗通志》，东北师范大学出版社 1985 年版，第 694—695 页。

任；而汉军旗人及汉人多数只能参加文考，不但要遵照科考旧式的“八股文”进行考试，还要在考试中对清王朝“歌功颂德”以彰显其对朝廷的忠心。早在皇太极天聪三年（明崇祯二年，1629）四月就下令进行文学教育，因“乐闻古典，故分清汉文人”“儒臣分为两班”①，设立书房（“文馆”）②。入关后，科考时兴时废，国家政局稳定后科举也最终固定下来。相比民人，旗人入仕的渠道更加宽泛，有科举、国子监、八旗官学等，总之，保障了他们基本的入仕途径，而绝大部分民人则只能通过科举入仕。尽管清代统治者为保持本民族特性，屡次强调要奉行“国语骑射”的科举考试政策，要求臣下重视满洲旧时的骑射本领。并对文科举前三甲人员的身份做出限制，名列前茅者必须熟练掌握骑射技术，但同时也鼓励旗人学习文教，参加科举。只要是受过教育的旗人，在官学之内学习过抑或是在家塾学习过，都可以通过走科举的道路入仕，说明朝廷对旗人考试成绩的录取门槛也相对较低。除此之外，还有翻译科——专为旗人而设置，和普通科举相同，翻译科也有考取生员、举人和进士三个步骤，可以说翻译科保证了旗人入仕的基本条件。其中学习到生员或者举人时，若不再进取，则可以不进入下一阶段的学习而选择入职为官，选任笔帖式等。若继续学习，经科举中进士者，则可以参加朝考，拔得头筹者则成翰林院庶吉士，自此继续学习三年，然后继续考试，经过层层选拔后，最终胜利者授翰林院翰林官，按照名次的不同，第二名为编修，第三名为检讨。其余者，分别担任授部院主事，授国子监监丞、博士、内阁中书等官。顺治九年（1652）规定，满洲、蒙古进士，在参加科举考试前就已经身为他赤哈哈番和笔帖式哈哈番者可直接对其授予官职，如部院员外

① 《清太宗实录》，中华书局1985年版，第60页。

② ［日］神田信夫：《清朝史论考》，山川出版社2005年版，第78—98页。

郎或主事等。若只由一般举人考中，且考前不曾在朝廷中担任过任何官职者，则授予他赤哈哈番。康熙十二年（1673）议准，除了以往可担任的职位之外，职位开始扩充到通政使经历、知事、大理寺评事、太常寺博士、典簿及各部的司库，将进士可担任的职位范围扩大。乾隆六年（1741）对相关规定又进行了一些修改，将满洲进士与汉进士纳同一体，按照科举考试的科甲名次来挑选知县官职的任用。但如果汉人担任高官职位，必须是进士身份。旗人并没有此固定条件的限制，在清朝，当朝的420名旗人高官中，仅仅有几个为数不多的进士而已。[①] 汉军旗人进士，最初被委任的官职职位基本和满蒙进士相同，到康熙十二年（1673），汉军旗人进士只被任命为知县。举人，一方面可继续参加进士考试，另一方面也可直接以此身份担任官职。满蒙举人，刚开始被任命为七品笔帖式，康熙年间将其范围进行扩大，康熙十四年（1675），满蒙举人可以担任光禄寺典簿、署丞，国子监监丞、博士、鸿胪寺典簿等官职。乾隆六年（1741），对这一规定又进行一些改修，满蒙举人可以担任翰林院典簿、詹事府主簿、光禄寺署丞以及国子监监丞、博士等官职，待七年任职期满后，可继续外派到知县位置。道光五年（1825），满、蒙、汉举人归并到一处轨道上来，通过考试后取得一等成绩者，为知县职位，取得二等成绩者，在京城可做顺天府学教授、训导、国子监助教等职位。对于汉军举人，清廷对其也有特殊规定，顺治九年（1652）定，用为笔帖式哈番。康熙二年（1663）做出调整，改为用知县。乾隆七年在前代的基础之上，再次进行调整，以知县注册，按分数名次先后次序进行委派。年纪大的，身体力衰者，根据成绩排名，委以教学职务。满洲、蒙古、汉军经翻译科举考试后，

① 林白、朱苏梅：《中国科举史话》，江西人民出版社2000年版，第69—70页。

取得的进士，乾隆年间规定，优胜者委任为六部主事，名次后者委任为主事上学习行走，在此职位上任职三年，根据这三年中的表现和考核来定取舍，成绩合格者可继续留任，成绩不合格者根据旗籍不同分授官职，汉军籍授太常寺博士或者中书内阁，满洲籍和蒙古籍则授翰林院典簿等小京官。若为翻译进士在外就职者则授予知县职位。道光二十七年（1847）再次变化，翻译科中考为举人者可任笔帖式，考为进士者根据名次授予官职，成绩最好者可担任庶吉士。通常情况下，只要旗人能够考中举人，基本能在朝廷上谋得一官半职，而汉人举人授官的则远不如旗人。旗人和汉人的待遇在科举制度上就可以看得很明显。

清代最初对八旗实行翻译科考试设置的初衷，是为了保存满族“善于骑射”的民族习性，特意设置了非常简单的翻译科考制度。虽然国家在政治统治政策实施上给予特殊的优待，但报考者并不多。“首崇满洲”的清代统治者，对科举考试如此重视的主要原因在于，科举制度是原中原王朝的选拔任职方式，故此，继续保留中原的传统选拔人才的习惯。保证汉人原有的历代科举制度，继续用原来的选拔人才的方式，一方面可取得汉士子的信任和支持，另一方面在满族统权教育选拔改革选拔人才方面节约了时间。为此，统治者为八旗子弟大开“方便之门”实施了种种有利于八旗子弟任职的措施，八旗子弟首要的任务就是始终保持和坚持武备。如果大力支持旗人弃武从文，显然不符合统治者的政治心愿。

二　官缺

清朝面对复杂的官员构成局面，为了进行有效的统治，不得不做出相应配套措施。所谓“清承明制”是指在清朝入主中原后，基本承袭了明朝的国家机器和各项制度。另外还针对官员的权力地位分配设置了“官缺”制度，即不同类型的官缺皆是在各自所属范畴内选任补缺，以“官”补“缺”。文献记载，“分武职官之缺，一曰旗缺，二曰营缺，三曰卫缺，四曰门缺。凡旗缺，满洲、蒙古、汉军分焉。营有满洲缺，有汉缺。门为汉军缺。卫为汉缺。凡营，蒙古得用满洲缺，满洲、蒙古、汉军皆用汉缺”①。汉军缺，是指为汉军旗人专门设立的官缺。汉军专缺大致如下：“侍郎、学士、左副都御史、顺天府、奉天府府尹、光禄寺卿、左佥都御史、宗人府启心郎、通政使司右通政、大理寺少卿、光禄寺少卿、督捕右理事官、通政使司右参议及郎中以下官员。”② 在皇太极时期，吏部并没有设置汉军官缺，但个别官职由汉军旗人充任。到顺治时，“吏部设郎中、员外郎、堂主事、笔帖式等汉军官缺”③。六部中的其他五部与吏部的汉军官缺设置大体相同，被称为“六部汉军专缺。”④ 由此，在顺治朝也形成了除授升补体系。清朝的“官缺”制度，一方面，保障了满洲贵族统治地位；另一方面，也意在积极笼络汉族地主和士人。为此，清廷专门为汉人、汉官设置了汉缺。清朝和元朝虽为少数民族建立的政权，但不得不承认，清朝的统治与元朝完全不同，其统治下的汉人数量是最多的，对待汉人的待遇也是最好的。统治者为了保证政权的稳定，选择与汉人合作，分享权力乃是必要的选择。

清朝不同的“官缺”，原则上满洲、蒙古和汉军担任，但实际却是满洲补汉军官缺现象很常见，满缺不能任汉人。在中央的一些重要机构，基本以满洲旗人为主，也有个别汉军官缺。“康熙一共开载内阁、

---

① （清）伊桑阿纂：《清会典》，中华书局 1991 年版，第 8120 页。
② （清）鄂尔泰等修：《八旗通志》，东北师范大学出版社 1985 年版，第 839 页。
③ 孙守朋：《汉军旗人官员与清代政治研究》，人民日报出版社 2011 年版，第 62 页。
④ （清）昭梿：《啸亭杂录》，中华书局 1980 年版，第 224 页。

六部等13个中央机构中有品级和无品级额缺2082个，其中属于汉军和汉人的额缺325个，仅占15.6%，其余额缺大部分为满洲旗人和内务府包衣旗人占有。”① 朝廷内部为旗人专设的官职，以及一些涉及军事、皇族内部事务、边疆地区以及军火钱粮等重要官职，如理藩院、东北地区、蒙古、西藏以及新疆等职位的设置不能够由汉官担任，均为满、蒙所独占。内地地方直省以下的官缺任职和中央官职有所区别，一般情况下满汉官职不做特殊区分，只是可能在特殊时期，如某一省份发生了动乱或起义时会专门设定为满缺进行管理。为了更加有效地对基层进行治理，清廷继续采用以汉人治理汉地的方法。地方州县官的官缺以及各级佐杂官一般都为汉人所担任。边疆直省地区驻防的官职，如驻藏大臣、参赞大臣、和办事大臣等，通常为满洲缺，必须由满洲人担任，汉人不得担任。综上可以发现，在满汉双轨制度之下，一些涉及重要民族、边疆和中枢机构的官职基本由旗人担任，基层治理方面则以汉官为主，直到清末这一情况才有所缓解。但清朝在顺治和康熙时期官缺上有倚重汉军官员的趋势，将汉军内外兼用，八旗的旗分之缺和汉缺皆可任用汉军旗人，并且可以用捐纳进行补授的外缺更多。尤其“整个顺治年间，满洲、蒙古人，没有一个任督抚者……而汉军督抚却达116人”②，甚至还出现了“汉军人少缺多，致贤愚莫辨，猥琐不堪之人，亦被录用”③。在中央的各级机构中，除了汉缺之外的几种官缺，就是授予旗人、满族宗室的官缺。但这种情况也并非绝对，满汉官职双轨在很多机构官职的设置上也能够体现出来，如内阁大学士，部院寺监机构的长官尚书、侍郎、左都御史、少卿、祭酒、司业、

---

① 刘小萌：《清代八旗子弟》，辽宁民族出版社2008年版，第206—207页。

② 谢景芳：《清初八旗汉军的地位和作用——兼论清初政权性质》，《求是学刊》1986年第3期。

③ 中国第一历史档案馆整理：《康熙起居注》第2册，中华书局1984年版，第1356页。

监正、监副等，满汉缺并设，一般是满缺多于汉缺，且最终裁定权则是掌握在满官手中。此即“京堂俱一满一汉，印归满官”[①]。朝廷对官缺的此种设置最主要的目的就是要保障满人主体统治的同时兼采汉人，即满汉联合的政治措施，在促进双方关系友好发展的同时也巩固了本民族对政权、对国家的有效统治。

诸种官缺还有互相调剂的制度，如朝廷内部，汉军和汉人可以互通，汉军可以选补司官以上的汉缺，汉军旗人也可选补中央机构长官中的满洲缺。此外，外任官员中蒙古缺和满洲缺可互补，满洲、蒙古、汉军、包衣旗人，皆可用汉缺，但汉人补缺则比较受限。乾隆以后，为强化本民族的统治地位，减少了汉缺补额的机会，扩大了蒙古补缺的机会，例如京城的八旗都统和领侍卫内大臣等八旗高级武官，蒙古王公皆可以担任。

随着八旗生计问题不断出现，汉军缺或被大量削减，或并入汉缺，不满十个职缺的各部院汉军缺皆一并列入汉缺，出现了汉军旗人与汉人一体较俸任职的一体任用的现象。康熙时期，“康熙十二年悉以京堂官归入汉缺，与汉人一并拟补。惟右通政归入满缺。止存内阁侍读学士、郎中等员”[②]。雍正元年（1723）上谕：“每城设满洲、汉军、汉人三员太多，以后只派二员，汉军、汉人，合派一员。”[③] 五城汉军御史缺被裁。除了五城汉军御史之外，汉军郎中、员外郎等缺也陆续被裁。随后，雍正帝又欲以汉官和汉缺合并，“各部汉军司员看来无用，当如外官归于汉缺作何归并之处，着九卿定议具奏”[④]。雍正七年（1729），又有大臣严瑞龙上奏再次提议汉军与汉缺合并，“汉军御史宜

① （清）谈迁：《北游录》，中华书局1960年版，第349页。

② （清）鄂尔泰等修：《八旗通志》，东北师范大学出版社1985年版，第839页。

③ 《清世宗实录》，中华书局1985年版，第115页。

④ 《清世宗实录》，中华书局1985年版，第190页。

归并汉缺，不必另立汉军之名”①。这条奏章虽未见雍正帝的批示，但削减汉军缺的大趋势已经非常明显了。雍正帝“首崇满洲”，为了满人的生计问题而牺牲了汉军旗人的利益。由于官缺编制的减少，“本朝汉军、汉人一体简用，内外不分，道部属小京官，汉军不占汉人缺”②，造成了升迁困难，不可避免地会出现一些官场腐败现象，同时也增加了汉军旗人、汉人对清政权和满人的不满。但是汉军旗人逐渐被划拢至汉人，回归汉人组织这一本源，推动了民族融合。

第三节　汉军旗人与汉人经济待遇关系

被满洲统治者编入八旗的汉军旗人，享有着清廷对八旗提供的一些特殊经济待遇。汉军旗人与汉人隶属不同的组织，政治上的差异也使得经济待遇有着一定的差别。这种差别表现在俸禄、田产、抚恤金等方面，通过比较汉军旗人与汉人在这些方面的差别可以显现出两者在经济层面的关系。

八旗制度是清廷的一项特色制度，是旗人社会生活军事组织形式。八旗成员战时皆兵，为了将他们培养成职业兵，更好地发挥巩固统治保卫国家的作用，统治者曾明确下令禁止八旗子弟务农经商。为了保证他们的生计，给他们专门发放俸禄。

清朝本在入关前并没有正式形成俸禄制度，定鼎中原后，俸禄制度的实行基本是由明朝沿袭而来。清初，为了给八旗兵丁谋取生计，曾强制圈地为“旗地”，然后以“计口授田”的方式分配给八旗官兵。

---

① 中国第一历史档案馆编：《雍正朝汉文朱批奏折汇编》第16册，档案出版社1985年版，第903页。

② （清）萧奭：《永宪录》，中华书局1959年版，第354页。

顺治元年（1644），清廷有令："凡八旗壮丁，差徭、粮草、布匹，永停输纳。"① 意思是说他们只需要服兵役，其他义务可全部免除。康熙十八年（1679）题准，护军盔甲，每顶副折给银 4 两 8 钱 8 分 3 厘。马步兵盔甲，折给银 4 两 1 分 5 厘。康熙二十二年（1683）再次题准，鸟枪兵丁盔甲，每顶副折给银 3 两 7 钱，并给鸟枪 1 杆。②

按规定，每个旗丁分旗地 30 亩，不用向朝廷纳贡粮食，保证自身生活来源即可。但有一点必须遵守，那就是仍需保持以往的传统——"出则为兵，入则为农；耕战二事，未尝偏废"，并且严令禁止土地典当和买卖。由于，京师八旗驻扎在京城之内，平时以戍守京城为主要职业，无暇耕种，又与自己拥有的旗地距离较远，所以他们往往把土地交给当地的汉民耕种，实际情况是根本做不到"兵农两顾"的，为旗人耕种田地的汉人即是旗人的"包衣"组织。有限的租税根本无法养活旗人一家子人，这种情况得到了清廷的重视，于是根据此情况制定了兵饷制。规定内容为，凡成丁男子挑取披甲者，每名每月由朝廷发给一定数量的饷银与饷米，同时也发给口粮赡养家属，"七岁以上即食全体，六岁以下为半口，减半给粮"③。此项制度的颁布解决了旗人官兵的燃眉之急，旗人一家均可按时领取规定数额的俸禄以改善生活。俸禄中既包括每月的俸银，也包括每季发放的禄米，具体规定数量按照职务的不同分别如下：都统每月可领到 180 两俸银，每季度 15 石的禄米；参领每月可领到 130 两俸银，全年 65 石禄米；佐领每月可领到 105 两俸银，全年可领到 52 石 5 斗的禄米；步军校每月发放 80 两俸银，全年 40 石禄米；骁骑校、亲军校、前锋校、护军校每月均可领到

① （清）嵇璜、刘墉：《清朝通志》，浙江古籍出版社 2000 年版，第 238 页。
② （清）鄂尔泰等修：《八旗通志》，东北师范大学出版社 1985 年版，第 567 页。
③ 萧一山：《清代通史》中卷，中华书局 1986 年版，第 107—108 页。

60两俸银，每人每年可全年领取禄米30石；步军、护军、前锋、亲军营兵丁每月均可领取到4两俸银为，每年4石8斗禄米；马甲每月俸银3两，每年禄米4石8斗；步甲月银2两，每年禄米4石8斗。八旗官兵在举行婚礼和丧葬时除了上述俸禄之外，清廷还额外对其给予一定津贴；受伤或因病退役的旗人，全年还可领取12两抚恤金，本人去世后，其寡妇可继续领取全年6两的抚恤金，遗孤也获得相应资助。汉军旗人，建立初期属“身兼数职”之任的，首先是努尔哈赤立国的战斗先驱，打仗冲锋，无战事时下马为民，耕田农种，同时协调满汉之间的矛盾，为大清顺利实行政权统治铺平道路。因此在汉军八旗的俸禄上比纯汉人有着制度上的区别，并且在汉军八旗中有地位的将领和一般的汉军旗人步兵、炮兵薪酬俸禄都有区别。一个八旗步兵，顺治年间月银为2两，全年米十余石，如果出征，还另有“行军粮”，除了银两没变，可每日领到小米8合3勺，康熙九年（1670）三月规定：“甲兵每人每月增银一两，岁米二斛”，京旗前锋、护军、领催（满语称拨什库，管理佐领内的文书、饷糈事务）每月月银是4两，马匹可得3两月银。每年可领到饷约23石米；步兵领催月领饷银3两，步兵月银子1两5钱，每年饷米均是11石。清代一个七品官员的俸禄是每年银45两、米22石5斗；八品官是银40两、米20石。仅仅作为一个普通的八旗骑兵，其饷银粮食的总收入和一个科甲进士相同，而顺治朝汉人组建起来的绿营步兵，每月是1两银子，八旗兵却是1两5钱，康熙时北京汉人组建的绿营马兵，月饷是2两银子。“是由皇帝内帑库银中拨出一定数额的专款，分给八旗衙门或各省政衙门掌管，进行营运，借以滋生本银”，[①] 这种制度一直持续到乾隆二十一

① 郭春芳：《康雍乾三朝八旗官兵赏恤制度》，《满族研究》2006年第3期。

年（1756）谕“恩恤银停止生息”①。这种拿着国库银子赚利息的好事，确实盈余出不少钱。清朝的军事开支占重要部分。当时的战乱情况，让“旗人”之外的汉人，为了填饱肚子，想方设法“入旗”随军，解决温饱。

八旗制度最初主要是以军事为目的建立的，全民皆兵，是一种“兵民合一”的特色制度。为了稳定民心，促进经济发展从而达到巩固统治的目的，天命六年（明天启元年，1621），清太祖努尔哈赤颁布的一项土地政策——“计丁授田”令。这一政策是类似于均田制，是将明代辽东地区死亡或者逃跑的官僚、地主的“无主之地”没收为国有，分给旗人和汉民。分配标准为按照男丁数量平分，包括乞丐、僧人等在内均会分到土地。共给田六垧，种粮和棉。收税方式最开始采取实物地租和劳役地租，到后来变为货币地租。通过这种租税方式的转变，可以看出清朝人身依附关系的逐渐松弛，同时也体现了清代社会的进步。“计丁授田”令使地主阶层的势力壮大推动了后金从奴隶制向封建制的转变。通过这一政策我们可以看出汉军旗人与汉人的差别并不明显。但事实上毕竟隶属于不同的组织，旗人的优势一定比汉民大，实际分配中也会存在因身份有别而不公平的现象。

顺治元年（1644）腊月，多尔衮以皇帝名义给户部下达“圈地令”，纵容八旗子弟跑马圈占土地，敛财剥削。一个满洲八旗兵丁，能得2间房屋和30亩耕地，满洲贵族所占得的利益昭然若揭。汉军旗人隶属于八旗，也在“圈地令”中获得了不少土地。“我朝建都燕京，期于久远。凡近京各州县民人（汉人）无主荒田，及明国舅皇亲、驸马、公、侯、伯、太监等死于寇乱者，无主田地甚多。尔部可概行清查。

① （清）长善等纂：《驻粤八旗志》，辽宁大学出版社1992年版，第28页。

若本主尚存，或本主已死而子弟存者，量口给与，其余田地尽行分给东来诸王、勋臣、兵丁人等。此非利其地土，良以东来诸王、勋臣、兵丁人等无处安置，故不得不如此区划。然此等地土，若满汉错处，必争夺不止。可令各府州县乡村，满汉分居，各理疆界，以杜异日争端。今年从东来诸王各官兵丁及见在京各部院衙门官员，俱著先拨给田园。其后到者，再酌量照前与之",[1] 此次跑马圈地后，于顺治二年（1645）和顺治四年（1647）又进行了两次大规模圈地，共圈占良田16 万余顷。均属大量良民土地被圈走，侵占，汉民遭受的灾难无法形容。"圈田所到，田主登时逐出，室内所有皆其有也。妻孥丑者携去，欲留者不敢携。其佃户无生者，反依之以耕种焉。"[2] 八旗子弟虽然圈占了大量土地，但大多数并不会耕种。故此，失掉了土地的汉民，又成为旗人的耕种劳力，成为农奴。顺治帝在顺治二年（1645）四月给户部的上谕说："前听民人投充旗下为奴者，原为贫民衣食开生路也……今闻有满洲威逼投充者。又有愚民惑于土贼奸细分民屠民之言，辄尔轻信，妄行投充者。"又说："又距京三百里外，耕种满洲田地之处，庄头及奴仆人等将各州县庄村之人逼勒投充，不愿者即以言语恐吓，威逼迫胁。各色工匠尽行搜索，务令投充，以致民以不靖。"[3] 汉民在此时受到的压迫和剥削非常沉重。这一点从顺治帝的诏书中也可见一斑："今闻被圈之民流离失所，煽惑讹言，相从为盗，以致陷罪者多，深可怜悯。"[4] 由此可见，隶属于八旗的汉军旗人和汉人在田产方面差距明显。清中期后，八旗子弟开始了"崽卖爷田"的行径，抵押或出售土地。此情况早在康熙年间即已出现，此后情况越来越严

① 《清世祖实录》，中华书局 1985 年版，第 117 页。
② （明）史惇：《恸余杂记》，中华书局 1959 年版，第 27 页。
③ 《清世祖实录》，中华书局 1985 年版，第 139—140 页。
④ 《清世祖实录》，中华书局 1985 年版，第 257 页。

重和普遍。雍正七年（1729）明确规定："八旗地亩原系旗人产业，不准典卖与民，向有定例。"①"旗民不交产"禁令成立。针对已经典卖出去的土地，雍正帝给予专款回赎，凡是红契典卖者给全价，白契典卖者给半价或者不给价。由于朝廷明令禁止典卖土地，所以旗民之间的土地交易多在私下进行，且白契占大多数。这就使那些曾经与旗人进行土地交易的汉人损失惨重。乾隆二年（1737）御史舒赫德估计，旗地"近京五百里者，已半属于民人"②。乾隆帝针对这一情况，再次重申严禁旗民典卖、出售旗地，但缺口已经打开，即使朝廷再三强调，仍有旗人在"暗箱操作"买卖土地。三年后，这一情况再次加剧，御史禄谦上奏称将近十分之七的土地从八旗旗人手中流出，已归民人耕种。乾隆十年（1745），御史赫泰再次向皇帝上疏中奏明此事，"至于在旗地亩，向例不许卖与民间，俱有明禁，因旗人时有急需，称贷无门，不敢显然典卖，乃变名曰老典，其实与卖无二，至今而旗地之在民者，十之五六矣"③。乾隆二十七年（1762）也下达了旗人土地赎回令，一次就赎回旗地二百多万亩。乾隆之后的嘉庆、道光等也屡次重审回赎旗地政令。直至咸丰二年（1852）才正式承认旗汉地产买卖典当的合法性，百年来的禁止旗民典卖土地的政令终于被取消。

清朝统治者十分清楚，从入关开始，他们将要统治和治理的是不同于以往熟悉的"游牧部落"，而是一个庞大的黄河流域及长江流域、有着"孔孟儒邦"汉根固植的广袤的中原阔土。雄厚的中原汉文化面对一个游牧部落的满人是容纳的、是浸润的。

---

① （清）昆冈等修：《钦定大清会典事例》卷1117，上海古籍出版社1995年版，第440页。
② 王方中：《中国近代经济史稿》，北京出版社1982年版，第50页。
③ 王方中：《中国近代经济史稿》，北京出版社1982年版，第61页。

受到汉族传统儒家思想文化影响的统治者逐渐对女子的德行要求越发严格。八旗制度下，全民皆兵，战死沙场或因公殉职的现象时常发生。特别是八旗汉军，战斗力较强，成为满洲贵族依靠的主要武装力量，因此战死数量比其他旗人多。由于汉军旗人遗孀长期受儒家思想的深刻影响，普遍奉行守节的封建礼教传统，再加之受到生计问题影响，八旗妇女的从殉者甚至一度超过了汉人从殉数量。面对这种情况，清廷开始正视八旗殉难将士的寡妇生计问题，对死难者及其家属进行抚恤救济。清初建制时定“兵丁阵亡，及伤废亡故人之妻子，家无养赡者，该参领、佐领、骁骑校具结送该都统咨部，每月准给一半银米”[①]。顺治七年（1650）三月谕户部：“向来每月给寡妇银一两。今后查其家，如无兵丁、匠艺，止许支给一年。至于披甲兵丁，或出兵，或奉公差，每月支给钱粮一半，以赡其家。汇册报部，必详书牛录章京及分得拨什库名……九年三月，增八旗摆牙喇、噶布什贤月饷银各一两。每人支三两自此始。”[②] 康熙三十六年（1697），针对在厄鲁特战争中阵亡的兵丁谕“应各给一子七品官食俸。马兵等，应各给一子八品官食俸。无子者，照本身钱粮米石，给其母妻，终身赡养”。[③]此时的清代国家已基本属于安定发展期，没有较大型的战役和自然灾害，清国库储备达到相对鼎盛，政治时局稳定，无内乱，人口繁育也进入平稳，此时根据死难八旗军的家属在发放抚恤金上才有了基本的保证。但抚恤金的发放并不是没有规章制度的，而是有着严明的指令，首先，对于阵亡兵丁同属一家的，考虑其家中寡妇数人，遗孤数人及家中无人照顾的老人终身享受抚恤金待遇——半俸半饷。其次，对于

① （清）鄂尔泰等修：《八旗通志》，东北师范大学出版社1985年版，第610页。
② （清）鄂尔泰等修：《八旗通志》，东北师范大学出版社1985年版，第550页。
③ （清）鄂尔泰等修：《八旗通志》，东北师范大学出版社1985年版，第609页。

随军人员，如粮草运输、占地炊事，非战而亡的八旗家庭给予一年期限的半俸半禄，到了乾隆年间此类情况下的家庭又得到相应的抚恤补偿。最后，对于家有男丁，从未成年起就已有报国思想并决定成年后充军的八旗家庭，清政府给予半年期提前抚恤。乾隆六年（1741），又发放了为战死的无后代的八旗军寡妇终身领取国家抚恤金的命令，每月可领到一两银子的待遇。乾隆三十年（1765）广州还曾按照清廷优待阵亡八旗遗孀的命令，腾出二百多间汉军出旗后空余出的房屋给八旗中无所依靠的寡妇居住。但是以上的优恤政策只是针对满蒙和汉军八旗中普通的寡妇，至于满洲贵族宗室的寡妇状况显然是与她们不同的。宗室寡妇的生活是比一般的满洲和汉军寡妇的生活好得多，她们作为皇室妇女可以继承夫产，依靠家庭所有的占田和房产生活。由于满族是统治阶级的正规血统，满八旗寡妇的脸面自然是大清宗室的脸面，所以对满八旗寡妇的制约上比汉八旗寡妇更严，但清廷为她们提供了更加优厚的抚恤待遇，最低待遇都能得到35两银和2匹缎。从以上的清代朝廷对八旗殉难士兵及家属的抚恤救济上看，抚恤救济是相对完整和有序的。但这种抚恤救济的优势集中在八旗组织内部，对于八旗之外汉人的抚恤救济较八旗相比就难以企及了。

第四节　汉军旗人与汉人文化交融

满汉民族之间逐渐频繁交融开始于满洲入关后，这种交融变化在八旗组织内体现得越发明显。隶属八旗组织的汉军旗人在姓氏、祭祀、语言、婚葬等文化方面保留汉人的文化特点之外逐渐带有了一些满化的色彩，满汉融合趋势大规模启动。于是牵动着汉军旗人与汉人两者的文化关系，在文化层面出现了相通又相异的现象。

一 祭祀习俗相近

祭祀是指敬神、拜神、祭拜祖先的活动，自古以来祭祀礼仪就是中国文化的重要组成部分，一直到今天，祭祀礼仪也是人民社会生活中的一项重要内容。不同民族之间和不同地域之间皆有着不同的祭祀形式和风格，带有浓厚的本民族或本地域鲜明的特征。与此同时，不同民族也在互相影响，祭祀便成为一项有特色的民族文化。

汉人烧香称为民香，民间俗称“烧太平香”“打祖宗”，是汉人祭祀的一种形式。这形式据史料记载，起源于唐贞观时期。经过长时间的发展、流传、演变，成为一项民俗。无论是祭神还是祭祖时，都要烧香，同时伴随着乐器奏乐和演唱，据《岫岩县志》记载：“家主于秋末初选择吉日，预备公鸡、猪头、火龙鱼，谓之三牲。邀得荡鼓神一班，每班不过三四人，日夕即来，以一夕为率，设坛焚香。二人排列左右，各执神鼓一面，向神座开鼓一通，且击且歌……”① 民香仪式一般在以下情况举办：烧香祭天，以庆丰收，并祈求来年好收成；烧香祭神驱病，以祈求家中生病的家人好起来；烧香祭祖，为逝去的亲人祈福；旱涝之时烧香，祈求农业生产好环境等。民香这一具有特色的祭祀习俗具有一定的地域性，在关东地区较为流行。民香类型包括还愿香、喜庆香、太平香、开光香等四种，香类不同，目的不同，但表演时的内容基本是一致的。民香的长期流行的发展，与汉文化息息相关，其中所折射出来的忠孝节义受到中国传统主流思想——儒家思想的影响。

汉军旗人隶属于八旗，本源为汉人，祭祀习俗在保留了汉族本有

---

① 岫岩县志编纂委员会编：《岫岩县志》，辽宁大学出版社 1989 年版，第 124 页。

的色彩之外，作为一种长期游离于满洲汉人之间的特殊群体，在一定程度上受到了满族祭祀文化的影响，逐渐创造出了汉军烧香文化①，这是一种保留汉文化特征的独特的祭祀文化，在汉军旗人中广泛传播开来。汉军烧香据史料记载，开始于清朝康熙年间，“圣祖仁皇帝三年二月十九日祭龙坛，三坛为主，天坛、地坛、龙坛”② 等。地方志记载：“汉军旗人祭祀曰烧香，每因许愿而举，祭前一日晚在院内悬挂画像神位数轴及家谱，设香案，陈供品，招跳单鼓者，头戴绣帽，身着长裙，手执皮鼓，在香案前击鼓唱，谓能博先主欢心。”③ 由此可见，汉军烧香的表演形式、乐器、装束等方面要比汉人的民香隆重得多。此外，摆案子也是汉军旗人烧香祭祀时最重要的一件事情。所谓“案子”，就是人们在进行祭祀前描画的数张神像。这些神像都是一些每次必请且最受关注的神，因汉军旗人本身受汉族思想影响较深，故所请的“上神”往往都是一些“汉人神”，如普遍信奉的是观音菩萨、玉皇圣君等神灵，还有关羽、马神、虎神等诸神。这些“汉人神”一般都列于最前面，以示对其重视和尊奉。在祭祀过程中把案子供奉于祖宗龛上，在下一次烧香祭祀时再把原来的案子神像换下，在烧长钱时焚化，然后再重新描画一张新神像供奉于原来的位置。

《听雨丛谈》记载：“八旗汉军祭祀……从汉人礼者十居七八。”④ 汉军旗人虽然隶属于八旗，受到八旗满洲的影响，祭祀习俗有所满化，但总体上仍然保留汉人特色，并将汉人祭祀文化传承发展。

---

① 第二章第三节中关于汉军烧香文化有详细阐述，这里相关内容就不重复介绍了。

② 石光伟整理：《汉军旗香坛续与神本》，吉林省艺术研究所 1985 年版，第 12 页。

③ 高文垣编：《双城县志》，中国展望出版社 1990 年版，第 350 页。

④ （清）福格：《听雨丛谈》，中华书局 1984 年版，第 137 页。

二　姓氏文化相仿

“姓者，统其祖考之所自出；氏者，别其子孙之所自分。”[①] 姓氏是每个家族延续和传承的一种标志。汉军旗人“入旗”是经过皇帝批准，有着无上的荣光，后期在发展过程中，成为“旗人”的汉人与满旗、蒙旗通婚联谊，甚至与宗亲王室联姻，在血统中被动或者主动获得了“满族”血统，带有了满化的色彩。这点上在汉军八旗的姓氏上有具体体现。“汉军本为汉人，有汉姓，其欲依附丰沛，以旗籍自炫者，亦效满、蒙”[②] 记载汉军旗人的簿档，清史称为“旗领”，“旗领”中详细记录了属抚顺的汉军很多人家在清中期纷纷满化。清代统治者使用满族的管理模式管理八旗，理由很简单，“高宗不喜满人渐染汉俗，满洲旧旗，有命名如汉人，以钮祜禄氏为郎者，深鄙之，恐忘本也”[③]。由此可见，八旗中的汉军旗人姓氏满化的现象并不会少，仿效满洲旗人改名换姓的行为成为清代社会的一个普遍现象。据《八旗满洲氏族通谱》记载：“正白旗包衣人马偏额，世居沈阳地方，来归年分无考，原任郎中兼佐领。其子桑格，原任吏部尚书；费雅达，原任陕西潼关总兵官；马二格，原任佐领。孙马维品，原任副将；萨齐库，原任郎中兼佐领；马维翰，原任佐领；马维范，原任骁骑校。曾孙葛本额，现任护军校；德林，现任千总；倭升额，现任笔贴式。玄孙永泰，现任二等侍卫。”[④] 由此可见，马氏家族子孙后世逐渐满化。汉军八旗及满洲旗人之间不管是因政治目的还是军事需要，最终满洲文化都潜移默化地融入了汉军旗人的文化。

① （宋）郑樵：《通志·氏族略》，中华书局1987年版，第54页。

② （清）徐柯：《清稗类钞》，中华书局1984年版，第2144页。

③ （清）徐柯：《清稗类钞》，中华书局1984年版，第2151页。

④ 辽宁省图书馆古籍部整理：《八旗满洲氏族通谱》，辽海出版社2002年版，第808页。

通常汉人的姓氏是单姓，如赵、钱、孙、李等百家姓氏，而满洲旗人的姓氏中多以复姓普遍多见，如爱新觉罗、瓜尔佳氏、钮祜禄氏等。当汉人在有所政绩和战绩时，清廷为了褒奖鼓励，会御赐满姓给汉人，这对汉军旗人来说是光宗耀祖的事情；如果与皇室宗亲结亲，拥有了皇族血统，姓氏也随之改变；“恰逢顺治时‘奉旨将本地汉人编入旗籍，同满洲人等一体当差，’常氏被编入正白旗汉军，在此安居，其后代多有在八旗汉军中‘补缺’，或有的入正黄旗，或有的入正白旗。从第五世开始，已出现满语命名。如五世名叫南珠勒，南珠勒孙辈的名叫乌达气，次子拜色、四达色、玛奇纳等”①。汉人将满族复姓在“出旗”后，出于种种考虑，更改为汉人所熟知的单姓氏，说明汉军八旗与汉人的身份于特殊历史时期改变中，是你中有我、我中有你互相影响的。特别在清中后期，由于生计问题汉军旗人被逐步推向边缘化命运，“出旗”人数逐渐越来越多。“出旗”的汉军旗人在姓氏中有了很大变化。比如爱新觉罗氏原是满姓，汉军旗人“出旗”后遂将此满姓改为金、肇、赵氏等汉姓；赫舍哩氏后成为汉人姓氏赫、张、康，其中康氏族谱全称为《赫舍哩氏康族世谱》，比较有代表的人物就是康熙；八旗姓氏完颜氏后成为汉人的单姓汪和王姓；旗人复姓瓜尔佳氏后成为汉姓关姓；如今姓赵的汉人之姓原是八旗复姓伊尔根觉罗氏；曹姓原也是旗人复姓索绰罗氏；汉人郎姓，多为山东人，在八旗汉军中曾有“旗谱”记载；在清太祖入关时，曾经有过山东一支队伍前来投靠大清，后被编入汉军八旗，间有赐婚或与旗人通婚者，姓氏有“钮祜禄”复姓出现；汉人中单姓吴姓的人，旗人是复姓吴扎拉氏，祖居长白山，隶属镶白旗满洲，康熙二十六年（1687）奉命到凤凰城

---

① 何晓芳：《清代满族家谱选辑》上，辽宁民族出版社 2016 年版，第 1302 页。

驻防，居住在现白旗乡吴家堡子处；而汉人姓唐的姓氏，原是汉军旗人中的他他拉氏也叫“他塔喇氏”，谐音取唐为姓。还有白和张姓原都是旗人复姓扎库他氏。喜塔拉氏，努尔哈赤之母就是此姓，后成为汉姓的齐氏；满旗复姓富察氏后被汉人改为傅姓和富姓，因原旗人分支居住在长白山下富察地方遂称谓如此。佟佳氏就是现在的汉姓——佟姓，原是辽东巨族，清建国初期在汉军八旗中出了个著名的汉军将领佟养性。由于佟养性为大清立下不朽功绩备受皇帝赏识，皇太极敕谕：“凡汉人军民一切事务付尔总理”,[①] 佟养性后携族属归正蓝旗汉军，有了旗姓——佟佳氏。后满汉分隶，枝繁叶茂，于国朝八大姓中称最大。《满文内国史院档》天聪八年（明崇祯七年，1634）二月载：“此次分赏，以一等副将祖可法曾赏以巴布之妻及其奴仆，祖泽润曾赏以黑总兵官之妻及其奴仆，俱未加赏。”[②] 祖泽润归附满洲后，皇太极为笼络和恩赏他，再次为他娶妻，祖泽润先前已经有一个妻子范氏，也为皇太极所赐，二人育有一子，名为祖植松。皇太极命他继娶原配给黑云龙之妻潘氏，祖泽润与潘氏二人不曾生子。满人中被清廷授予“一等男”的马佳氏成了汉人的马姓；姜佳氏（姜氏）、萨嘛喇氏（蔡氏）、舒穆禄氏（徐氏）、萨古达氏（罗氏）、石马拉氏（石氏）、田佳氏（田氏）、白雅拉氏（白氏）、温都尔氏（温氏）、郭落佳氏（高氏）。由于旗人之间可以互相通婚，汉军旗人如果和蒙古旗人通婚，又会受到蒙古族人的姓氏影响。汉军旗人姓氏有着地域区别，分为盛京旗籍和凤城旗籍，即为“入旗”时你在哪片入的旗，姓氏上有了区分。如在盛京“入旗”，拥有旗籍的姓氏有王氏、教氏、管氏、李氏、顾氏、卢氏、曾氏、黄氏、扈氏、门氏、阎氏、艾氏等。在福建“入

① 王锺翰点校：《清史列传》，中华书局1987年版，第192页。

② （清）鄂尔泰等修：《八旗通志》，东北师范大学出版社1985年版，第244—246页。

旗”的凤城旗籍有夏氏、安氏、门氏等。凤城与福建一个在南，一个在北，何以福建人入凤城籍？原因在于康熙时期南方的福建人平定“三藩之乱”有功，而被编入了八旗，后移驻凤城。汉军旗人姓氏广泛，其中有马夫姜氏、赵氏、傅氏、曹氏也分别编入汉军旗。还有台丁和站丁也被编入，其姓氏有吴氏、刘氏、李氏、王氏、宫氏、宋氏等，他们中的一些人原来是云南人，清廷平定“三藩之乱”后这些人被俘虏至盛京兵部，拔驻柳边条和驿站做苦工。

八旗中的汉军旗人改满姓的现象比较普遍，体现了满汉民族文化的交流融合。但“出旗”变旗人为民人后，有很多人将姓氏改回汉姓，与汉人逐步回归一体。

三　语言文化相通

汉人是汉军旗人的主要来源部分，汉军旗人虽隶属于八旗组织，深受满洲八旗文化的影响，但仍然保留本民族文化的传统特点，语言文化就是其中一个方面。这与汉人长期受孔孟儒家思想熏染有关，再加之清统治者认识到了汉文化的先进与发达，在政策上支持汉语言文化的发展。“天命六年七月，努尔哈赤将都城迁至辽阳后，复拣选巴克什为专职教习，教授诸贝勒大臣子弟，并制定相应的奖惩措施。”[①]可见，努尔哈赤时期，命人翻译汉文，同时又设专门人员，教授满洲贵族子弟汉文。皇太极时期命人翻译汉文经典著作、设置三院，扩大八旗子弟接受汉语言文化教育，提高汉文化水平。顺治时期，为宗室贵族子弟配专门的汉学师傅，教授汉语言文化。“康乾盛世，文教大

① 中国第一历史档案馆编、中国社会科学院历史研究所译注：《满文老档》，中华书局1990年版，第218页。

昌。圣主贤臣，莫不以提倡文化为己任”[①]，康乾时期，统治者崇文重教，儒学大兴。由此可见，清统治者认识到要想统治汉族为主体的国家，必须提倡、尊重和学习汉语言文化。以上原因，使得汉军旗人的语言文化仍然以汉语为主体。汉军旗人子弟从小便研习儒学，受业于儒师，学习儒家经典。汉军旗人是特殊的群体，游离于八旗满洲和汉人之间，因此见识广、阅历多，从而涌现出很多人才。

清统治者推行“首崇满洲”的原则，虽大力提倡学习汉语、汉文化，但也心存芥蒂。所以，满文化是不可荒废的。清朝规定：“其满洲、汉军旗分幼童，教习清书清语……皆教习马步箭。”[②] 雍正十年（1732）上谕：“盛京八旗设义学四处。选取汉军俊秀子弟，每旗各十五名，每学各三十名。选学官教习满汉书及马步箭。”[③] 设置官办的免费蒙学，满汉文化都应学习，与此同时，骑射也是必不可少的。乾隆帝也大力推行骑射国语，虽本人精通汉文化，但对于八旗子弟过度推崇学习汉文化的现象采取排斥态度。乾隆时期，很多汉军旗人对于满语的熟练程度日益娴熟，康熙三十八年（1699）二月，诏谕大学士等：“朕今观杭州满洲、汉军官兵，皆善骑射，娴熟满话。”[④] 而且，为了使汉军旗人可以加强对满语的学习，将满语与官吏的升降考核联系到了一起，嘉庆二十四年（1819），八旗汉军桂龄因“全不谙习清语……降一级留任”[⑤]。汉军八旗处在八旗中，统治者的种种政策，使得汉军旗人学习国语和骑射，使用满语的现象比较多，“久居彼境，则语言日

---

① （清）赵尔巽等撰：《清史稿》，中华书局 1976 年版，第 13315 页。

② （清）昆冈等修：《大清会典事例》卷 1135，见《续修四库全书》第 813 册，上海古籍出版社 1995 年版，第 630 页。

③ （清）鄂尔泰等修：《八旗通志》，东北师范大学出版社 1985 年版，第 961 页。

④ 《清圣祖实录》，中华书局 1986 年版，第 1040 页。

⑤ 《清仁宗实录》，中华书局 1986 年版，第 5199 页。

变，忘其本语，势所必然”①。与汉人的语言文化逐渐有所差别，汉人说满语的现象也屡屡存在，但以汉语为主。

从清初到清中后期，从时间角度看，汉军旗人使用满语的现象是不断下滑的。特别是汉军旗人出旗后，回归于汉人群体，为了沟通交流方便，汉语成为八旗汉军和汉人的主流。

四　婚丧习俗相融

（一）汉军旗人与汉人通婚

通婚，指结成姻亲、互通婚姻，是人际关系和族群关系中重要的一项。面对旗人与汉民杂居相处这样的环境，通婚关系家族繁衍、文化传承、民族融合等。旗人与汉民的通婚关系，在清朝不同时期有着不同的演化。在清代统治者看来，有旗人和民人之别概念。在满洲统治者入关初期，推行了一些有别于民人的政策，如圈地投充、剃发易服等，意在划分二者之间的区别和界限。清前中期明确规定，旗人和民人之间是不可买卖田产，不可通婚，不执行统一刑罚。光绪二十七年（1901），慈禧太后下旨正式废除旗民之间禁止通婚的制度。由此我们可以看出旗民通婚在清代的很长一段时期是不被认可的。

八旗制度下的八旗满洲、八旗蒙古、八旗汉军彼此之间以“旗人”身份进行通婚，为日后的满汉蒙融合发展提供了基础。但旗人的婚姻并不能自主择偶，旗人的婚姻选择在皇族或者在王公大臣的手中。这种包办性质的通婚带有明显的政治因素，目的是通过联姻联盟寻求保障。清代统治者为了笼络汉官为其服务，达到巩固政权的目的，有为汉官赐婚的行径。如“本朝赐吴三桂四满妇，凡行军必随往，此清制

① 傅朗云、杨旸：《东北民族史略》，吉林人民出版社1983年版，第147页。

所以宠异诸王也”[①]。顺治五年（1648）八月，曾下达过倡导满汉之间通婚的政令，“方今天下一家，满汉官民皆朕臣子，欲其各相亲睦，莫若使之缔结婚姻，自后满汉官民欲联姻好者，听之”[②]。但这份谕令中所提倡的满汉通婚是有条件的，主要局限在八旗制度中，旗民之间仍然被明令禁止。八旗满洲与八旗蒙古，基本能够按照禁令执行，与民人通婚现象较少。《清稗类钞》中记载：“满洲、蒙古之男女类皆自相配偶”，他们一般都会在八旗内部择偶婚配。“间或娶汉族之女为妇，若以女嫁汉族者，则绝无仅有”，意思是说可能偶有娶民人为妻者，但很少有满洲旗人嫁女给民人的。

虽明令规定旗人与民人之间禁止通婚，但私下也在进行，旗民通婚的缺口就是汉军旗人与民人通婚。八旗汉军主要由汉人组成，两者的同源性注定汉军和汉人通婚的现象也不在少数。“董福庆聘妻冯，福庆，固安驻防汉军；冯，霸州人也。福庆贫，饿犹耕，死于田。女年二十，请奔丧，福庆父往沮之，曰：‘子饿至死，复忍饿汝家女耶？’女出拜，伏地哭不起，福庆父乃诺之，遂奔丧。执妇礼以终，寒馁皆无怼。”[③] 董福庆为八旗汉军驻防将士，娶进民人冯氏。“李封翁松，佐领国富之父也。妹适福宁郡某姓，父维藩往视女，卒于宁。”[④] 此为汉军旗人女子嫁出之例。

康熙朝开始，八旗生计问题逐渐涌现。乾隆时期采取了汉军“出旗”这一措施，希望能够通过此项政令解决八旗生计问题。伴随着“出旗”的实施，汉军旗人逐渐回归于汉人群体，婚配政策也有了相应

① （清）刘献廷：《广阳杂记》，中华书局1957年版，第141页。
② 《清世祖实录》，中华书局1985年版，第320页。
③ （清）赵尔巽等撰：《清史稿》，中华书局1977年版，第14102页。
④ 黄曾成：《琴江志》，民族出版社2004年版，第192页。

的调整。乾隆初年就曾下令，允许福州汉军“男女听与民婚配”；① 后又进一步放宽政策，乾隆三十年（1765）发布上谕：“至汉军每与汉人结亲，历年已久，毋庸禁止。”② 政令一出，汉军旗人与汉人通婚现象越来越多。道光时期重申旗民之间的婚配政令，不允许旗人之女外嫁，“旗人之女不准与民人为妻。若民人之女与旗人连姻者，该族长佐领详查呈报，一体给予恩赏银两。如有谎报冒领，查出从重治罪”③。此时的旗民通婚是“单方向的”允许民人之女加入旗内，保证旗女不外嫁的婚姻准则。至同治年间颁布“旗人告假出外，已在该地方落业，编入该省旗籍者，准与该地方民人相互嫁娶”的政令后，“旗女不外嫁”的婚姻基本准则被打破，旗人与民人之间的双向通婚处于合法地位。光绪二十七年（1901），该项政令正式废除，“我朝深仁厚泽，沦浃寰区，满汉臣民，朝廷从无歧视，惟旧例不通婚姻，原因入关之初，风俗语言，或多未喻，是以著为禁令。今则风同道一，已历二百余年，自应俯顺人情，开除此禁”④。旗民之间的通婚现象越来越多。

婚姻能够代表特定时代下社会生活中不同群体的某些特征，禁止旗民通婚，是带有政治色彩的一项政令，也是清代统治者出于国家长远利益考虑的产物。汉军旗人身处八旗，但与汉人同源，既与旗人通婚，同时与民人通婚的现象并不少，成为旗民通婚的间接通道，有力推动了清代民族关系的发展和相互间的融合。

（二）婚葬习俗

中国古代婚姻制度不仅关系家族血统的传承，还关系宗庙的延续，

① 《清高宗实录》，中华书局 1986 年版，第 3 页。

② 《清高宗实录》，中华书局 1986 年版，第 10 页。

③ （清）载龄：《户部则例》卷 1，道光二年校刊本，第 27 页。

④ 《清德宗实录》，中华书局 1987 年版，第 505 页。

《礼记·昏义》中有这样一段话：“昏礼者，将合二姓之好，上以事宗庙，而下以继后世也。”而对于婚姻习俗程序繁多，内涵丰富，不同的历史时期有着不同的特点。早在先秦时期，“纳采、问名、纳吉、纳征、请期、迎亲”[①] 的程序便已逐渐成为约定俗成的婚俗制度，俗称“六礼”[②]，被之后的各个朝代沿袭。婚俗在不同时期不同地区，受到环境影响，不可避免地产生相应变化，但总体上基本按照“六礼”进行。八旗汉军与八旗满洲、八旗蒙古同隶属八旗组织，且旗内通婚现象普遍，婚俗基本一致。清代旗人与汉民杂居相处，汉军旗人主要是汉人，因此婚俗不可避免地带有汉人“六礼”仪式。“插簪子”就是其中的一个典型，“新人坐于榻，夫家尊属若姑嫜、诸母、诸嫂辈往之女家，以首饰、珠玉亲手簪之”[③]。“要门包”也是汉人的传统婚姻习俗，这一习俗在旗人中被沿用。“京师娶新妇，落轿后，以红毡藉地，弗令新人履尘。富家尽可用毡铺至闺闼，而不必用数毡转布”[④]，还有“行礼”和“合卺酒”等。汉人的婚俗，在清后期有简化的现象。八旗汉军婚俗礼仪与八旗中其他旗人差别不大，且仍然有着浓厚的汉文化基础。

丧葬文化，是中华民族几千年文化史的一部分，丧葬礼是礼制的重要组成部分，历来受到朝廷和民间的重视。丧葬习俗是丧葬文化的一种外在表现形式，受到传统的儒家、道家等思想的影响，具有自己的独特之处。传统的汉族丧葬礼仪纷繁复杂，主要包括处理尸体的殓、葬和处理灵魂的祭、奠几个方面的内容。满洲统治者入主中原，丧葬

---

① 李学勤主编：《十三经注疏·礼记正义》下，北京大学出版社 1999 年版，第 1618—1619 页。

② “六礼”具体内容见第二章第三节，在此不赘述，以免内容重复。

③ （清）福格：《听雨丛谈》，中华书局 1984 年版，第 281 页。

④ （清）福格：《听雨丛谈》，中华书局 1984 年版，第 144 页。

习俗基本因袭了汉人原有的仪式。如汉人关于丧事以白色为主，据《满族家谱选辑》记载："长辈白事，该承送子照常百日孝服，所有胞侄叔侄堂侄及族孙等，除当差不计外，至胞侄叔侄族侄等俱穿孝服三十日，拟依每户穿孝一天，各按辈行定期。如有贫乏不能穿孝服者告明族长，该本屯族长查明确实，即准避素，亦不得借此贫乏为由不穿孝服。族内白事应行穿孝服者，每户随意备办奠仪，亲赴办丧之家，不使［失］宗族之意。穿孝服若等满日脱孝，亦难约齐，拟以灵出暂行脱孝，仍应照依定限避素，各按孝满日剃头。穿孝百日者，至二十七月后贴糊年红，六十日者至十八个月后贴糊年红，三十日者至九个月后贴糊年红，永为定例。"① 汉军旗人处于八旗制度之中，具有旗人身份，但其丧葬礼俗同传统的汉族丧葬习俗相差无二，可见在传统礼法方面，汉军旗人仍然与其本源汉人保留基本相同的习俗。裹衣衾和口含珠是汉人丧葬入殓的重要环节，根据死者的身份等级进行不同的裹衾和含珠，至清代"入殓用物齐备后，用名为衾之物将遗体连衣包裹"②，"所衣必棉，其数或七或九"③，"在棺内铺三层被褥后放入遗体……富家等亦有在尸体口中放入一粒珍珠者"④ 等，由此看出清代旗人与民人的丧葬习俗差别不大，基本继承汉人的丧葬礼节。

"土葬"是汉人的主要下葬形式，中国文明的兴盛和发轫以大河为依托，故农业较为发达，古代中国是一个具有独特农业体系和特色的国家，人民对于土地深厚的感情在一定程度上影响了丧葬形式。清代旗人基本采取"土葬"这种形式。"目今祖茔虽四时祭祀，只是无一定的钱粮，第二，家塾虽立，无一定的供给。依我想来，如今盛时固不

① 何晓芳主编：《清代满族家谱选辑》下，辽宁民族出版社 2016 年版，第 1217 页。
② ［日］中川忠英：《清俗纪闻》，方克、孙玄龄译，中华书局 2006 年版，第 458 页。
③ （清）徐柯：《清稗类钞》，中华书局 1984 年版，第 3549 页。
④ ［日］中川忠英：《清俗纪闻》，方克、孙玄龄译，中华书局 2006 年版，第 458 页。

缺祭祀供给，但将来败落之时，此二项有何出处？莫若依我定见，趁今日富贵，将祖茔附近多置田庄房舍地亩，以备祭祀供给之费皆出自此处……便是有了罪，凡物可入官，这祭祀产业连官也不入的。便败落下来，子孙回家读书务农，也有个退步，祭祀又可永继……”[①] 清朝作为一个少数民族政权，为了快速适应中原的环境从而巩固统治稳定政权，学习和继承汉人习俗是其中一项重要表现。

康熙二十六年（1687）十月，康熙帝批评汉军旗人居丧演剧饮酒，呼庐斗牌的不孝行为。谕八旗都统三品以上官等：“凡人之行，莫先于孝。近者汉军居父母之丧，亲朋聚会，演剧饮酒，呼卢斗牌，俨如筵宴，毫无居丧之体。至孝服鞍辔等类，所用素帛，皆异常华美。丧礼止当服用粗恶，岂宜华美耶？居丧演剧，满洲所无，汉人亦未有，特汉军为然耳。百行以孝为大，如此所行，以为孝道，其他又何足观也？”[②] 汉军旗人居丧，热闹非常，排场“如筵宴”，所用“异常华美”，康熙帝对汉军人家的丧葬活动很是不满，大讲排场，奢侈喧哗，这对提倡节俭，以满洲质朴孝道为标准的康熙帝来讲是不能认可的，认为此不“足观”，影响甚坏。汉军旗人居丧场面满人、汉人都没有，只有汉军旗人有，可见其特殊性。

八旗制度是贯穿于清代始终的一项军民合一的特色制度，八旗包括八旗满洲、八旗蒙古、八旗汉军。汉军旗人，是清代八旗制度的重要组成部分，是后金入主中原的主要武装力量，是清代稳定政权的关键依托群体。汉军旗人是我国历史朝代变革中的产物，是研究和探讨清王朝政治、经济及文化发展不可或缺的有机组成部分。汉军旗人不是独立存在者，它的产生、发展和衰落紧密地联系着清王朝的命脉，

① （清）曹雪芹：《红楼梦》，吉林人民出版社 2006 年版，第 305 页。
② 《清圣祖实录》，中华书局 1985 年版，第 415 页。

是中国清代的“历史名片”。历史研究具有三种特性：特殊性、变异性和传统性。[①] 汉军旗人作为游离于旗与民之间的特殊群体，具有特殊性；作为八旗制度的重要组成部分，长期处于八旗中，在不同方面呈现出不同变化和特点，是谓变异性；汉人是汉军旗人的主要构成，两者同源异处，因此相通之处很多，这是传统性。

汉军旗人隶属于八旗，身份属性的变化使得群体关系也相应产生了复杂的变化，在政治、经济、文化等层面与同源的汉人有所差异。“可能是单纯的利益性认同……并随着时间的推移，逐渐产生一种同类意识，甚至还有可能重构或创造新的文化并作为其认同的依据”[②]，“旗籍内形成了一个多民族融合的文化圈”[③]，汉人之以罪至者，虽与汉军不同，然每与汉军为伍。在满洲与异齐满洲，则总呼为汉人，汉军亦不以此自别，盖与京师汉军有截然不同者矣。通过对比汉军旗人与汉人在一些方面的差异与共通，可知汉军旗人受群体和环境影响，发生了一些变化，这与清代统治者“首崇满洲”的原则有很大关系，同时可以看出汉军旗人在满汉民族之间起到了很好的共惠融通的功能。

《池北偶谈》云：“本朝制以八旗。辽东人号为汉军，直省人为汉人。元时则以契丹、高丽、女直、竹因歹、竹亦歹、术里阔歹、竹温、渤海八种为汉人，中国为南人。”八旗汉军与满人不尽相同，主要因为汉军旗人以汉人为主要成分。清代统治者虽然大力笼络汉人用以缓和矛盾，巩固政权，但始终没有完全信任。所以汉军旗人虽身处八旗，在政治、经济等层面很难被公平、平等地对待。同时民族的认同感使

① 钱穆：《中国历史研究法》，生活·读书·新知三联书店 2005 年版，第 2 页。

② 刘正爱：《“民族”的边界与认同——以新宾满族自治县为例》，《民族研究》2010 年第 4 期。

③ 杨永旭：《以满族家谱为例探讨满族重要组成成分——汉军旗人》，《吉林省教育学院学报》2009 年第 12 期。

得汉军八旗对汉族的语言文字、风俗习惯等充分了解，并很难全面摒弃，在一些方面汉军旗人仍然沿袭汉人的传统。特别是随着八旗生计问题不断涌现，乾隆朝采取“出旗”政令，很多汉军旗人身份变旗为民，与汉人重归一体，重新启动与汉人交联共存的内驱力。

总的来说，清代汉人数量虽然最为庞大，但是政治地位低于汉军旗人，经济地位也低于汉军旗人，因此汉人向往汉军旗人的生活，主动向汉军旗人群体融合。汉军旗人与汉人在政治、经济和文化等各个方面有着一定的不同，但相通、共融是双方关系的主流特征，彼此之间在近三百年的相处之中形成了千丝万缕又难以分割的联系，加快了多民族共同发展融合的进程。

第四章　内外难分：汉军旗人与包衣汉人的融合

汉军旗人与包衣汉人同为汉人出身，但清初交集甚少，地位亦不同。而雍正后，二者在科举入仕途径、抬旗等方面交集越来越多。汉军旗人被称为外汉军，内务府包衣汉姓被称为内汉军，甚至在官方记载中“汉军”的名称也已经混用，两者难分彼此。尤其在东北地区，内务府包衣汉人直接被称呼为汉军。本部分将以史实分析内外汉军的融合。

第一节　汉军旗人与包衣汉人同为汉人出身

史籍中对内务府旗人的旗籍和身份记载混乱，致使今人对内务府旗人和汉军旗人的旗籍莫衷一是。尽管包衣汉人与汉军旗人的组织、职掌、成员地位和权利待遇等方面皆有诸多不同之处，但二者归根结底仍同根同源，同为汉人，均属于满人的隶属，为统治阶级服务。

包衣（Booi）是满洲语，全称应为包衣阿哈，对“包衣”最早记载见于《满洲实录》，意为“家里的”“家下”。阿哈则代表“奴仆”

之意，是清朝世代服务于皇帝和王公贵族的家仆。包衣分为上三旗内务府包衣和下五旗王公包衣。包衣阶层在满洲社会中发挥着举足轻重的作用，一直为满族史和清史学界所关注。汉军旗人前文已经论述，主体是辽东地区的汉人和入关后明朝降兵降将，如吴三桂原部将韩大任，降后入觐，康熙帝留为内务府包衣参领。[①] 从时间顺序来看，包衣产生时间远在汉军八旗之前，甚至比满洲八旗还早。[②] 八旗制度建成之时，包衣就是其组成部分。“天命以前宗人内哄时，景从效顺者，旧部之臣也。其时内务府佐领、管领已有汉姓之人，即今之内旗鼓、内汉军也。”[③] 包衣“最初主要由那些被收养、被接纳的外氏族人和因通婚而被带来的一些外氏族、亲族构成”，努尔哈赤起兵后，对外征伐不断，归附民众日益增多。包衣的人员构成“逐步向外戚族众、战俘和一些契约奴仆发展”[④]。因常年攻城略地，建州女真所属领域也越来越广阔，圈地投充者甚众，包衣的成分变得复杂，有建州女真以外的其他满洲小部落的人口，有蒙古人，有汉人，有高丽人，也有回人等。[⑤] 随着社会的发展，私有制逐渐出现，于是具有非血缘关系的服务于大家长的附属阶层也随即出现，包衣就是以这种姿态登上了历史舞台。

满洲八旗建制确定后，包衣身份和职能开始制度化。在旗制创立前，包衣汉人需充当士兵，跟随主人四处征伐。八旗制度确立以后，包衣汉人的身份和任务开始出现变化，并逐渐固定下来。他们只需要服务于以努尔哈赤为核心的满洲贵族，成为王公贵族的私属，不再作为国家征用之列，征战沙场之事由八旗兵丁来完成。满洲定鼎北京后，

---

① （清）赵尔巽等撰：《清史稿》，中华书局 1976 年版，第 9861 页。

② （清）福格：《听雨丛谈》，中华书局 1984 年版，第 6 页。

③ （清）福格：《听雨丛谈》，中华书局 1984 年版，第 3 页。

④ 祁美琴：《试释满洲包衣》，《中央民族大学学报》（哲学社会科学版）1995 年第 3 期。

⑤ 陈双凤：《清朝的包衣与汉军》，（台北）《今日中国》1981 年第 119 期。

包衣制度逐渐完善。主要分为两个部分。

一　内务府包衣

朝廷内部专门负责皇族事务的内务府下设分支机构众多，可达56个。机构纷繁也代表着机构内部的官缺众多，可达5000余个。内务府由15个包衣佐领，18个旗鼓佐领，2个朝鲜佐领，1个回子佐领和30个内管领的包衣人及太监组成。[①] 前文曾提到“上三旗”，内务府的内部人员其实就是上三旗所属的户下包衣挑选而来，故内务府旗人、内务府三旗以及内务府包衣都是它的别称。包衣佐领下人和管领下人是内务府包衣人员的两个重要组成部分。文献记载：“内务府三旗，分佐领、管领，其管领下人，是我朝发祥之初家臣；佐领下人，是当时所置兵弁。”还有庄头人，“庄头旗人或国初带地投充，或由兵丁拨充屯田，今皆归内务府会计司管辖，不列于佐领、管领之内”[②]。故佐领和管领仍是内务府旗下组织的基本单位，其中都有汉人的存在。

包衣满洲佐领和包衣汉人佐领（旗鼓佐领）是包衣佐领的两大重要组成部分，下设满洲佐领护军校、旗鼓佐领内管领、护军校各若干人。[③] 内务府的佐领人常充当骁骑、护军、前锋等营兵卒，管领下人则负责一切内廷供奉亲近差事。这两类包衣都变成皇帝的家臣。[④] 旗鼓佐领下人称“包衣汉军”，但实际上与外八旗汉军有所差别，上三旗和下五旗均有旗鼓佐领的设置，此即为包衣汉姓所隶属的组织。在入关前，“旗鼓人”以战俘为主，在战场上被俘或投降的敌方将士将会被编为奴

---

① 祁美琴：《清代内务府》，辽宁民族出版社2009年版，第8页。

② （清）福格：《听雨丛谈》，中华书局1984年版，第5页。

③ 王锺翰：《关于满族形成中的几个问题》，《社会科学战线》1981年第1期。

④ （清）福格：《听雨丛谈》，中华书局1984年版，第4页。

隶兵，由满洲官兵驱使去作战。旗鼓人被从各家中抽调出来，仿照满洲八旗加以集中编制，在满洲八旗中额外编组成一支奴隶军，并隶于满洲旗下。入关后，旗鼓佐领隶属于内务府，只用于包衣汉人组织之称号。“管领下人”，满洲语称“浑讬和”（Hontoho），意为“一半”，即规模较小的佐领。这部分以掠来的老百姓为主，算是满洲人的私产，他们变成奴主家中的奴婢和从事生产工作的农奴与工奴。他们主要从事服务类型的工作，负责宫廷内部杂务，担任内廷守卫和扈从皇帝的差使，“奉天子之家事”，“分管承应供用等事，凡内廷洒扫糊饰，及三仓出纳酒菜器皿，皆司之”。[①] 除此之外，还充当宫中的乳母、担柴、尚膳、清雪和厩丁等诸多杂务。按照规定，这些工作不允许由他旗人员参与，“若选宫中承直伺应之人，则惟内务府三旗”。并每年正月备选。[②] “内务府旗籍”是隶属于上三旗的内务府包衣的户籍，他们属于正户，在正身旗人之列。如湖广总督官文原“隶内务府旗籍”，因“克复江宁省城”有功，抬入正白旗。[③] 有学者认为，内务府的汉姓包衣家族应具有“内务府旗籍”“满洲旗分”的双重旗籍。因为原来既属满洲旗，又属内务府旗籍，而内务府旗籍之包衣身份低于外八旗满洲旗人，所以抬旗而抬出内务府旗籍，要再入于单纯的外八旗满洲旗，此后，他们的旗籍只有外八旗中的满洲旗，不再有包衣身份的内务府旗籍，双重旗籍变为单旗籍。[④] 但仍需因人而异。内务府包衣三旗中有大量汉人，汉军佐领下的包衣汉人也称汉军，但并非外八旗汉军旗中的汉军，二者所属旗籍不同，内务府包衣为内务府汉军籍，外八

① 《皇朝文献通考》卷 83，《钦定四库全书》第 633 册，上海古籍出版社 1987 年版，第 924—925 页。

② （清）吴振棫：《养吉斋丛录》，中华书局 2005 年版，第 322 页。

③ 《清穆宗实录》，中华书局 1987 年版，第 470 页。

④ 杜家骥：《清代内务府旗人复杂的旗籍及其多种身份——兼谈曹雪芹家族的旗籍及其身份》，《民族研究》2011 年第 3 期。

旗汉军为某色旗汉军（固山）。[①] 清人福格曾明确指出："内府旗鼓，按《八旗通志》内统于上三旗满洲都统，本与八旗汉军不同。《满洲氏族谱》内谓旗鼓人为满洲旗分内汉姓人。""其八旗汉军，别列一门。盖内务府乃皆从龙，隶于满洲，自与外八旗汉军别置八帜者，固有不同也。"[②]

二 下五旗包衣

镶白、正蓝、镶蓝、正红、镶红五旗称下五旗。下五旗旗主由宗室王公统辖，其所辖家仆则称下五旗包衣。由于诸王、贝勒统属的下五旗受制于皇帝统属的上三旗，所以下五旗包衣与上三旗包衣地位也会受到家主地位的影响。下五旗和上三旗对包衣的编制在隶属关系上有所不同，下五旗包衣中并非所有包衣都拥有自己的户籍，还有一部分包衣没有自身户籍，需要依附于主家户口；在名称、身份方面则与上三旗并无明显差异之处。下五旗包衣每当王公"出则为之引导，处则为之守卫，且有挑为哈哈珠塞（即侍从王公子弟的幼童），日供扫洒，侍巾栉者"[③]。举凡王府一切差使，皆由包衣人承担。

汉姓包衣的身份子孙相续，其身份是世代固定的，非得主人特许不得脱离奴籍，准确来说是世仆。凡隶属于包衣旗籍之人，需世世代代为其家主服务。但在特殊情况下，例如出身于包衣的皇帝后妃家族、在外征伐功勋卓著者或在内做官清廉正直深得圣心者，可以脱离奴籍。如"嘉庆年，霸昌道世昌，亦内府旗鼓人"[④]。又如汉人包衣王宏德世

---

① 杜家骥：《清代内务府旗人复杂的旗籍及其多种身份——兼谈曹雪芹家族的旗籍及其身份》，《民族研究》2011 年第 3 期。

② （清）福格：《听雨丛谈》，中华书局 1984 年版，第 17 页。

③ （清）奕赓：《管见所及》，《佳梦轩丛著》，北京古籍出版社 1994 年版，第 82 页。

④ （清）福格：《听雨丛谈》，中华书局 1984 年版，第 121 页。

居沈阳，来归后隶属于内务府镶黄旗包衣管领下人，其后代皆为皇室任职，子西特库曾出任朝廷四品官；孙乌拉、常保、佛保分别出任护军校和员外郎；曾孙吉庆任郎中等。① 我们能够看到，包衣及其后代能够在朝廷出任官职，并且出现了后代改满语名字的现象，体现出包衣与满洲的亲密关系。在任职方面，下五旗包衣比上三旗包衣概率小得多，在大多数情况下，下五旗包衣即使有了出仕的机会也基本局限在王公府内。由于上三旗包衣直接隶属于皇帝，与皇帝之间特殊的亲密关系使下五旗包衣在地位、仕途以及补兵缺的机遇远远赶不上前者，只有少数的出类拔萃的下五旗包衣能超出王府的范围，被朝廷选任为官。

清朝定鼎北京后，包衣的权势大盛，上三旗的包衣变成皇帝的亲臣、近臣。有清一代，他们以奴仆阶层的形象呈现在历史舞台之上，但应指出的是，包衣的奴才身份并不是普通意义上身份低下的奴隶，只是针对家主而言他们属于奴仆。他们当中很多人的职位甚至已经超出内务府的范围，跻身于朝廷，与八旗汉军比肩，位列人臣。内务府包衣由于皇帝家臣的身份，已然成为满族统治阶级的一个重要组成部分，在他们之中出现了一批家财万贯、声势显赫、奴仆成群的人物。清朝一代声名显赫的内府世家，据王锺翰先生考证，多至二三十家，位尊事显者近百人。② 可见包衣的重要地位与作用。当然，这只限于内务府包衣，至于下五旗的王公包衣，就没有这些特权了。但是，这不能说明二者在阶级地位上有什么不同。一般来说，下五旗的包衣身份地位较上三旗的低，但下五旗中也有权力大者，如礼王府包衣汉人张

① （清）弘昼、鄂尔泰、福敏等：《八旗满洲氏族通谱》，辽沈书社 1989 年版，第 812 页。

② 王锺翰：《内务府世家考》，载《清史续考》，（台北）华世出版社 1993 年版，第 250 页。

凤阳悍仆势大，在康熙帝时交节戚礼言路，专擅六部。此外，清中后期一部分出任庄头的包衣由于职务便利，实际上控制了主家的旗地，并租种给佃户，自己收取地租，俨然成为“二地主”。包衣虽属奴仆，但其权益受到朝廷的保护，王公贵族不得任意侵害。若出现虐待包衣的情况，皇帝会依例处置。道光十八年（1838）就发生过这样一件事，引得皇帝大怒，连亲王也惩治不怠。惇亲王绵恺接连囚禁属下包衣达80余人，原因仅仅是一些琐事。道光帝听闻后盛怒，将绵恺的任职一概革除，甚至将其亲王爵位降为郡王，并罚俸3年。赵凯认为，八旗是一种十分复杂的组织，包衣的地位不能一概而论，内部成员的身份和地位千差万别，在考察其成员阶级属性时不能用简单的一刀切的方法，包衣与固山的名分固然不同，不过是用来表示封建等级的差异而已。① 杜家骥则认为，同是包衣旗人，内务府上三旗包衣与下五旗王公府包衣，其身份地位不同，包衣旗人与旗下家奴等贱民奴仆也不同，他们具有良人的法律身份及相应的入仕为官等政治权益，其奴仆身份只属于皇帝、王公私家，没有社会意义。② 两位学者对包衣地位的着眼点不同，所以导致了不同的结论，实际上，包衣的权势始终受制于主家，他们的荣耀和地位都是主家赋予的，他们无法跳出主家权力的圈子，所以不应因个案就认为包衣阶层能够凌驾于主家而立足。我们在看待包衣的身份地位时，不应把包衣阶层“低贱”的身份和实际他们享受到的权益看作矛盾所在。实际上，在诸多有能力包衣的带领下，包衣阶层参与政治、经济生活的机会逐渐增多，其地位也日渐提高，与汉军旗人在朝堂上共同参与政治的机会也愈来愈多。

① 赵凯：《清代旗鼓佐领考辨——兼论有关清代包衣的若干问题》，《故宫博物院院刊》1988年第1期。

② 杜家骥：《清代内务府旗人复杂的旗籍及其多种身份——兼谈曹雪芹家族的旗籍及其身份》，《民族研究》2011年第3期。

因为与皇帝关系密切，包衣从内廷走向外廷，这不仅仅表现在政治仕途方面有平步青云者，在从商方面也有佼佼者，内务府掌“财用出入”①，内务府商人的商业活动维持了内务府经济的正常运转，在国家经济运作中发挥了重要作用。内务府商人是为宫廷采买物资、典卖库存物品以及增值库银而设，他们在从事商业活动时并不是以自由商人的身份进行采办，而是供内务府役使，为皇家服务，是为“皇商”或“官商”。由于他们大多来自内务府上三旗，家境殷实，故官方文献中通常称其为“三旗商人”。

内务府商人在置办皇室所需生活物品时，要严格按照内务府的规章制度进行，不会为商人做出利益上的让步，要求商人按照时价采买，不得虚报价格以从中谋取利润，所以内务府商人在从事采买时几乎无利可图。另外，内务府商人在完成内务府交办任务的同时，还要上缴利银。按照此种规矩，内务府商人毫无利润可言，但仍然出现了一批显赫的富商，这是由商人以利为图的性质决定的，既然为内务府采办物资并不会获得高额利润，那么就要依靠自身优势将其利益最大化，寻找利润较高的工作。他们利用身处内务府和与皇帝的亲密关系的优势，获得与内务府相关的带有垄断性质的买卖。内务府掌管皇家事务和财产，因此掌握了许多特种财务机构，他们经营广泛、资金雄厚，诸如盐务、钞关、织造、海关等肥缺，皆由内务府包衣人员出任，这些既是皇室经费的来源，也是包衣人员平步青云的阶梯。“各省盐政、织造关差，皆系内府世仆。”② 除此之外，他们也因与皇帝的亲密关系，其中一些人会受到额外重视，能够出任肥差，既富且贵。他们常被优先简派至各地，即使外放的职位很低，也常被视为钦差特使，与督抚

① （清）鄂尔泰等修：《八旗通志》，东北师范大学出版社1985年版，第773页。
② 《清高宗实录》，中华书局1985年版，第904页。

平起平坐。同时，他们也是皇帝之耳目，巡视各方，地方行政官对他们都另眼相看，争相巴结，傲视臣僚而炙手可热，形成包衣人员位卑而权大之势。如正白旗包衣曹锡远之子曹振彦外任浙江盐法道；其孙曹玺外任江宁织造，内升工部尚书；曾孙曹寅，因母系康熙帝乳母，更是备受皇帝宠信，先后出任侍卫、慎刑司郎中、苏州织造和江宁织造，并兼两淮盐政，玄孙曹颙任郎中、曹頫任员外郎，并曾出任江宁织造。织造的地位可比肩一品大员巡抚和督抚。曹氏一家显赫数十年，是清朝内府世家中最为突出者。[①] 此类包衣拥有着贡品、粮食和金银等经营特权，依靠自身特殊的身份在供给王公贵族的豪华享受的同时，也在充实着自己的家业。包衣出身的苏州织造李煦“幕中多名士”[②]，可见他们对江南地区士人们也进行招拢和笼络，为社会稳定起到了积极作用。

有清一代，包衣汉人与八旗汉军原本自成体系，隶属于不同组织，互不干涉，包衣为满洲八旗所独有，而蒙古、汉军各旗则无包衣。但年经日久，本就同系汉人出身的双方在诸多原因的综合作用下，二者十分接近，彼此难分。清朝定鼎中原，虽进入封建社会，但仍然保留着浓厚的农奴制残余，包衣的存在就是典型例证。从清朝整体来考察，尽管包衣阶层消除了历代宦官制度的某些弊端，降低了宦官专权的可能性，但并不具有进步意义。[③] 包衣制度由成立伊始，而后随着时间的推移渐趋完善，虽为奴仆，但并非普通“贱民”，他们与外八旗的旗人共同拥有入仕的权利，不仅能够在朝堂上参与政治，还能在商业活动中崭露头角，在清朝的政治、经济和社会生活中扮演着重要角色。

---

① 张玉兴：《包衣汉姓与汉军简论——八旗制度兴衰的一个历史见证》，《辽宁大学学报》（社会科学版）2003 年第 4 期。

② 王利器：《李士祯李煦父子年谱》，北京出版社 1983 年版，第 8 页。

③ 李燕光、关捷：《满族通史》，辽宁民族出版社 2003 年版，第 438 页。

第二节　汉军旗人与包衣汉人的交融

如前所述，包衣汉人与汉军旗人的共同性和差异性已经明朗，二者皆来源于战俘和投充，包衣的来源是战俘、契约奴仆、获罪之人或买民为奴等，其中包衣汉人占据重要部分，他们主要从事家务劳动和跟随其主厮杀于战场。汉军旗人是在辽东汉人归附的基础上而建立起来的。二者同系汉人出身，并于顺治初年从龙入关，由于与满洲的日常生活联系紧密，所以对满洲皆产生认同，甚至包衣汉人对满洲的认同较八旗汉军更为深刻。从雍正年间开始，出现了把隶属于满洲八旗的包衣汉姓称为汉军，把内务府汉人称内务府汉军，或直接简称内汉军，而将隶属于八旗汉军之人称为外汉军的现象。乾隆朝及其以后各代更是变成一种语言习惯，约定俗成。包衣汉人与汉军旗人统属于不同的系统，包衣汉人广泛存在于八旗之内，上三旗包衣汉人主要在内务府旗鼓佐领和管领组织中，还有其会计司管辖下的庄头旗人，诸王、贝勒等王公府下五旗包衣汉人在下五旗的旗鼓佐领中。他们皆属满洲旗分。八旗汉军则隶属于外八旗组织，旗制与八旗满洲、八旗蒙古相同，三者构建了清朝国家立足的根本——八旗制度，汉军旗人是八旗的一部分。包衣汉人与汉军旗人本界限明朗，权责分明，双方各自在不同轨道上运行，但随着历史车轮的前进，由于政治权力的干预、日常生活的交往以及二者本就源同一体的渊源，内外“汉军”双方逐渐走向融合。下文将从以下两个方面详细阐述包衣汉人与八旗汉军的交往与融合。

一　科举入仕

清代科举承明制，无论在规制还是防范方面皆十分严格，“慎重科名，严防弊窦，立法之周，得人之盛，远轶前代”①。应科举和从科举进入官场的人既为“士”，也为“仕”。他们具有双重身份，所谓“士”，即读书之人；“仕”，即为官或者准备为官之人。② 清朝前期，包衣汉人与汉军旗人由于隶属于不同的体系，双方往往“各自为政”，在任职方面本不相同，故包衣任职与汉军旗人任职互相不产生影响，仍然是两条单行线。但是到雍正朝和乾隆朝情况有所变化，主要表现在两项规定上：一是包衣与汉军皆归汉军额内考试，二是包衣与汉军一起补汉缺。在外力和内力的综合作用下，二者之间共同性增强，逐渐走向交汇和融合。

（一）科举

八旗科举是统治者为八旗子弟专门开设的进入仕途之途径，汉军旗人自然也不例外。八旗考试在关外时就已出现雏形，早在天聪年间，皇太极就谕令：“自古国家，文武并用，以武功戡祸乱，以文教佐太平。朕今欲振兴文治，于生员中考取其文艺明通者优奖之，以昭作人之典。诸贝勒府以下及满汉蒙古家所有生员，俱令考试。于九月初一日，命诸臣公同考校，各家主毋得阻挠。有考中者，仍以别丁偿之。”③ 以此来提高满洲旗人的文化素质。天聪七年（明崇祯六年，1633）七月，汉军王文奎向皇太极上疏建议曰，“为今之计，汗宜恳切出一明谕，不拘俗类，不限贵贱，不分新旧”。④ 许世昌上奏曰：“设科考试，务求实行，以备选用，庶国家获真实之才。而田野无遗珠之叹矣。”⑤

① （清）赵尔巽等撰：《清史稿》，中华书局 1976 年版，第 3149 页。
② 王德昭：《清代科举制度研究》，中华书局 1984 年版，第 67 页。
③ 《清太宗实录》，中华书局 1985 年版，第 73 页。
④ 《王文奎荐举人才奏》，《天聪朝臣工奏议》卷中，第 68 页。
⑤ 《清太宗实录》，中华书局 1985 年版，第 297 页。

在众多汉官的建议下，皇太极设科取士。顺治入关第二年即在全国范围内开科取士，但不包括八旗子弟在内，“八旗以骑射为本，右武左文，世祖御极，诏开科举，八旗人士不与”。直到顺治八年（1651），吏部上疏言：“八旗子弟多英才，可备循良之选，宜遵成例开科，于乡、会试拔其优者除官。”① 得到了顺治帝的允可，八旗子弟应试才正式开始。当年便取中了一批应试者，乡试取满洲 50 名，汉军 50 名，蒙古 20 名；会试取满洲 25 名，汉军 25 名，蒙古 10 名。顺治十三年（1656），乡试取满洲 40 名，汉军 40 名，蒙古 55 名。康熙八年（1669），满洲、蒙古编满字号，共取 10 名，汉军取 10 名。康熙三十二年（1693），乡试满洲、蒙古共取 16 名，汉军 8 名。② 由于国家尚未安定，戎马倥偬，加之统治者希望能够保持八旗军的战斗力，极力避免八旗子弟因文科而荒废武事，八旗科举时兴时废。但从取中的汉军名额来看，与满洲名额大致相当，可见汉军在八旗科举中也占有重要地位。汉军八旗科举在前文已经具体论述，故此处不做过多赘述，以下将主要从包衣和汉军考试的交集之处来论述包衣汉人与汉军旗人的融合。

包衣在清朝有着特定的学习场所，即统治者为八旗子弟设立的官学，包衣也参与其中。顺治元年（1644），官员若琳以地处偏僻，满洲子弟就学不便为缘由，上奏设立八旗官学，“于满洲八固山地方设各立书院”，得到了允许，“于是八旗各建学舍”。雍正元年（1723），增设蒙古教习。五年，范围再次扩大，蒙古旗人和汉军旗人皆可参与，“蒙古、汉军各二十，通一旗选择，不拘佐领”③。至乾隆年间包衣也

---

① （清）赵尔巽等撰：《清史稿》，中华书局 1976 年版，第 3160 页。

② 《钦定科场条例》卷 20，参见沈云龙主编《近代中国史料丛刊三编》第 474 册，文海出版社 1989 年版，第 1521—1524 页。

③ （清）赵尔巽等撰：《清史稿》，中华书局 1976 年版，第 3110 页。

得以参与其中，增加了入仕机会。乾隆三十三年（1768），谕令增加下五旗包衣学员名额，扩大包衣受教育的范围，每旗增设学生10名，满洲6人，蒙古旗人和汉军旗人各2人。① 在此八旗官学中，多为外八旗子弟，包衣参与的例子尚不多见，数量也寥寥无几。清廷特开设的景山官学和咸安宫官学则多为包衣学生参与。康熙二十四年（1685）设立的景山官学自建成后便开始招收学生。官学内成员由内府三旗佐领、管领下挑选，朝廷为每旗满洲佐领下分配8个名额，为旗鼓佐领下分配4个名额，为管领下分配6个名额，为回子佐领下分配四个名额，被挑选者皆为幼童。对于这些生员的教授，清廷设置满、汉教习分别为3人、4人。设立之初，满教习通常由内府官老成者担任，后来改为内阁之中擅长文书和骑射之人担任；汉教习由礼部考取生员文理兼通者担任，后改为新进士老成者担任。雍正即位后对景山官学的汉教习又有所更变，汉教习以举人和贡生考取，学生肄业后可考取笔帖式、库使、库守等官职。为了大力提升包衣阶层的文化知识水平，雍正帝另开设官学，允许包衣子弟学习。于雍正七年（1729）设咸安宫官学，令“包衣子弟肄业”②。以翰林官居住咸安宫教之，挑选内府三旗佐领、管领下人幼童及八旗俊秀者90名入学，主要教习满汉文字和弓射技术，五年后皇帝钦派大臣考试，名列前茅者可出任笔帖式、库使等官职。③ 朝廷非常重视景山和咸安宫这两处官学，故皆委于宫廷内务府管辖，在官学内学习的官学生皆属于满洲旗分，他们在官学内学习满语和步射技术的同时，朝廷还为他们专门配置了汉教习，学习汉语及汉人文化。景山官学和咸安宫官学为清朝培

① （清）赵尔巽等撰：《清史稿》，中华书局1976年版，第3111页。
② （清）赵尔巽等撰：《清史稿》，中华书局1976年版，第324页。
③ （清）赵尔巽等撰：《清史稿》，中华书局1976年版，第3113页。

养了诸多优秀人才仕子，如和珅就出身于咸安宫官学。在这里学习，一方面为他们日后出仕铺平了道路，能够更好地为统治者效力。另一方面，通过跟随汉教习学习汉族知识，旗鼓佐领下的包衣汉人对汉文化的了解也愈来愈多。由于他们入学时皆年纪较小，塑造性较强，幼童时被教授的东西会伴随他们终身，本就是汉人出身的包衣对汉文化的接受和吸收显得更加容易，在日后出仕的过程中与八旗汉军的共同性也随之增强。

除了官学之外，清朝统治者还开设其他考试途径使包衣步入仕途。康熙三十三年（1694），康熙帝题准将汉姓包衣子弟划归汉军额内考试，将部分包衣汉人与汉军旗人限制在同一额内考试。“今将镶黄等三旗内府满洲佐领、管领，并五旗王府内满洲佐领，俱归并八旗满洲蒙古考试……镶黄等三旗内府汉佐领，并五旗王府内汉佐领，俱归并八旗汉军考试。”① 康熙帝的此项政令使包衣与八旗汉军享有同等科考待遇，二者可以通过科举考试一同入仕。但应注意，此时归并于八旗汉军考试的人员只是内务府汉佐领下人，内务府管领下人则尚未提及。这说明此时内务府管领的考试制度仍然和以前相同，仍是归并至八旗满洲和八旗蒙古考试的。至雍正十一年（1733），包衣汉人与包衣满洲、蒙古才开始有了区别。乾隆三年（1738），可参与科举考试的包衣范围再次扩大，乾隆帝对参与科考的包衣考生做出了更为明确、具体的规定。“满洲、汉军考试各有一定籍贯，惟包衣人员有投充、庄头子弟，隶内务府管辖，编入上三旗者，又有旧汉人在内管领下及五旗王公所属包衣旗鼓佐领内者，此等人员原系汉人、因考试之时俱由满洲都统咨送，是以从前每有在满洲额内入学中式者，雍正十一年经吏部

① （清）福隆安主纂，李洵、赵德贵、周毓芳等主校点：《钦定八旗通志》，吉林文史出版社2002年版，第1610页。

奏准改正在案，迄今日久，包衣人员或有不知此例者，应行文内务府并八旗满洲都统，将雍正十一年吏部奏准之后，有包衣、旧汉军人，误在满洲人内入学、出贡、中式举人，应归汉军额内考试者，定限三个月逐一查明缘由，取具该参佐领印结，造具清册，咨送礼部存案。俟乡、会试时，礼部按册查对。如仍有混行造入满洲籍贯者，即行参奏，将该管官交部议处。至嗣后，包衣人员考试之时，内务府及八旗满洲都统，务须严饬该管官，逐一查明，实系满洲、蒙古人员，于本人名下注明满洲、蒙古字样册送外，其投充、庄头子弟及内管领旗鼓佐领之旧汉人，俱注明缘由，另册咨送礼部，归入汉军额内考试。”① 此项官方规定明确地阐述了一项内容，即凡在八旗满洲都统属下的包衣汉姓人，无论是何旗分（上三旗和下五旗），抑或是何身份（佐领下人、管领下人、庄头人），一律比照汉军参加科举考试。此后，清政府为了保障满人子弟中式的机会，把包衣划归汉军，参加乡会试，中式者所占用的也是汉军配额。光绪帝年间继续强调该项规定，“上三旗包衣满洲佐领、管领下及下五旗包衣满洲佐领、管领下子弟，俱归并八旗满洲、蒙古考试，上三旗包衣旗鼓下及下五旗包衣旗鼓佐领下子弟俱归八旗汉军考试”②。指出包括管领下的所有包衣汉人，都归入汉军籍考试。在统治者的支持下，包衣有了考试的机会。

清制，童生入学即为生员。清代的生员来源广泛，读书子弟皆可应考，朝廷对待生员有种种优待，顺治九年（1652），为选拔人才，下令在各直省设立学校，扩大学校生员的来源，一旦被选为生员者，则“免其丁粮，厚其廪膳，设学院、学道、学官以教之，各衙门官以礼相

---

① （清）福隆安主纂，李洵、赵德贵、周毓芳等主校点：《钦定八旗通志》，吉林文史出版社2002年版，第1618—1619页。

② （清）昆冈等修：《钦定大清会典事例》卷1136，《续修四库全书》第813册，上海古籍出版社1995年版，第636页。

待，全要养成全才，以供朝廷之用”①。成书于乾隆年间的《八旗满洲氏族通谱》记载了诸多国初来归的包衣汉人，他们的后世子孙也通过考取生员的途径进入仕途。如王裕功，隶属于镶黄旗包衣旗鼓人，其元孙王正系生员，四世孙王熙明系举人；② 王德荣，正黄旗包衣旗鼓人，元孙舒麟任生员；③ 李蓝春，镶黄旗包衣旗鼓人，元孙李舒系举人，李济系生员；④ 李世福，镶白旗包衣管领下人，四世孙李文为生员，李文魁为举人，五世孙李洞为举人；⑤ 闵世文，镶红旗包衣人，其元孙闵士英系生员；⑥ 唐应祖，正白旗包衣旗鼓人，元孙庚保、寅保现为举人，寅年为生员，四世孙唐景为生员。⑦ 另外还有内务府出身权力极大者，如“国家百余年来，内府大员罕有奇伟勋绩可称最者，惟金恪恭简自内府司员登六卿，以勤慎受纯皇帝知久，长铨水部”⑧。考取生员是科举入仕登上荣显之位的机会，包衣汉人利用科举之途能够在宦场上占有一席之地，占补官缺。但应该指出的是，包衣也享有保举的权利，雍正帝谕令包衣可以通过保举入仕，“上三旗包衣旗鼓佐领下人，令内务府总管保奏；其王公包衣旗鼓佐领下人，令各该王保举”⑨。包衣参加科举和入仕，的确对汉军旗人官员造成一定冲击，但同时也使包衣汉人和汉军旗人在心理和意识上无限接近。

清朝对八旗科举十分重视，对于参与考试人员的旗籍有着严格区

---

① 《皇朝掌故汇编》卷四十一，参见《礼政十三·学校四·直省府州县学》，光绪二十八年求实书社铅印本。

② （清）弘昼、鄂尔泰、福敏等：《八旗满洲氏族通谱》，辽沈书社 1989 年版，第 812 页。

③ （清）弘昼、鄂尔泰、福敏等：《八旗满洲氏族通谱》，辽沈书社 1989 年版，第 813 页

④ （清）弘昼、鄂尔泰、福敏等：《八旗满洲氏族通谱》，辽沈书社 1989 年版，第 815 页

⑤ （清）弘昼、鄂尔泰、福敏等：《八旗满洲氏族通谱》，辽沈书社 1989 年版，第 817 页。

⑥ （清）弘昼、鄂尔泰、福敏等：《八旗满洲氏族通谱》，辽沈书社 1989 年版，第 853 页。

⑦ （清）弘昼、鄂尔泰、福敏等：《八旗满洲氏族通谱》，辽沈书社 1989 年版，第 855 页。

⑧ （清）昭梿：《啸亭杂录》，中华书局 1980 年版，第 474 页。

⑨ 《清世宗实录》，中华书局 1985 年版，第 547 页。

分，不得出现冒入他旗考试的现象。规定礼部应在举行考试前就对参与考试的考生进行名册咨取，“查明实系本旗满洲、蒙古、汉军并无混冒”，对考生“开具姓名、年貌备造清册”，由礼部会同兵部查对。如果出现汉军旗人冒入满洲额内考试取中者，则“咨送之该都统等官，交部议处”①。由于最初包衣应试者皆由满洲都统咨送，中式后也由满洲名额中录取，容易出现与满洲混淆现象，并且包衣占满洲缺出仕会使原本就属于满洲额内的考生受到影响。于是雍正十一年（1733），对此做出更加严格的规定。雍正帝谕令，凡包衣汉姓人员“误在满洲额内入学中式，应归入汉军额内”，若有冒籍考试者，应照例“革退”②。乾隆三年（1738），议准：“再有将应归汉军考试之人，造入满洲册内咨送者，一经查出，礼部即行参奏，照吏部原议，将该管都统、佐领分别照蒙混造册例议处。”③ 乾隆三十三年（1768），查处革退了因未注明“汉军”而冒入满洲额内考试的镶白旗汉军楚维荣和楚维龄。④道光时，“举人侯执璧，系包衣汉军，误由满洲籍贯考试取中……罚停会试一科。仍改归包衣汉军籍贯”⑤。生活在咸同年间的内务府汉姓人福格曾在他的《听雨丛谈》中谈道：“内三旗管领，初谓之浑讬和。每一佐领下统有满蒙汉三项人，康熙年间考试，均归于满洲，今则汉姓人亦归于八旗汉军考试。”⑥ 可见，在清代统治者眼中，包衣汉人与汉

① （清）鄂尔泰：《钦定八旗则例》卷6，参见詹福瑞主编《八旗文献集成》第1辑第8册，辽海出版社2015年版，第5019页。

② 沈云龙主编：《近代中国史料丛刊三编》第471册，《钦定科场条例》卷6，（台北）文海出版社1989年版，第358页。

③ （清）福隆安主纂，李洵、赵德贵、周毓芳等主校点：《钦定八旗通志》，吉林文史出版社2002年版，第1619页。

④ 沈云龙主编：《近代中国史料丛刊三编》第476册，《钦定科场条例》卷35，（台北）文海出版社1989年版，第2525页。

⑤ 《清宣宗实录》，中华书局1985年版，第26页。

⑥ （清）福格：《听雨丛谈》，中华书局1984年版，第6页。

军旗人属同一类人，任职方面可以兼采通用。诚然，正是在统治者的有意“撮合”之下，包衣汉人与汉军旗人能够逐渐走向融合。一方面，包衣汉人和汉军旗人同为汉人出身，另一方面，二者都带有一定的“满族属性”，故双方的交汇也意味着深层次的民族融合。

包衣归入汉军内考试，追根溯源，是有历史依据的，大部分汉军当初就是由包衣人转变而成的。清军入关后，又曾经数次整顿旗制，每次若发现汉军各旗佐领有员额不足之情形，就“拨内务府包衣人隶焉”。“八旗汉军，其初本系汉人。有从龙入关者，有定鼎后投诚者，有缘罪入旗与夫三藩户下归入者，有内务府、王公包衣拨出者，以及招募之炮手，过继之异姓，并随母因亲等类，先后归旗，情节不一。”①在身份上，包衣是丧失了人身自由的奴隶，是家主的财产。而汉军旗人是自由之身的国家正规编制的士兵或军官，汉军旗人的身份远较包衣高。由包衣转成汉军，就解除了奴籍，恢复了人身自由，比后来的“抬旗”还重要，所以包衣渴望转成汉军，如宁完我就是由包衣转成汉军的。双方逐渐成为难以分割的共同体，统治者意在强调满、汉之间的差异，将满洲、蒙古与汉军、包衣固定在一个科举考试的圈子内，避免出现冒用旗籍科举应仕的现象，在强调严格区分过程中，迎来的是包衣汉人与八旗汉军更加紧密的结合。在外界看来，包衣汉人与八旗汉军本就源同一体，加之统治者刻意对双方参与科举考试的打造，似乎已经将其身份混淆，等同视之了。在传统中国，科举纵有诸多不合理之处，但不得不承认，科举制度不仅为统治者选拔大量有才能之人为其所效力，更重要的是，它为出身寒微之子提供了上进的途径，以考取功名改变自身及家庭状况，增强了社会阶层间的流动与变革。

① （清）赵尔巽等撰：《清史稿》，中华书局 1976 年版，第 3493 页。

包衣汉人由于和皇室的亲密身份，心理和文化已经心向满人，受到家主的信任，家主也希望通过科举考试能够提高包衣的知识水平，为其更好地效力。综上我们可以看到，清廷对满洲身份的认定十分苛刻，科举考试的旗籍划分并不是以考生所在的旗分为依据，而是追溯其族群身份。凡是满洲八旗都统属下的汉人包衣都应划入汉军额内考试，把包衣汉人与汉军旗人整合至一起，正是缘于其共同的汉人属性决定的，带有十分明显的民族倾向。对于双方考试身份的界定，不仅仅是在科举上的政治安排，更是包衣汉人和汉军旗人走向融合的发展趋势。张玉兴的文章《包衣汉姓与汉军简论——八旗制度兴衰的一个历史见证》[①] 讨论了包衣汉姓与八旗汉军界限不清。

（二）占缺

作为少数民族入主中原的清朝，其统治者既要笼络和联合汉、蒙官绅为其统治效力，以实现对国家的有效管理，又要巩固自身统治，保障本民族在统治地位中占有绝对优势。对于统一的多民族国家来说，平衡各民族官员的政治地位是必须格外重视的问题。清朝基本沿用了明朝的官职制度，并在此基础上进一步完善，以期稳固统治。清朝的官员主要由四种人来担任，即满洲旗人、蒙古旗人、汉军旗人和汉人，由此而形成了满洲官员、蒙古官员、汉军官员和汉官四大官员群体。清朝根据被授予人的民族和身份不同的差异，设置了“官缺”制度。清制规定，凡内外官皆分为满洲缺（包括宗室缺和内务府包衣缺）、蒙古缺、汉军缺、汉缺。满洲人可任奉天府尹、奉锦、山海、吉林、山西等道缺，及各省驻防、理事、同知和通判缺。蒙古人可任司业、助

① 张玉兴：《包衣汉姓与汉军简论——八旗制度兴衰的一个历史见证》，《辽宁大学学报》（哲学社会科学版）2003 年第 4 期。

教、中书、游牧员外郎等。汉军可任中书、典籍、内阁侍读及大理寺丞缺等。宗室缺只能由宗室人员才能补授，外人不得染指，宗室子弟通常是在一些较为重要的机构内任职，如宗人府、理藩院、都察院、六部等。此外，还有为内务府官专门设立的包衣缺，如内务府总管大臣、各园处监管大臣、员外郎、侍卫、六库衙门等缺。官缺制度从创建伊始至最终形成定制，经过了不断增衍和调整。各缺之间的调换转补前文已述，此处不赘，本节只关注汉军缺和包衣缺。

“内务府包衣缺，自为一系统，升降不与他途一例。”[①] 原则上，内务府人事制度自成系统，内务府官员不得外任，这与包衣被视为满洲人，满化程度较汉军旗更深，并且隶属于满洲旗分有关，加之清初满洲统治区域扩大，随之需要大量行政人员，但满洲人口少难以敷用，为包衣补满缺提供了机会。按照清朝初年的惯例，包衣旗鼓人完全依照满人的规定，只能补内务府缺和满洲缺。即使是包衣中的汉姓人员，也可令补满缺。清朝历代统治者宣扬“满汉一体”的观念，这不仅仅停留在口头上，在官员任职方面也有着诸多体现。在清代政府的行政系统中，向来是采取满汉双轨制，各级官员均有满缺及汉缺的划分，由满官总管大权。根据《听雨丛谈》的记载：“内三旗旗鼓汉军，外八旗汉军，三品以上原可满汉互用。而大学士之缺，外八旗汉军多用汉缺。内府旗鼓汉军多用满缺。”[②] 但是，这个成规到康熙五十年（1711）被打破，桑额由漕运总督调升吏部尚书。桑额是正白旗包衣，原系姓马，后采满名。桑额是第一个包衣人士出任汉尚书者。[③]《听雨丛谈》记载：“其（内务府包衣汉姓人）在内府仕途，均与满洲相同。

---

① 王锺翰：《清史续考》，（台北）华世出版社1993年版，第342页。

② （清）福格：《听雨丛谈》，中华书局1984年版，第18页。

③ 陈双凤：《清朝的包衣与汉军》，（台北）《今日中国》1981年第119期。

升九卿，亦占满缺。惟中进士分部院观政，则与八旗汉军相同，亦近世之误也。”① 又有这些包衣“由科甲出身，胥隶汉缺，未详始于何时也”② 之说。其实，他们由科举入仕“胥隶汉缺”的时间可考，那就是从“包衣汉姓人员归入汉军额内考试”开始的，中式者与汉军旗人同补汉缺，亦由此可见，福格所说这些包衣“中进士分部院观政，则与八旗汉军相同”，并非“近世之误”。又有《啸亭杂录》记载：“内府人员惟充本府差使，不许外任补院，惟科目出身者，始与缙绅伍。”③ 进一步印证了内务府包衣出身者，能通过科举考试者方能外任。故与八旗汉军共同参与科举、占取缺额，这是他们进入仕途的手段。包衣进入仕途后，与汉军已经同列一班，以补汉缺为主，这对汉军官员也是个冲击。在雍正朝汉军专缺裁撤所剩甚少，汉军绝大多数只能补汉缺了，而造成汉军“仕途壅滞者多”；而雍乾以降包衣同补汉缺，对汉军官员的升转造成了打击。

究其根本，导致汉姓包衣缺和汉军缺合缺的因素主要有以下几点。

第一，也是最重要的一点，这是由于包衣汉人与八旗汉军同为汉人出身导致的。如前文所述，包衣汉人和汉军旗人的来源基本一致，皆为原明朝汉人，或因被俘，或主动归附者，只是归顺时间早晚有区别而已。同为汉人出身的他们必然在政治思想、教育熏陶和生活习俗等方面有着诸多相似之处，他们在处理政事方面必然存在一致性，故包衣汉人占补汉军缺对于统治者来讲，并没有任何实际上的改变，甚至可以说包衣汉人占取汉军缺是统治者一手促成的，尽管这一做法的确对汉军旗人的出仕增加了难度。

① （清）福格：《听雨丛谈》，中华书局 1984 年版，第 17 页。
② （清）福格：《听雨丛谈》，中华书局 1984 年版，第 6 页。
③ （清）昭梿：《啸亭杂录》，中华书局 1980 年版，第 474 页。

第二，官员之间的转换和调补。造成官员调补的原因有很多，如丁忧、革职、升职、降职和官员因年老、生病而卸任等。官员丁忧时需要现任官员离职，并且在丁忧期间不得出任任何官职和从事一切娱乐活动，丁忧结束后回到朝廷重新等候补授官职。因降罪而被革职和因功绩而被升迁的官员离开原职后，原来的职位空缺，等待人员候补。另外，清朝对官员任期也有着相关的制度，如官员在一个岗位上任期满后应进行岗位调任，这样的目的是防止朝廷官员专权，如此调任产生的官缺也为汉军旗人提供了机会。汉军旗人产生的这几项官缺一些是可以由汉姓包衣出仕来担任的。

第三，汉军出旗的推动。乾隆年间陆续的汉军出旗政策导致了汉军官员数量和地位的下降，一些原由汉军旗人担任的官职包衣汉人得以占补。随着时间的推移，社会承平日久，汉军旗人的战斗力也在下降，加之八旗固有的“保养”政策，使旗人即使不出任官职，没有差遣，也能够衣食无虞。这样的情况导致了汉军旗人人才鲜有，至康熙年间出现了“汉军人少缺多，致贤愚莫辨，猥琐不堪之人，亦被录用”① 的现象。雍正统治时期，汉军官员的形象在皇帝眼中更是一落千丈，雍正帝经常用“油气”“混账汉军”等带有侮辱性和训斥性的字眼批评臣下，使本就在数量上不占优势的汉军旗人处境更加雪上加霜。由于包衣汉人处于奴隶地位，他们不享受八旗兵丁特殊的“保养”待遇，为了摆脱整日从事洒扫、尚膳、饲养等服务型的仆作，只能力求上进，通过科举考试出仕占缺。这样的情况下，包衣汉人通过科举出仕弥补汉军缺的情况逐渐增多。

内务府与各部院机构的关系和其官职特点也决定了包衣可以出任

① 中国第一历史档案馆整理：《康熙起居注》，中华书局1984年版，第1356页。

官职。内务府作为服务于皇家和宫廷事务的机构，内务府官员常常担任一些与皇权紧密相连的职位，如清廷奏事处官员“皆挑取内务府官员行走”[①]，奏事官共设置六缺，内务府官员即占四缺。在人数和地位上，内务府官员在奏事处占绝对优势。在宫廷的经济往来中，内务府人员也多有参与，乾隆帝时期“各省盐政织造关差，皆系内府世仆”[②]。另山泽采捕之责也由内务府的都虞司掌管，与工部分摊职责。皇家礼仪十分烦琐，通常由礼部管理，其中内务府也多有参与，如内务府人员负责保卫陵寝，皇家外出祭祀皇陵时也由内务府来打扫启闭。还有节日庆典、皇帝出巡和筵宴赏赐等活动都有内务府人员负责。内务府正白旗旗鼓佐领下基溥，本姓李，以笔帖式起家，道光年间升内务府大臣、刑部侍郎和左都御史，外任苏州织造。[③] 还有前文提及的内务府旗鼓佐领下人曹氏家族子弟，如曹玺、曹寅、曹颙、曹頫出任江宁织造。出任南方江宁织造、苏州织造和杭州制造的汉姓包衣很多，如高斌、李秉忠出任苏州织造，孙文成出任杭州织造等。他们主要负责修建行宫，接待皇帝南巡，采办物品等。这样一来，内务府与外廷各部院之间职责交叉，双方就不可避免地会产生联系，相互渗透，所以内务府官员往往具有上通下达、内管外制、权小势大的特点。[④] 皇帝也可通过内务府官员实施对外廷机构的监督与管控，这样的特点也决定了内务府人员可以出任官职，甚至控制关键部门。

在封建制国家之下，任何统治机构和部门在权力、职能和人事的调整方面，都要受到皇帝支配，从而形成严密的行政系统和职官网络，

① 《清高宗实录》，中华书局 1985 年版，第 25 页。
② 《清高宗实录》，中华书局 1985 年版，第 18—19 页。
③ 祁美琴：《清代内务府》，辽宁民族出版社 2009 年版，第 230 页。
④ 祁美琴：《清代内务府》，辽宁民族出版社 2009 年版，第 101 页。

在不同时期也会表现出不同的历史效应。皇帝通过对内务府人员的调整，使作为满洲旗分的包衣汉人能够出仕，我们不能把包衣视为皇帝的私有势力和固定集团，只能是看作皇帝为了总揽大权而排斥汉军旗人。官缺作为清代一项重要的人事制度，他在任用人员身份上的转变和数量上的变化，更深层次是代表着其民族属性和心理意识的转换。包衣汉人与汉军旗人同根同源，本为汉人出身，不存在民族之间的界限与隔阂，在仕途关系的处理上也势必会得心应手，他们的交流和往来致使二者之间的融合也在逐渐加深，对清朝统一多民族国家政权的巩固起到了一定的积极作用。

二　内务府包衣汉人抬入汉军旗

在清朝，有一种特别的晋升途径，叫作抬旗。这是由于八旗制度之下严格的等级差别导致的。抬旗一般分为以下两种情况，一是八旗组织的调整，将下五旗抬入八旗组织的核心——上三旗，如前文所提到的高天爵、田文镜，及年羹尧从汉军镶白旗被抬入汉军镶黄旗，李侍尧从汉军正蓝旗被抬入汉军镶黄旗；二是“内八旗”与“外八旗”的调整，包衣佐领抬入旗分佐领，即内务府包衣佐领和管领抬入上三旗，下五旗的包衣佐领抬入下五旗，另还有下五旗包衣佐领直接抬入上三旗的情况。抬旗的情况一般多出现于满洲八旗、汉军八旗和蒙古八旗各自的旗分之内，跨旗分抬旗的现象鲜见。“八旗内部汉军、蒙古、满洲间的亲疏之别始终甚于上三旗与下五旗之间的等第之分。”①能被抬旗者，皆为有功之人或后妃母家，抬旗不仅象征着地位的提高，还代表着自己及家族的出身也随之而改变。由于前文已详细论述过汉

① 孙静：《清代佐领抬旗现象》，《史林》2012 年第 2 期。

军旗抬旗之例，故本节主要以包衣抬旗入汉军旗为重点，进一步分析汉军旗人与包衣汉人的融合。

对于功勋卓著的汉人包衣，统治者会采用“抬旗”的方式，将其编入汉军八旗。顺治九年（1652）议定，包括内务府三旗佐领、内管领下官员在内的内务府上三旗包衣，凡有军功劳绩者，“奉特旨令其开出内府佐领、内管领者，各归上三旗旗下佐领”。王公府下五旗包衣则“由王公奏准，令其开出府属佐领者，各归本王公所属旗下佐领，或归上三旗旗下佐领”①。有清一代，由包衣抬入八旗组织者不在少数，情况多为满洲包衣佐领下人抬旗入满洲旗，旗鼓佐领下人抬旗入汉军旗的此类“纵向抬旗”。如康熙七年（1668），包衣柯永华升授都统，奉旨一品大臣，令出包衣，赏编佐领。② 又如，在吴三桂掀起“三藩之乱”之际，担任云南巡抚的朱国治志气高洁，坚决不从，最终不敌，以身殉国。他本为正黄旗包衣汉姓人，雍正帝即位后，感其气节，于雍正七年（1729）下令，“命本旗查其子孙引见，特命国治一户出包衣，归于正黄旗汉军公中佐领”③。

内务府包衣汉姓人出仕大体上可分为通过科举考试出仕为官者和与皇帝有亲密关系的家族成员，即出身于包衣的后妃家族，这种可以享受抬旗待遇的包衣汉姓后妃并不多，概率远不如科举出仕者。我们能够看到，在雍乾时期对这一情况有了具体详细的规定之后，内务府包衣为官的机会实际上比外八旗旗人还要多。这是由于本身内务府缺就为包衣提供了任职的机会，加之包衣与外八旗旗人在科举方面开始

---

① （清）昆冈等修：《钦定大清会典事例》卷1113，见《续修四库全书》第813册，上海古籍出版社1995年版，第403页。

② （清）福隆安主纂，李洵、赵德贵、周毓芳等主校点：《钦定八旗通志》，吉林文史出版社2002年版，第465页。

③ （清）鄂尔泰等修：《八旗通志》，东北师范大学出版社1985年版，第4573页。

趋同一致，他们同样拥有科举入仕的权利，入朝为官的机会也就随之增多。出身于包衣的女子可成为王公大臣的妻子，甚至可以被选为秀女成为皇帝的妃嫔。因妃嫔在后宫得宠，父兄在前朝得力而享受抬旗待遇的家族在清史研究中历来受到关注。康熙帝的后妃勤妃系镶黄旗包衣汉人陈善道的后人，据《八旗满洲氏族通谱》记载，雍正十二年（1734）九月曾颁旨谕旨，令其“著出包衣”，入于本旗之汉军，又以“其族人七十余，既足为一个佐领”为由，将其家族众人编为一佐领，令其族人管辖。[①] 后族抬旗并非始于此，康熙帝生母佟氏之兄佟国纲，因先世在抚顺，初隶汉军，“以孝康皇太后推恩所生，特赠与佟图赖一等公爵，令其子佟国纲承袭，并令改隶满洲”[②]。因佟姓官职众多，应留汉军，故康熙二十七年（1688）下令将镶黄旗汉军都统佟国纲本支准改入满洲八旗，佟国纲本支抬旗虽然是“外八旗”的调整，但此次抬旗是皇帝后妃家族抬旗的先例，“后族抬旗自此始”[③]。后族由包衣籍抬入旗籍者则以陈善道家族为始。

按照常例，内务府包衣汉姓人抬旗应抬入汉军旗，但其中也有格外恩宠之例外者，直接横越过汉军旗，进入满洲旗，但数量极少，且多为皇帝后妃家族。如直隶总督高斌为国初沈阳地方来归的高名选之后，本隶属于内务府镶黄旗包衣汉姓人，高斌之女在乾隆帝未登基旧时潜邸就被选为福晋。乾隆帝登基后，高斌之女被封为贵妃（即后来的慧贤皇贵妃），雍正十三年（1735）其家族“著出包衣，入于原隶满洲旗分”[④]，并改汉姓高氏为高佳氏。[⑤] 与高氏抬旗相同，隶属于内务

① （清）弘昼、鄂尔泰、福敏等：《八旗满洲氏族通谱》，辽沈书社 1989 年版，第 806 页。
② 王锺翰点校：《清史列传》，中华书局 1987 年版，第 179 页。
③ （清）赵尔巽等撰：《清史稿》，中华书局 1976 年版，第 8908 页。
④ （清）弘昼、鄂尔泰、福敏等：《八旗满洲氏族通谱》，辽沈书社 1989 年版，第 805 页。
⑤ （清）赵尔巽等撰：《清史稿》，中华书局 1976 年版，第 10629 页。

府正黄旗包衣管领下汉姓人魏清泰之女也因为乾隆帝后妃被抬旗。乾隆六十年（1795），册封魏氏子颙琰为皇太子，为彰显尊贵身份，魏氏家族被抬入满洲旗，改为魏佳氏。[①] 他们虽为汉姓包衣，但因隶属于满洲旗分，且家族之女与皇帝、皇子之间的血缘关系，在抬旗时可直接抬入满洲旗。被抬入满洲旗内就意味着他们的地位直接从“地下”跃居“天上”，因为满洲八旗是八旗组织中最关键，也是最核心的组织，其家族的地位可谓是一步登天。这些包衣与皇族日常接触、来往密切，故对满洲的认同度更高，加之与满洲有着浓厚的血缘关系，二者早已融合为一体。

包衣汉人与汉军旗人同为汉人，但在本质上包衣汉人与汉军旗人身份和地位皆不同，属于“奴仆”阶层的包衣自然是无法与隶属八旗组织的汉军旗人相比，加之汉姓包衣地位低于满洲、蒙古，抬旗则弥补了包衣的心理落差。清朝初期包衣人被抬旗成为旗人，多是由于包衣身居要职，与其包衣身份不匹配，需要抬旗来彰显身份，抬旗后的包衣汉人则与汉军旗人无论是在科举应仕、刑法判决还是婚姻往来等方面同样享受八旗兵丁待遇。对于包衣阶层来讲，一旦抬旗，即不再是奴才地位，而是成为正身汉军旗人。

抬旗是清朝八旗制度嬗变的一个重要现象，它不仅对八旗制度本身有着影响，对那些被抬旗的个人和家族更是产生了巨大意义。抬旗背后所蕴含的牵引力是巨大的。一旦抬旗，子孙后人共享殊荣，包衣汉人被抬入汉军八旗，意味着其家族后代皆入旗分，摆脱“奴仆”身份的束缚。成为正身旗人后，社会地位、司法权利和择偶婚配等都较包衣时大大提高，他们可以外放封疆，甚至入阁拜相。在很大程度

① （清）赵尔巽等撰：《清史稿》，中华书局1976年版，第8918页。

上“内八旗”比“外八旗”更受皇室信任，属于既得利益阶层，包衣与家主间的亲密关系导致他们对八旗有着较强的认同感，以致在清朝瓦解后，其政治隶属关系已经完全解除时，他们仍愿自报为满族。这种八旗体制内部人事关系的调动与完善，可以看作包衣汉人和八旗汉军融合的交叉点所在。对于汉军旗人来讲，抬旗分为以下两种情况：一为汉军旗被抬入满洲旗，二为下五旗汉军被抬入上三旗汉军的内部调动。对于包衣汉人来讲，抬旗分为被抬入汉军旗和被抬入满洲旗两种情况。皆为抬旗，但其方向不同，唯一共同点是他们均由低向高荣耀位移，产生的最终结果就是包衣汉人向汉军旗人转化，汉军旗人则向满洲旗人转化。在转化的过程中，双方逐渐融合为一体。除了抬旗，清朝还有一项政令的实施对八旗人事调整造成一定冲击，即乾隆朝“出旗为民”政令。在持续的出旗政策影响之下，汉军的地位和数量大不如前，包衣则与之相反，乾隆三十一年（1766）谕令：“至包衣汉军则皆系内务府世仆，向无出旗为民例，与八旗汉军又自有别，尤不应混行援引。”① 但此项政令只局限于上三旗包衣。内务府世仆那些被保留下来的包衣、汉军与皇权更加紧密，对国家的认同程度也更高。

综上所述，抬旗是包衣和中下层旗人荣升和改变身份、地位的一种重要途径，在清朝被看作一种自身及家族的“殊荣”。对包衣的抬旗是统治者对其褒奖和激励之举，也是其吸引和笼络“世仆”恪勤尽职、忠心事君的手段。从同根同源的包衣汉人和汉军旗人之角度来看，抬旗为双方提供了一个“跳板”，实现了上下流动的融合，双方在摩擦和碰撞中逐渐增强了整体意识，对于塑造国家认同心理也大有裨益。

---

① 《清高宗实录》，中华书局1985年版，第360页。

第三节　文献记载的混同

内汉军与外汉军的混淆是多种因素综合作用的结果，其最终的发展趋势就是二者的融合。由于统治者在科举考试和占缺入仕方面对包衣汉人和汉军旗人的刻意“撮合”，包衣汉人与八旗汉军逐渐合流，其界限也逐渐模糊，以至官方、民间记载中出现含糊不一，甚至是约定俗成的记载。以下即分析造成汉军旗人与包衣汉人皆称“汉军”的问题。

一　官方记载

包衣汉人在内务府下编隶的佐领称旗鼓佐领，也称汉军佐领。虽统称汉军，但与外八旗的汉军人亦有所不同。日本学者细谷良夫通过对乾隆初年成书的《八旗通志》满汉文版本进行了细致的对比和研究，得出结论，外八旗汉军内的旗人，满文是作“ujen cooha”，即“乌真超哈”，汉义可解释为汉军，这个是无可非议的。而包衣汉人牛录的汉人，满文是作“nikan”，即“尼堪”，被翻译成汉意为“汉人”，与汉军有所差别。由此可见，在满人眼中，至少在乾隆时期，汉军和汉人还是有所区别的。那么后来为什么出现了内务府汉人也被称为汉军的现象呢？还需要结合具体情况来探讨。

包衣汉人佐领在汉文中称“汉军”的这种称谓早在顺治年间就已经出现，经过了历代官方的称呼和记载，汉军的界限也不十分明朗了。顺治元年（1644），朝廷对内务府庄屯经管者的编旗事做出了相关规定，把经管内务府旗地的“原给地亩之人，并带地投充人，归并于各汉军佐领下”①。从中我们可以看到，这里出现了“汉军佐领”这一字

① 康熙汉文《大清会典》卷150“内务府二·会计司·三旗经管钱粮”。

眼，其实指的就是汉人包衣组织，这是目前所能见到的最早记载。无独有偶，顺治十八年（1661）官方记载中再次出现了“汉军佐领”这样的字眼，“凡三旗护军，旧例：内务府满洲每佐领下，设护军十五名；汉军每佐领下，设护军十名；管领下，各设护军十五名……顺治十八年定，满洲每佐领下各添护军五名，设护军校二员；汉军佐领及管领下，各设护军十名、护军校一员”[①]。由此可见，此时“汉军”的称呼在内务府包衣佐领下人和管领下人也同样通用。乾隆时期，乾隆帝也曾发布上谕，提到了类似的字眼，挑取兵丁“包衣佐领汉军人等余丁亦多，著交步军统领将包衣佐领、管领下汉军内汉仗好者，一体挑取”[②]。统治者这种做法很难不让人们产生内汉军就是外汉军的“错觉”，认为内外汉军无异。

内务府汉姓包衣人之所以被称为汉军，除了官方文献记载的混淆，与其隶属于“内务府汉军籍”也有着密不可分的关系。包衣内不仅有汉人，还有满洲人、蒙古人、高丽人等，为了与其他民族做政治上的区分，“汉军籍”应运而生，这主要表现于科举考试时不同的民族属性在政治利益上的不同划分。如前文所述，为了保证满洲权益最大化，统治者将包衣旗人又划定有满洲籍包衣、蒙古籍包衣及汉军籍包衣。在他们的考试制度方面，包衣满洲和包衣蒙古始终在同一轨道之上，他们被划归至外八旗满洲、蒙古考试；而包衣汉人逐渐被择出与外八旗汉军一体考试。这样做的主要目的就是防止包衣汉人抱有侥幸心理，利用满洲录取名额较多的优势，冒充进入满洲籍，以此来增加进入仕途的机会。对此，清朝对科举考试的籍贯规定十分严格，不得擅自更

① 康熙汉文《大清会典》卷153“内务府五·都虞司”。

② （清）昆冈等修：《钦定大清会典事例》卷714，见《续修四库全书》第808册，上海古籍出版社1995年版，第877—878页。

改籍贯。咸丰十年（1860），内务府包衣汉人中出现了违反规定的状况。恩吉是隶属于内务府管领下的包衣汉人，担任翰林院侍讲一职，故在科举考试时是被定为汉军籍贯。但他欲改变自己的考试籍贯，希望能够在满洲额内任职，于是他试图与他人私下同谋，欲改为满洲籍贯，最终被人察觉，未果。咸丰帝以其"因满洲中额较宽，希图侥幸，实属取巧"为由，交部议处。这种在科举考试上对籍贯进行的界定，是以不同的原民族属性来分辨其籍属身份的，任何人不得跨界考试。这些参加科举考试的包衣汉人由于与汉军旗人民族属性相同，所以被划归至汉军额内考试，参加科举考试的包衣汉人会在礼部及吏部的册档上被注上"汉军"字样，占汉军额出仕，这也是包衣汉人最终归向汉军旗人的重要原因之一。

包衣汉人对自己奴仆身份的刻意隐晦，也是包衣汉人与汉军旗人混淆不清的一个因素。前文提到的朱国治本人，《八旗通志》中记载他原隶属于包衣，但清朝其他官方文献，如《清史列传》和《满汉名臣传》等文献中皆未对其出身包衣的事进行记载。诸如此类的还有很多，据《八旗满洲氏族通谱》载，曾出任两广总督的吴兴祚本是正红旗包衣汉姓人；曾出任陕西巡抚的张滋（自）德本是正白旗包衣管领下汉姓人；曾出任浙江巡抚的陈秉直本是镶黄旗包衣汉姓人、吕犹龙本是正红旗包衣管领下汉姓人；曾任弘文院学士的周天成本是镶黄旗包衣旗鼓人等，在《清代职官年表》中只提到了他们皆为"汉军"，也未提到他们出身于包衣之事。这些出身于包衣的汉姓人，能够外任朝廷命官，对他们来说是莫大的荣宠。卑微的包衣身份与尊贵的朝廷命官的不匹配，是他们心中一道无法逾越的鸿沟，也是他们担心被外人所"诟病"之处，所以很多包衣不愿将自己的奴仆身份展现于世人，尤其是身居要职者。因此，清朝的一些官私传记中对他们亦隐晦言之，用“汉军”字样来掩饰包衣的身份。这样一来，一方面迎合了统治者的意愿和政策，一方面符合包衣对身份的刻意隐藏，主动向八旗汉军靠拢。总之，在综合作用之下，外八旗汉军与内汉军之间的界限就越来越模糊，从泾渭分明到渐趋融合，这是双方融合的必然趋势。

民国年间编纂的《奉天通志》氏族志中记载了许多汉姓氏族由汉军改入满洲。如祖佳氏、刘佳氏、高佳氏、墨佳氏、福塔氏、陈佳氏、安佳氏、田佳氏、秋佳氏、屈佳氏、普佳氏、蒋佳氏、庞佳氏、良佳氏、范佳氏、郑佳氏、方佳氏、全佳氏、莽佳氏、豊（丰）佳氏、崔佳氏、郎佳氏、唐佳氏等。[①]《奉天通志》内对该姓氏的加载只简单地在姓氏后标注了国初归顺者“汉军改入满洲”及世居地方的字样，其他信息并未记录，所以仅仅根据《奉天通志》对此姓氏信息的记载，我们不知此汉军的来源和隶属旗籍，很容易简单地将其标注的“汉军”认为是通常意义上的外八旗汉军。因为资料来源于《八旗氏族谱》，所以引发了进一步猜想，会不会是由于官方记载的混同，导致了把内务府汉军误认为外八旗汉军的情况。若想明确此问题，还需要与《八旗满洲氏族通谱》中的记载相互印证。根据乾隆初年编订的《八旗满洲氏族通谱》中的记载，以上姓氏都被划分至满洲姓氏之内，说明他们的确是从汉军改入满洲的，但是这个所谓的“汉军”却有着身份上的差别。通过对《奉天通志》和《八旗满洲氏族通谱》的比较印证，以上由汉军改隶满洲的姓氏可分为三种类型。

第一种，由汉军旗分改入满洲旗分者。分别是祖佳氏（正黄旗）、高佳氏（镶蓝旗）、墨佳氏（正黄旗）、安佳氏（镶红旗）、田佳氏（镶

① 王树楠、吴廷燮、金毓黻等纂：《奉天通志》，东北文史丛书编辑委员会点校、出版，沈阳古旧书店1983年版，第2356—2363页。

红旗）、郑佳氏（正黄旗）、莽佳氏（正红旗）、郎佳氏（镶蓝旗）、唐佳氏（镶蓝旗），《八旗满洲氏族通谱》中直接指明其所隶旗分，由于这些姓氏被划分至满洲姓氏之内，加之《奉天通志》记载，可知，这些姓氏都属于外八旗人，是由汉军八旗改入满洲八旗，并未入包衣籍。

第二种，隶属于满洲旗分的汉姓包衣。分别是刘佳氏、刘尚彩、镶白旗包衣人[①]；陈佳氏、陈国桂，镶白旗包衣人；秋佳氏、浩罗，镶红旗包衣人；屈佳氏、屈子明，镶红旗包衣人；普佳氏、本柱，镶红旗包衣人；蒋佳氏、蒋山，镶红旗包衣人；庞佳氏、吴巴礼雅库，镶红旗包衣人。[②] 这些姓氏原属于汉姓，国初来归后隶属于满洲旗分，故《通谱》中，直接在人名下记载“某某旗包衣人”。出任官职也多为典仪包衣等职，说明他们始终是包衣身份。

第三种，由本旗包衣改隶旗籍者。分别是福塔氏，原曾姓汉姓人，曾启盛，正红旗人，国初来归，原任典仪，由本旗包衣改隶[③]；范佳氏，额尔济图，镶蓝旗人，国初来归，原任护军校，由本旗包衣改隶；良佳氏，善庆（《奉天通志》作庆善），镶蓝旗人，由本旗包衣改隶[④]；方佳氏，方琯，正红旗人，由本旗包衣改隶；全佳氏，全仕登，正红旗人，由本旗包衣改隶；崔佳氏，崔武色，正红旗人，由本旗包衣改隶；豊（丰）佳氏，豊国正，（《奉天通志》作豊国）正红旗人，由本旗包衣改隶。[⑤]《八旗满洲氏族通谱》在所记录的这几种姓氏之下记载了“某某旗人”，并在后注明是“由本旗包衣改隶”，说明该姓氏可能

① （清）弘昼、鄂尔泰、福敏等：《八旗满洲氏族通谱》，辽沈书社 1989 年版，第 640 页。

② （清）弘昼、鄂尔泰、福敏等：《八旗满洲氏族通谱》，辽沈书社 1989 年版，第 682—685 页。

③ （清）弘昼、鄂尔泰、福敏等：《八旗满洲氏族通谱》，辽沈书社 1989 年版，第 677 页。

④ （清）弘昼、鄂尔泰、福敏等：《八旗满洲氏族通谱》，辽沈书社 1989 年版，第 693 页。

⑤ （清）弘昼、鄂尔泰、福敏等：《八旗满洲氏族通谱》，辽沈书社 1989 年版，第 705—706 页。

是由包衣籍被抬入满洲旗。

综合以上三种情况，得知《奉天通志》中所记载的“汉军改入满洲”的情况在《八旗满洲氏族通谱》中可表现为汉军旗改入满洲旗者、包衣身份未发生变化者及由本旗包衣改隶为旗籍者。凡此三种，都被列入“汉军”的范围之内，可见汉军的含义包含了汉姓包衣和汉军旗人，他们在官方文献中已经被混同使用，如不详细加以区分，就会造成内汉军和外汉军的混淆，后人对此也难免产生模糊不清之感。

二　民间记载

前文可知，包衣汉人与汉军旗人在官方记载中已然不是那么泾渭分明，这种现象在民间记载也有所体现，尤其表现在家谱中。

聂司玛屯《常氏谱序》（1854 年文本）记载了明朝开国重臣常遇春九世孙常朗的后代。据该家谱记载，十八世祖常邦国在顺治年间入汉军旗，隶属正白旗籍。“邦国，贸易打牲乌拉，于国朝顺治年间，奉旨：‘将本地汉人，编入旗籍，同满洲人等，一体当差。钦此’。邦国，遂入正白旗籍，亦家焉。”① 小郑屯《常氏谱序》（1917 年文本）：“邦富，贸易打牲乌拉，于国朝顺治年间，奉旨：‘将本地旗人，编入旗籍，同满洲人等，一体当差。钦此’。邦富，随（遂）入正白旗籍，亦家焉。”② 小郑屯《谱书・跋》（1998 年文本）载常氏九世祖常朗后人“被编入臣（陈）汉军八旗”③ 这里以讹传讹，把入旗常氏人列为陈汉军，其实都是内务府汉人。常氏后人出现了满语化的名字，如十三世阿

① 尹郁山、孙守朋编著：《清代汉军旗谱牒资料汇编与研究》，吉林文史出版社 2008 年版，第 14 页。

② 尹郁山、孙守朋编著：《清代汉军旗谱牒资料汇编与研究》，吉林文史出版社 2008 年版，第 14 页。

③ 尹郁山、孙守朋编著：《清代汉军旗谱牒资料汇编与研究》，吉林文史出版社 2008 年版，第 24 页。

虎达，十四世扎勒彬，二十一世依马奈，二十二世阿思泰等，另外还有常氏后人任职经历，如二十二世祥德、二十三世海明保曾任领催，二十五世满春任五品监翎等。“由于与满人数百年通婚交产，耳濡目染，所以自愿由臣汉军旗人更为满族”①，可见他们对满族认同之深。

《宋氏宗谱·老谱序》载：“宋氏，原籍山东登州府蓬莱县宋家寨人。大清国顺治八年（1651），朝廷往关东移民，迁奉天辽阳城西马圈子，耕地为业，加入清军旗镶黄旗，内务府当差，每年进贡棉花。”②而《宋氏宗谱·前言》（1983 年文本）则记为，“查我宋家系汉族，原籍山东省登州府蓬莱县宋家寨人。清顺治八年（1651），朝廷往关东（今东北）移民，至时，我先祖因家境贫寒，生活困难，故乘机携眷迁来关东，行至奉天省辽阳县城西马圈子（今辽宁省辽中区太平村）安家落户，占荒种地为主。后随清制，加入汉军旗的镶黄旗，内务府当差，每年进贡棉花”③。显然《前言》对《老谱序》内容进行了发挥，根据奉天省辽阳县城西马圈子为内务府之地，加入的旗籍只能是内务府，宋氏是内务府汉人，不可能是汉军旗籍，注释又定位为新汉军④，更为错误。这可能是历史记忆错位，抑或是撰谱人对自身祖上曾为奴仆的刻意隐晦。

吉林常氏、宋氏家族可能是包衣汉人，却记载成了汉军旗人。这种包衣汉人与八旗汉军在文字上的混同现象贯穿于清朝始终，清朝前期，在官方记载中就出现了包衣汉人被称作“汉军佐领”的现象。到

① 《常氏家谱·跋》，该家谱由常氏后人常忠青保管。

② 尹郁山、孙守朋编著：《清代汉军旗谱牒资料汇编与研究》，吉林文史出版社 2008 年版，第 307 页。

③ 尹郁山、孙守朋编著：《清代汉军旗谱牒资料汇编与研究》，吉林文史出版社 2008 年版，第 308 页。

④ 尹郁山、孙守朋编著：《清代汉军旗谱牒资料汇编与研究》，吉林文史出版社 2008 年版，第 307 页。

了雍正、乾隆时期，由于统治者对科举考试的硬性要求，包衣汉人在官方存档中必须标注“汉军”字样，以此来划分籍贯，包衣占汉军额出仕，进一步推动了内外汉军的融合。同时，包衣个人的心理因素也是导致内外汉军混淆的重要原因。乾嘉以后内务府包衣汉人不愿提及其奴仆的身份，故意讳言，主动向汉军旗人靠拢，营造出自己是汉军旗人的“假象”。

包衣汉人与汉军旗人入清以来本不相同，为什么包衣汉人主动向汉军旗人融合呢？随着清代社会的发展，奴仆身份地位不断提高，对地主阶级的人身依附关系降低。如此包衣汉人迎来了发展的机会。但是社会发展资源有限，怎样利用有限的资源发展呢？汉军旗人与包衣汉人皆源于汉人，但是汉军旗人政治地位高，享受优厚经济利益，包衣汉人向往汉军旗人的地位与待遇，在自身日益减少束缚的条件下逐渐向汉军旗人群体靠拢，有的包衣汉人甚至冒汉军旗人籍。彼此又有许多相同、相似处和交叉点，满洲统治者有鉴于此，在扩大满人的入仕机会的思想指导下，规定包衣归入汉军内考试，把包衣及汉军旗人“打成一片”。本属满洲旗下的包衣，与满洲共同存在，其一切活动包括参加科举考试，也理所当然地随从满洲一起，入学中式均在满洲额内乃无可厚非之事。雍乾以后，规定汉姓包衣一律比照汉军参加科举、占汉军名额出仕，成为以后历代统治者遵循的硬性规定。包衣子弟除非不参加考试，一旦参加考试，他们在礼部及吏部的册档上便都被注上汉军字样。很自然的，别人也就称呼他们为汉军。这不仅导致汉军考试名额被包衣挤占，汉军录取名额减少，而且造成包衣与汉军相混淆。清末民初时期，官私传记和谱牒家乘中，“汉军”一词俨然成为内汉军和外汉军的通用称呼。内外汉军混淆不分就是因为他们已经一步步走向融合，很难细细区分。

第五章　交流交往交融下的清代汉军旗人国家认同

皇太极建立八旗汉军，对于清朝统治来讲，无疑是一场战略上的重大调整。汉军一旗至八旗的扩建不仅仅是名称上的更改，更深层次的是代表清统治格局的变化。加入旗籍后的汉军旗人地位虽然低于满洲旗人和蒙古旗人，但远远高于其他民人。在此之前，没有一个少数民族大规模把汉人编制于其社会组织，加入旗籍就代表身份开始转换成了清朝所培养的特权阶层。故有清一代，旗人作为一个享有经济、政治和法律特权的利益集团，他们越来越清晰地意识到自身相对于汉人而存在的独特地位，也一直在持续不断地加强着对这一身份的认同感。

汉军旗人以其特殊的双重身份在满洲人和汉人之间达成了某种利害上的平衡。八旗汉军建立[①]之前的汉民处境恶劣，汉军八旗的组建在一定程度上缓和了矛盾。

八旗汉军作为承载着满汉双重文化的载体，对于清朝统治来讲是

① 关于八旗汉军的建立第一章第三节已有详细阐述，这里就不重复了。

不可或缺的。皇太极借助汉军旗人的力量，加强了君主权力，为维护清朝统治的稳定和加速满洲社会的封建化步伐创造了有利条件。作为公认的国家正规军，汉军旗人的追求与利益也与满洲、蒙古八旗趋同。

清朝统治者顺应民族融合的趋势，建构“中外一家”“天下一家”的多民族国家，超越了传统的“华夷之辨”局限。在清代多民族国家建构过程中，汉军旗人的国家认同主要经历三个阶段。第一，清初（顺治元年至康熙二十二年）的“大明骨，大清肉”双重认同，包含汉军旗人对满汉两种文化认同，表现为汉军旗人对明清两个王朝同样认同；第二，康雍乾（康熙二十三年至乾隆六十年）时期，历经了康熙年间形成的统一的多民族清朝政治格局，雍正、乾隆时期的汉军旗人对满洲主导下的“中国”认同增强；第三，嘉庆至清末时期，汉军旗人对清朝有较强的国家认同，但是随着国力衰弱，一些汉军旗人对清朝的国家认同出现疏离。外来侵略和辛亥革命运动下，虽然一些汉军旗人投敌或强烈反对清政权，但仍有一些汉军旗人忠于清朝，甚至殉清。下面按照清朝的历史发展进程，详细论述汉军旗人的国家认同。

第一节　接续治统：清初“大明骨，大清肉”的双重认同

在聚焦清代汉军旗人显著特征时，学者精练概括为“大明骨，大清肉”。汉军旗人的主要来源是明朝在失辽后那些被迫投于满洲旗下的汉人，以及降兵降将。刘凤云提到，汉军旗人的代表人物范文程曾有一个经典的比喻，他称呼自己为“大明骨，大清肉”[1]。滕绍箴从文化

[1] 孙守朋：《汉军官员与清代政治研究·序一》，光明日报出版社2011年版，第1页。

角度指出，范文程的名句“大明骨，大清肉”是研究八旗汉军的关键和钥匙。[①] 在感佩学者高度洞察力的同时，不禁要问范文程在什么情况下说出“大明骨，大清肉”[②] 这一名句？目前所见范文程此语只记载于《謏闻续笔》中，不禁使人质疑范文程是否说过此语。这些疑问即为“大明骨，大清肉”的出处与传播问题，这些问题如果放在明清易代的语境下思考，将有利于理解历史时空变换下汉军旗人身份、地位的变迁，以及国家认同心理的变化过程。

一 “大明骨，大清肉”文献出处考

目前所见“大明骨，大清肉”只记载于《笔记小说大观》中的《謏闻续笔》篇什。《謏闻续笔》被收入《笔记小说大观》第三十册，《謏闻续笔》内容翔实，史料真实可信，具有很重要的参考价值，其中所记载的“大明骨，大清肉”更是值得深究。

《謏闻续笔》内容的撰写皆以作者亲历亲闻为依据，记载了农民军首领“闯王”李自成率领部下攻陷北京、吴三桂在山海关引清军南下及明朝旧臣遗老在面临新旧朝廷交替之时的态度等历史史实，记载颇丰，甚至有官方正史中未记载的内容。“书中述闯贼甚详，颇有为《明史·流贼传》所未及者，即隆开、绍武二帝记载亦不略。它如伪先帝、伪皇后、伪太子等亦皆本末源流，粲然具备。”[③] 然作者的姓名已无法详细稽考，在《笔记小说大观中》也只是记载为“明遗民”所著。朱松山曾详细考证过《謏闻续笔》的作者姓名，他根据卷三中所记“京

---

① 滕绍箴：《八旗汉军研究的几点认识——兼评〈汉军旗人官员与清代政治研究〉一书》，《吉林师范大学学报》（人文社会科学版）2014 年第 4 期。

② （明）张怡：《謏闻续笔》，载《笔记小说大观》第三十册，江苏广陵古籍刻印社 1984 年版，第 255 页。

③ （明）张怡：《謏闻续笔》，载《笔记小说大观》第三十册，江苏广陵古籍刻印社 1984 年版，第 251 页。

营官军之制，予于《玉光剑气集》中记之详矣”。推测《謏闻续笔》与《玉光剑气集》为同一作者所著。又谢国桢在《江浙访书记》中曾提到《玉光剑气集》为“明，上元张怡撰，黄稷校订”。据此，则考证《謏闻续笔》的作者亦为张怡。[①]

《謏闻续笔》作者亲历明清改朝换代的历史巨变，多识“掌故”，这保证了其所著《謏闻续笔》所记范文程自称“大明骨，大清肉”的可靠性、可信性。

二　范文程自称“大明骨，大清肉”考

顺治元年（1644），多尔衮成为清政权最高决策人。此时，关内由农民军领袖李自成领导的农民军也已经完全控制了西北地区，建立了大顺政权，并以绝对的压倒性优势直指北京城。一路上农民军势如破竹，明朝处于被动的劣势地位。从当时的局面来看，李自成似乎成为胜利者。在这种争夺中原政权急剧发展的形势下，崛起于东北地区的满族也不甘示弱，加紧了对占取中原的筹备工作。多尔衮根据眼前的形势，果断积极改变对明战略，认为持重前进已不再适应现在的战争阶段，对明战争刻不容缓，而变为积极进取的进攻政策。在这一过程中，满族文化与汉族文化产生剧烈碰撞和冲突，满汉文化殊途终究不为汉人所接受。在满洲统治者定鼎中原，取得全国性胜利的进程中，范仲淹的后人范文程，为清初的入关及开国政策出谋划策，对满汉关系的缓和作出了重大贡献。

顺治元年（1644）的三四月间，是清朝取代明朝的关键阶段。三月中旬，明朝的崇祯帝对当时驻守在宁远的吴三桂下达命令，让他率

① 朱松山：《〈謏闻续笔〉作者考》，《明清小说研究》1995 年第 4 期。

师回京。多尔衮抓住这个机会，趁宁远兵力空虚，伺机而动，“修整军器，储粮秣马，俟四月初大举进讨”[①]。准备向关内进发。四月，李自成率领的农民军攻占了北京城，在城内肆意掳掠，崇祯皇帝已经自缢而亡。面对新的变化情况，已经归附满洲的汉人范文程向多尔衮提出新的策略，他站在后金统治的角度指出，“我国虽与明争天下，实与流寇角也”。范文程建议多尔衮应把战争的矛头对准李自成领导的农民军，因为当时农民军是众矢之的，应改变原来想要联合农民军去共同推翻明朝的战略意图，打出为明复仇的旗号来获取汉人的支持。范文程进而强调，农民军是“必讨之贼也”，“国家止欲帝关东，当攻掠兼施，倘思统一区夏，非乂安百姓不可”，因此必须“申严纪律”，宣布“妄杀者有罪”[②]。这些主张，对多尔衮夺取最后的胜利起到了积极作用。根据朝鲜《李朝实录》记载：“顷日九王（多尔衮）闻中国本坐空虚，数日之内，争聚兵马而行，男丁七十以下，十岁以上，无不从军。”[③] 可谓是做足了准备。四月九日，多尔衮、阿济格和多铎“统领满洲蒙古兵三分之二及汉军恭顺等三王”，十四五万人，“往定中原”[④]。清军从沈阳出发后，原定绕关入边，毁长城突入，准备“从蓟州、密云近京处，疾行而前”[⑤]。四月十五日，多尔衮行军至翁后（广宁附近）时，接到吴三桂的“泣血求救”书，希望多尔衮速整军旅，直入山海。于是多尔衮改变原来的进军路线，一路直奔山海关。由于吴三桂的联清击李，清军在这次与农民军的战争中大获全胜，极大鼓舞了士气，壮大了军心，为继续向中原进发提供了有力的军事保障。

① 《清世祖实录》，中华书局 1985 年版，第 48 页。

② （清）李霨：《内秘书院大学士范程肃公墓志铭》，参见钱仪吉《碑传集》卷 4，中华书局 2008 年版。

③ 吴晗辑：《朝鲜李朝实录中的中国史料》上编，中华书局 1980 年版，第 3726 页。

④ 《清世祖实录》，中华书局 1985 年版，第 52 页。

⑤ 《清世祖实录》，中华书局 1985 年版，第 53 页。

接着，多尔衮宣布清兵入关的主要目的是消灭李自成，帮助明朝臣民给崇祯皇帝报仇。多尔衮的这种提法实际上是利用了汉族地主阶级对农民军的复仇心理，“为尔等复君父仇，非杀尔百姓，今所诛者唯闯贼”[①]。同时，向汉族地主阶级和明朝官僚表示：“官仍其职，民复其业，录贤能，恤无告。”[②] 对清兵也严加约束，“今当申严纪律，秋毫无犯”[③]，不可再如先前一般焚烧抢掠。五月一日，多尔衮率领清军顺利抢占了北京，驱逐李自成军，开始了清朝对全国的统治。入关的第二年（1645），即“招抚文武官二百四十四员，马步兵三十一万七千七百名”[④]。被招降的汉人或被编入绿旗，或入八旗汉军，壮大并巩固了汉军旗人群体的数量和地位。

清军入关打着为明朝报仇的旗号打击农民军，多尔衮率领清军初占北京城时，面临着极其复杂的局面：明朝的忠臣遗老和曾经投降李自成的明朝官吏如何处置，饱受灾荒战乱痛苦的百姓如何安抚，朝堂政治局面如何收拾等。清朝立足未稳，各方势力皆引颈观望，范文程即提出：“义师为尔复君父仇，非杀尔百姓，今所诛者惟闯贼。吏来归，复其位；民来归，复其业。师行以律，必不汝害。”[⑤] 另外，清朝采取了积极的招拢人心策略。多尔衮听从了范文程的“勿杀无辜，勿掠财物，勿焚庐舍”[⑥] 的建议，并下令为崇祯帝发丧，“令官民人等为崇祯帝服丧三日，以展舆情。著礼部、太常寺备帝礼具葬”[⑦]，争取到

---

① （清）李霨：《内秘书院大学士范程肃公墓志铭》，参见钱仪吉《碑传集》卷4，中华书局2008年版。

② （清）赵尔巽等撰：《清史稿》，中华书局1977年版，第9351页。

③ （清）赵尔巽等撰：《清史稿》，中华书局1977年版，第9351页。

④ 《清世祖实录》，中华书局1985年版，第8页。

⑤ （清）赵尔巽等撰：《清史稿》，中华书局1977年版，第9351页。

⑥ 《清世祖实录》，中华书局1985年版，第55页。

⑦ 《清世祖实录》，中华书局1985年版，第57页。

了很多明朝官员的支持。这对当时处于战乱恐慌中的官民无疑起到了稳定安抚作用。根据《謏闻续笔》的记载，清人进入北京城后，“甚有礼。曰中华，佛国也。我辈来作践佛地，罪过罪过”①。作为入关政策的制定者范文程提出了“大明骨，大清肉”的招降口号，以自己为降清榜样，一方面能够忠于明朝，另一方面又可以与清朝联合打击农民军，借以抚慰中原人心。范文程以前生活在沈阳地区，颇受百姓拥戴，在汉人中也享有威信，所以他自称“大明骨，大清肉”对于招徕汉人有激励作用。

对于当时受到儒家“华夷之辨”思想观念影响极深的中原臣子和百姓来讲，满洲作为少数民族入主中原，使他们在观念上仍然难以接受，范文程以“大明骨，大清肉”为号召，从中斡旋，对于民心归附起了很大作用。由于满洲贵族在建立民族国家过程中，崇尚骑射和尚武精神的满洲文化与以农耕为主的儒家汉文化相互冲突、矛盾，范文程针对明朝旧臣不承认清朝文化的正统性，不愿服务于异族统治者的心理，提出“大明骨，大清肉”。骨代表骨气、忠贞忠烈，肉代表身体、活命，肉附着在骨头上，骨头靠肉滋养，骨肉一体，不能分开，“大明骨，大清肉”这一招降口号用于告诫明朝旧民，如今已经改朝换代，旧的时代已经过去，当前所面临的共同敌人是农民军，跟随清军一致反对农民军方为正确出路。这对游离于明清两个政治集团的汉族官僚无疑是一种情感上、精神上和心理上的抚慰。

范文程所提出来的“大明骨，大清肉”为明朝臣民指明了一条出路。人们常用“骨肉分离”来形容亲人之间被迫分开的痛苦，肉

① （明）张怡：《謏闻续笔》，载《笔记小说大观》第三十册，江苏广陵古籍刻印社1984年版，第255页。

是离不开骨头的，而骨头也离不开肉，骨肉同存，岂不乐哉！至于明朝遗民为何对这一观点产生认同，主要有以下几个因素。第一，明朝旧臣无法改变现状。明朝已经灭亡，崇祯帝的自缢使他们不得不面对现实，旧臣民们即使再痛心疾首也无力回天。第二，范文程的建议。范文程以“大明骨，大清肉”为号召，对原明朝统治下的臣民进行安抚，表明此次出兵不是为了伐明，而是“往定中原”，笼络了众多人心。第三，清朝的积极争取。多尔衮下令，明朝的大臣无论是否曾经投降过李自成，“若能归服我朝”都可以不计前嫌，纳入麾下，“仍准录用”，“令在京内阁、六部、都察院等衙门官员，俱以原官员同满官一体办事”①。这对在朝官员来讲，是保持他们在朝堂上地位的唯一途径，是符合他们自身利益的。第四，中原百姓饱受战乱之苦，极度渴望出现一位明君能够使他们安居乐业。另外，他们对农民阶级的仇恨和恐惧也是一个重要因素。明朝后期的官员贪腐成风，对于当时遭受的灾荒、流离失所的平民百姓而言，挣扎和苦痛才是常态。农民军起义后，他们害怕农民阶级占有统治权后会对自身造成威胁，进行疯狂报复。在农民军撤出北京后清军入城，“都民燃香拱手，至有呼万岁者。城中大小人员及宦官七八千人，亦皆投贴来拜”②。

综上所述，范文程为了削弱明朝势力，争取明朝力量，减少清政权统一的阻力，自称“大明骨，大清肉”，以身示范，招降明臣。所以说，范文程在特定的历史条件下，一定是说过“大明骨，大清肉”的。

① 《清世祖实录》，中华书局1985年版，第189页。
② 吴晗辑：《朝鲜李朝实录中的中国史料》，中华书局1980年版，第3729页。

三 汉军旗人“大明骨，大清肉”之意识

清人关初，所面临的问题是满人恐怕与汉民有隔阂，用汉人又恐怕无法贯彻国家的政令措施，即“汉人有所顾忌而不敢尽忠于朝廷，满人又有所凭借而无以取信于天下矣”①。满人未谙汉语和汉人民情，与明朝官员的沟通有着隔阂，汉人则对被看作“异族”的满人有着极深的偏见和顾忌，不愿为其效忠。汉军旗人恰恰正是这些症结所在的契合点。与汉人相比，汉军不是纯粹的汉人，而是与满洲一样，同为汉地征服者，他们之间有着一致的利益诉求，在“大明骨，大清肉”的号召下，汉军旗人继续为清朝效力。

后金时期被编入汉军八旗的汉人在满洲社会此时已经度过了十几个春秋，与满洲朝夕相处的过程中，在语言和服饰上双方已然能够相通，汉军旗人畅晓娴习满、汉两种语言文字已经是较为普遍的现象。汉军镶白旗王文奎（本姓沈）翻译辽、金、元史。② 皇太极设立文馆后，汉军镶蓝旗朱延庆因通晓满汉文而被选入文馆任职③，等等。汉军旗人不但饱读诗书，通晓文化典故，在武功和肃清纲纪方面也颇有建树。他们在归附后金后披甲执锐，随军四处征战。宁完我曾从攻大凌河及招抚察哈尔；④ 范文程跟随皇太极入蓟门，克遵化，后又率兵攻占潘家口、马兰峪、三屯营等地；⑤ 李栖凤曾攻克韶州、雷州、廉州、化

① （清）储方庆：《殿试策》，载（清）贺长龄、魏源编《清经世文编》，中华书局1992年版，第197页。

② （清）鄂尔泰等修：《八旗通志》，东北师范大学出版社1985年版，第4625页。

③ （清）鄂尔泰等修：《八旗通志》，东北师范大学出版社1985年版，第4664页。

④ （清）赵尔巽等撰：《清史稿》，中华书局1977年版，第9360页。

⑤ （清）赵尔巽等撰：《清史稿》，中华书局1977年版，第9350页。

州等地；[1] 马国柱攻克太原，底定汾州、平阳、潞安、泽州等地。[2] 汉军旗人为肃清纲纪也积极建言献策，正蓝旗马光远以“如有廉能公勇者，许即时奏闻，以听皇上试用。如此则忠良进步，狐鼠潜踪，而国家事无不大治矣”[3] 为由，建议皇太极设立都察院完善督察工作。镶蓝旗申朝纪“刚毅果断，下车劾贪吏数十人，君僚肃然”[4]。镶红旗李栖凤“任督抚十年，清操如一”[5]。汉军旗人为清朝的建立和延续屡立战功，竭力抚绥，这来源于他们对清朝政权的认同，统治者也赋予了他们相当的信任，对他们授以高官，委以重任，顺治年间“各省驻防出征，多用汉军”[6]，并强调“满汉一体，视如家人父子。自今以后诸臣必同心报国，不复有所顾惜矣”[7]，“朕不分满汉，一体眷遇”[8]。清初的督抚大多为辽东人，“整个顺治年间，满洲、蒙古人，没有一个任督抚者……而汉军督抚却达 116 人”[9]。二者相得益彰，进一步增进了汉军旗人与清朝政权之间休戚与共的关系。长期在满洲的生活经历使他们悉谙满人的风土人情和文化习惯，社会生活和官场仕途的浸染使汉军旗人在心理上与满族日益贴近，肩负起协同满汉、维系朝廷统治的重任，成为满洲社会不可分割的一部分，所谓“大清肉”正是这一特征的真实写照。

在满洲社会中“旗人”的称号备受尊崇，享有较多的特权和较高

① （清）赵尔巽等撰：《清史稿》，中华书局 1977 年版，第 9515 页。

② （清）赵尔巽等撰：《清史稿》，中华书局 1977 年版，第 9518 页。

③ 罗振玉编：《天聪朝臣工奏议》，载潘喆、孙方明、李鸿彬编《清人关前史料选辑》，中国人民大学出版社 1989 年版，第 40 页。

④ （清）鄂尔泰等修：《八旗通志》，东北师范大学出版社 1985 年版，第 4665 页。

⑤ （清）鄂尔泰等修：《八旗通志》，东北师范大学出版社 1985 年版，第 4634 页。

⑥ 《清世祖实录》，中华书局 1985 年版，第 986 页。

⑦ 《清世祖实录》，中华书局 1985 年版，第 568 页。

⑧ 《清世祖实录》，中华书局 1985 年版，第 570 页。

⑨ 谢景芳：《清初八旗汉军的地位和作用——兼论清初政权性质》，《求是学刊》1986 年第 3 期。

的社会地位，对于当时明朝的降兵降将和俘虏来讲，入旗是改变自身命运的唯一途径。作为投降和被俘虏之人，往往备受凌辱，生活困顿，生死难料，但满洲统治者为笼络他们，将他们编入八旗系统，享受特殊优待，备受垂青。清朝把他们从俘虏变为正身旗人，身份上的骤变使身陷囹圄的他们感激涕零，这种心理使他们对满洲统治者建立了一种特殊的感情。刘家驹认为清朝把汉人编入旗籍，不仅安抚了降民奴隶的不满情绪，还鼓励了更多汉人对满洲统治者效忠。① 在清朝对外征服战争中，汉军旗人对满洲统治者忠心耿耿，殚精竭虑，为清朝的统一和政权的巩固做出了重大贡献。汉军镶蓝旗人张存仁，原系明辽远副将，在大凌河之役后投诚于后金，皇太极提拔他，授予一等副将世职。张存仁受到重用后，为表忠心向皇太极肺腑陈述三项"负君之罪"。第一，"不实心任事，苟且塞责，畏首畏尾"；第二，"借公行私，顾瞻情面，贻误国政"；第三，"贪财受贿，利家私己"②，若违反以上三例，则请诛之，他对满洲统治者的忠心赤诚可见。为了争取更多的汉人，汉军旗人纷纷为朝廷献计献策，主张开科取士，并举荐了一批原明朝官员，在"大明骨，大清肉"的号召之下，众多汉人官员和知识分子纷纷响应，向朝廷靠拢。顺治二年（1645），张存仁建议朝廷"思不劳兵之法，莫若速遣提学，开科取士，则读书者有出仕望，而从逆之心自息"③；马国柱向朝廷举荐原明官张鹏云、苗昨土、王邦柱等人④；洪承畴广示招徕，向朝廷举荐了原明南京翰林科道部属等官黄文焕等 149 员⑤。清初的鲍承先、祖泽润、王世选等人，在归附清朝

① 刘家驹：《清史拼图》，山东出版集团 2006 年版，第 92 页。
② 《清太宗实录》，中华书局 1985 年版，第 380 页。
③ （清）鄂尔泰等修：《八旗通志》，东北师范大学出版社 1985 年版，第 4384 页。
④ 王锺翰点校：《清史列传》，中华书局 1987 年版，第 301 页
⑤ 《清世祖实录》，中华书局 1985 年版，第 190 页。

后与汉地妻、子分离，在盛京另娶妻生子，袭替世职由“满洲化”的盛京出生之子承袭，新建旗人谱系，其意为断绝汉人系统而另建新的旗人谱系。[①] 这说明汉军旗人满化色彩明显，认同清政权。

清初的汉军旗人是由早先投靠满洲的汉人或投降满洲的明军改编而来，大多是被迫加入清政权。他们与明朝或南明政权有着千丝万缕的联系，一时难以忘掉明朝，心存故明认同。如吴三桂打起“反清复明”旗号时，一些心存故明认同的汉军旗人，跟随吴三桂走上了反清的道路。还有就是当汉军旗人身份受辱、对待遇不满之时，故明认同显现而寻衅滋事。康熙初年，朝廷给福州将军佟国瑶的上谕中，指出驻防镇江、杭州、福建等处汉军官兵不满地位低于满蒙旗人，以前朝为好，恣意妄为，侵占廛市，擅放私债，买卖人口的匪类行为，而且唆使满洲人为非作歹，顺便给自己捞好处。[②]

清朝统一全国和巩固政权过程中，把各民族置于其统治之下。由于实现统一的途径主要通过武力，所以满汉关系紧张。统一后，各民族进入融合阶段，医治战争的创伤。在汉军旗人的固有观念之中，他们饱受儒家思想熏陶，始终把皇权看作神圣不可侵犯的。由于八旗制度是清朝政权的重要组成部分，那么隶属于八旗制度之下的汉军旗人的荣华富贵则皆为皇帝所赋予，其前途和命运皆系于皇帝一身。清朝初建，政局尚未稳定，清朝为了吸取更多汉人的支持，在明清交替时期是允许“大明骨，大清肉”这种双重认同存在的。待统治稳定后，清廷不再允许对明朝和清朝产生双重认同。在这种盘根错节的复杂关系中，汉军旗人若想有一席之地，就必须为加强皇权宣猷效力。故汉

① ［日］绵贯哲郎：《从“归附汉人”转到“汉军旗人”——以“盛京出生”者为中心》，《清史研究》2015 年第 4 期。

② 陈江明：《清代杭州八旗驻防史话》，杭州出版社 2015 年版，第 109—110 页。

军旗人在为自身争取利益、巩固皇权的同时，对清政权的认同也在无形中进一步加强。

第二节 康雍乾时期汉军旗人的清朝国家认同强化

康熙帝在位初年，国家政权尚未稳定，清朝统一中原的大业未竟，国内一片百废待兴的景象。尽管顺治皇帝下达并实施了一系列缓和民族矛盾的政令与措施，但在后代皇帝登基后的很长一段时间内仍存在诸多问题。

一 “三藩之乱”后汉军旗人的政治趋向

康熙帝亲政后，面临日益难以控制的三藩势力，决定采取撤藩措施来解决这一尾大不掉的问题。康熙十二年（1673），吴三桂在云南起兵之时诛杀朱国治，同时极力笼络武将和亲信，率先举起了反清的大旗，又加紧了联合镇守福建的靖南王耿精忠和镇守广东的平南王尚可喜的步伐。在吴三桂煽动下，王辅臣、祖泽清等众多汉军旗人纷纷响应。三藩之乱的过程与影响史学界已有过诸多探讨，但鲜有从汉军旗人国家认同心理变化来研究的。

（一）参与的汉军旗人

康熙帝下撤藩令始于康熙十二年（1673）三月，康熙帝借口平南王尚可喜上疏“欲归辽东耕种”① 的事件决定削除势力强盛的“三藩”。导致十二月吴三桂率属下起兵反清。吴三桂举兵反清，这是清立

① （清）勒德洪：《平定三逆方略》卷1，载《钦定四库全书》，上海古籍出版社1987年版，第5页。

国以来第一次地方对中央强烈的武装反叛，很快便在全国范围内形成了一股强大的反清浪潮，“数月而六省皆陷”①。云贵川湖以及广西、福建，尽为反清势力占据，进而浙江、江西、广东、陕西等地亦被兵燹。康熙帝对于吴三桂反清的号召力，也不讳忌地说：“吴三桂背恩反叛，天下骚动，伪檄一传，四方响应。”② 许多汉军官员响应吴三桂的号召而加入了反清活动的行列。汉军官员的纷纷反清，原因不尽相同。如，汉军旗人孙延龄、耿精忠和尚之信主要是因为争权夺利与部将或与清廷存在矛盾冲突，响应吴三桂，走上反清道路；陕西提督王辅臣则因满汉矛盾冲突而叛；一部分汉军官员因与吴三桂关系密切而从叛，如贵州提督李本深原是吴三桂心腹，广东高雷廉总兵祖泽清为吴三桂表弟；更多的汉军官员则被裹胁从叛，如尚之信反清，致使两广总督金光祖、广东巡抚佟养巨、广西巡抚陈洪明等一些官员，迫于压力也加入了反清队伍；孙延龄叛清，挟都统线国安及其子一起举旗响应吴三桂。这些汉军旗人的叛清是由于此时君主年少，国家初定，政权尚未巩固，加之一些汉军旗人还抱有“大明骨，大清肉”的双重认同倾向，尚未实现转向，故对清朝的认同并不十分坚固。

1. 耿精忠

三藩之乱兴起后，南方的城市一时间烽烟连绵，战火不绝。康熙十三年（1674）三月，耿精忠在福建响应吴三桂，走向了背离清朝的道路，幽禁总督范承谟。起兵不到一个月，他的势力急剧膨胀，“众至十万，陷乐清、天台、仙居、称嵊县”。耿精忠“蓄发，易衣冠。铸钱曰‘裕民通宝’”③，以示与清朝彻底决裂。耿精忠的这一做法表明他

① （清）魏源：《圣武记》，中华书局1984年版，第64页。
② 《清圣祖实录》，中华书局1985年版，第1246页。
③ （清）赵尔巽等撰：《清史稿》，中华书局1977年版，第12854页.

对权力的追逐已经超越了单纯地想要反叛清朝统治的想法，俨然成为一个地方政权。耿精忠的家人对此极力反对。据《清史稿》记载："精忠母周氏，阻精忠毋叛，精忠不听，周氏愤死。"① 事实证明，周氏的担忧并非没有道理，朝廷迅速对叛军采取了对策。康熙帝令康亲王杰书和贝子傅喇塔为将军，又命岳乐和喇布两军声援，率师下浙江迎击。清军力战，屡破敌垒，叛军方的情势渐蹙，耿精忠的一意孤行终于得到了审判和制裁，他在康熙帝最艰难的时刻趁火打劫，这是其悲剧的源头。康熙十五年（1676）十月，耿精忠袒身露体出城投降，并自请从征，剿灭台湾郑经势力，将功赎罪。康熙帝下令保留耿精忠靖南王爵位，并命其随清军攻打台湾，对其家人也从宽从宥，"耿精忠虽形同禽兽，辜负国恩，伊弟耿昭忠、耿聚忠及族人等，道途远隔，实未同谋，竟尔株连，朕心不忍，概从宽释，所有官职悉令如故，以昭朕矜全之意"②，其子显祚被授为散秩大臣在朝堂任职，其弟耿昭忠也被任命为镇平将军，驻守福州。

耿精忠虽叛，但其家人和部下的叛意却不是十分强烈，或者说他们在归正以后对清朝的认同意识有了显著增强。康熙十六年（1677），在耿精忠驻守潮州期间，"藩下参领徐鸿弼等使赴兵部具状，讦精忠降后尚蓄逆谋"③。康熙十九年（1680），在耿精忠觐京之际，其弟耿昭忠、耿聚忠也上疏弹劾他"背恩违乱，违母周氏训"④，最终耿精忠被入狱处死。自古忠义难两全，此处的徐鸿弼、耿昭忠、耿聚忠等人对耿精忠的检举不能简单地以亲友关系的亲疏远近来衡量，在国家面前，个人能够将国家作为自身的最高认同和归属对象，并将自身的利益和

① （清）赵尔巽等撰：《清史稿》，中华书局 1977 年版，第 12855 页。
② 《清圣祖实录》，中华书局 1985 年版，第 727 页。
③ （清）赵尔巽等撰：《清史稿》，中华书局 1977 年版，第 12856 页。
④ （清）赵尔巽等撰：《清史稿》，中华书局 1977 年版，第 9408 页。

信念自觉地置于国家情感之下，方系作为一名国家公民所应该具有的责任和践行的义务。

前文提到被耿精忠幽禁的范承谟是范文程之子，隶汉军镶黄旗，生活在满洲上层社会之中，且自幼受忠君思想熏陶，与清廷关系十分密切，在耿精忠要挟他一同反清被严词拒绝后，范承谟被囚于隘室七百多个日夜，暑夏溽湿，寒冬酷冻。身体受尽折磨，仍心系朝廷，“日冠御赐冠”，每逢朔望日“奉时宁书一册，悬北墙上，被械北向跪拜”[①]，誓死不从叛军，最终被叛军杀害。范承谟在国家危乱之际坚守立场，为朝廷不顾自身生死安危，诸如此类的还有云贵总督汉军正蓝旗甘文焜[②]、广西巡抚汉军镶红旗马雄镇[③]等人，把汉军旗人对朝廷恪尽阙职、兢兢业业的赤诚精神展现得淋漓尽致。

2. 尚可喜父子

在三藩之乱中，尚可喜并没有反清，他深知只有得到朝廷的信任，才能保得住尚氏一门的荣耀，故尚可喜与云贵方向的吴三桂火拼，矢志报国以示忠诚。康熙十三年（1674），潮州总兵刘进忠密谋耿精忠叛变，地处台湾、福建与云南中间地带的尚可喜开始面临来自东、西两方面的军事压力，“尚可喜请增兵戍广东”[④]。次年，高州总兵祖泽清响应吴三桂，迫使广东大片领土的陷落，广州、恩平、阳江等地相继失守，当前形势急剧恶化，保卫百姓和领土、驱逐叛军这份重担沉沉地压在了年迈的尚可喜身上。年过七旬的尚可喜恪守臣子之道，在面对吴三桂的屡次劝降中，尚可喜均严词拒绝，坚定地与朝廷站在同一方。康熙十三年（1674）尚可喜上疏言曰“臣叨忝王爵，年已七十余，

① （清）鄂尔泰等修：《八旗通志》，东北师范大学出版社1985年版，第4450页。
② （清）赵尔巽等撰：《清史稿》，中华书局1977年版，第9721页。
③ （清）鄂尔泰等修：《八旗通志》，东北师范大学出版社1985年版，第4485页。
④ （清）赵尔巽等撰：《清史稿》，中华书局版1977年版，第9286页。

虽至愚岂肯向逆贼求富贵乎？惟知矢志捐躯，保固岭南，以表臣始终之诚”[①]。而他的儿子尚之信则选择了与他的父亲对立的那一方。尚之信是尚可喜的长子，年轻时曾深得顺治帝的器重与赏识，在朝廷任职，被授予少保兼太子少保一职。身为嫡长子的他，一举一动都会牵扯到家族的利益，但偏偏尚之信嗜酒好杀，且常与其父发生争执，使得父子间的隔阂也日益加深。康熙十一年（1672）尚之信返回广东后不久，父子之间因权力纷争产生嫌隙，尚之信“凶残暴虐，赋性豺狼，其父可喜深虑其包藏祸心，戕害诸弟，因有移归辽东之请”[②]。尚可喜上疏归辽东，平南王爵位由尚之信“袭封留镇”，但部议以“藩臣无乞休子袭之例”[③]为由反对尚之信袭爵，适逢吴三桂起兵，尚之信袭爵的事情暂时告一段落。尚可喜奉诏留镇，东归的心愿未达成。在平定叛逆军的过程中，因担忧尚之信“拥兵速祸”[④]，故而解除了尚之信掌握的兵权。康熙十三年（1674）四月，尚可喜再次向康熙帝上疏言曰：“臣察众子中，惟次子、都统尚之孝律己端慎，驭下宽厚，可继臣职。”[⑤]尚之信的地位一落千丈，他的弟弟尚之孝深受父亲的喜爱与器重。在尚之信看来，权力和亲情皆已丧失，甚至唾手可得的爵位也即将与自身失之交臂，这使他备受打击，心理极度不平衡。康熙十五年（1676），广东形势日渐危急，已年过七旬的尚可喜面对前有反清叛军，后有台湾郑经集团的局面已分身乏术。二月，吴三桂抓住广东平南藩旗内部父子权力纷争的机会，乘虚而入，利用尚之信迫切想夺回爵位的愿望，

① （清）赵尔巽等撰：《清史稿》，中华书局1977年版，第9414页。
② 王锺翰点校：《清史列传》，中华书局1987年版，第6673页。
③ 王锺翰点校：《清史列传》，中华书局1987年版，第6669页。
④ 王锺翰点校：《清史列传》，中华书局1987年版，第6673页。
⑤ （清）勒德洪：《平定三逆方略》卷5，载《钦定四库全书》，上海古籍出版社1987年版，第5页。

极力笼络尚之信，“许尚之信易公为王，令世守”①，尚之信正中吴三桂的下怀，被政治利益驱使，举起了反旗。

尚氏父子在叛军的煽动下有着截然不同的立场，尚可喜在攻守维艰的局势之下，坚定地站在了清朝一边，在康熙十五年（1676）二月其子尚之信兵变之时毅然选择“投缳自尽”，欲以死报国，被左右救下后“犹豫疾笃”②，不久忧愤而死。其子尚之信投降于吴三桂，反叛清朝，虽有种种原因，但从总体上看，尚之信的叛清意愿并不十分强烈，他关心的仅仅是自己是否能够顺利继承平南王的王爵，以及尚氏家族的利益在广东地区免遭侵害。在尚之信起兵叛清后，很少和清军正面产生冲突，在一次战争中仅“以炮击我营”③，并未采取其他军事行动，没有想要和清廷决一死战的计划和想法，炮击清军大营不过是迫于形势压力必须向吴三桂做出姿态的手段。④ 尚之信的所求所想不过是出于谋求自身的利益，并不涉及彻底地反叛朝廷，之所以起兵反清，最主要的原因不过是泄愤。尚之信投降于吴三桂后，吴三桂一改先前之态度，凭借尚之信因外贸而获取大量钱财，频频催促尚之信助饷出兵，进而利用权力对他进行威逼利诱，打算时机成熟夺取广东。这对尚之信本人及其家族的利益都产生了严重威胁。此时腹背受敌的尚之信反清立场产生了严重动摇，不得不重新考虑政治上的抉择。康熙十六年（1677）三月，尚之信归降朝廷。康熙帝宽宥处理，命尚之信承袭其父平南亲王之爵位，没有深究他反叛的罪行，其部下文武官员也各复旧职。随后，高雷总兵祖泽清、琼州总兵佟国清、惠州总兵陈莲

---

① （清）王钺：《水西纪略》，载《世德堂文集》，中国国家图书馆藏，康熙四十年刻本。

② 《清世祖实录》，中华书局1985年版，第862页。

③ （清）勒德洪：《平定三逆方略》卷23，载《钦定四库全书》，上海古籍出版社1987年版，第4页。

④ 赵梓淞：《三藩之乱中尚之信立场研究》，硕士学位论文，中央民族大学，2009年。

陆续归正，广东随即被平定。至此，三藩之乱的平定进程按下了快进键。

3. 祖泽清

在叛军中有归正后对朝廷忠心耿耿的，也有怀有异心准备二次叛清的，祖大寿的第四子祖泽清则是一例鲜明的典型。祖泽清曾跟随其父祖大寿归顺清政权，隶属于汉军镶黄旗。曾担任参领，康熙六年（1667）十二月，升任广东高、雷、廉总兵官，仕途上可谓顺风顺水。康熙十二年（1673），以吴三桂为首的平西王、平南王和靖南王以朝廷削藩为由，在我国南部和西南部起兵反叛。康熙十四年（1675）五月，在表兄吴三桂的煽动下，祖泽清积极响应了他，举起反旗，起兵叛清，一时间群盗蜂起，“小民失业往往去而为盗，或乘大船厉兵刃聚众以私采，官法不能禁……与官兵相格杀前后不可胜计”①，攻陷了雷州、廉州、德庆等州县，直向广州逼近。在祖泽清叛清的前一年，即康熙十三年（1674），潮州总兵刘进忠公开叛乱，这对祖泽清来说无疑是一个震动，于是毅然加入反清队伍。次年七月，清廷下令：“镇南将军尼雅翰见统兵驻广东，前锋统领舒恕亦率兵前往。着平南亲王尚可喜、将军尼雅翰、总督金光祖等会商剿御，毋使贼势滋蔓，仍严饬沿边将弁固守地方。”② 双方事势危急，十二月，平南王尚可喜上疏言：“逆贼刘进忠勾引郑锦入潮州，祖泽清勾引马雄至高州，粤东十郡竟失其四。”③ 三藩之乱的叛军声势浩大，康熙帝为了分化、瓦解敌军，采取剿抚并用的措施。康熙十六年（1677），清军势如破竹，扭转战局，挺进广州。尚之信、严自明、傅弘烈等叛清将领纷

① （清）杜臻：《粤闽巡视纪略》卷1，载《钦定四库全书》，上海古籍出版社1987年版，第38—39页。

② 《清圣祖实录》，中华书局1985年版，第732页。

③ 《清圣祖实录》，中华书局1985年版，第758页。

纷投降。六月，势单力孤的祖泽清也放弃抵抗，率部投诚，遂“高、雷、廉三郡悉定”①。祖泽清上书言曰：“罪臣束兵无术，临难偷生，蓄恨两年，始得乘机斩贼，率属归正，静听处分。”康熙帝的招抚原则是主动投降，既往不咎，故对祖泽清说道：“祖泽清先虽被胁从逆，仍感恩归正，其加都督同知，仍管总兵官事。”② 在接下来平定叛军的战斗中，祖泽清“密谋斩倡乱逆弁陈嘉正，擒伪将军谢厥扶等，剃发归顺”③，同广东广西总督金光祖直取南宁等府立下功劳④，为国宣力。十二月，康熙帝升广东高、雷总兵官祖泽清为銮仪卫銮仪使。⑤ 次年春，祖泽清的心志再次产生动摇，踞高州复叛。康熙帝大怒，谕平南王尚之信等：“祖泽清先经反叛，及投诚之后，随加宽宥，仍授总兵，旋擢銮仪卫使。今复背恩反叛，凶恶已极，宜即行诛灭，以惩奸类。”⑥ 下令速行剿灭，“既降复叛，则甘心附贼可知最终。情罪重大，国法难容，不许招抚，亦不许其投诚”⑦。祖泽清的反复无常，两度反叛，对清朝国家认同摇摆不定，引起了天子之怒，最终穷途末路的祖泽清没有得到善终。

4. 王辅臣

顺治七年（1650），王辅臣任御前一等侍卫，后官至总兵，深得顺治帝赏识。吴三桂在未掀起叛清活动前曾极力笼络王辅臣，并请示顺治帝将他隶属于自己部下。二人之间的隶属关系为后来共同筹谋叛清埋下了伏笔。康熙帝即位后，调王辅臣出任平凉提督。在这段任期之

① 《清圣祖实录》，中华书局 1985 年版，第 863 页。
② 《清圣祖实录》，中华书局 1985 年版，第 870 页。
③ 吴忠匡总校订：《满汉名臣传》，黑龙江人民出版社 1991 年版，第 4641 页。
④ 《清圣祖实录》，中华书局 1985 年版，第 889 页。
⑤ 《清圣祖实录》，中华书局 1985 年版，第 903 页。
⑥ 《清圣祖实录》，中华书局 1985 年版，第 928 页。
⑦ 《清圣祖实录》，中华书局 1985 年版，第 1029 页。

内，王辅臣和经略莫洛之间的矛盾逐渐激化。康熙十三年（1674）十二月，在吴三桂叛清的浪潮之下，王辅臣集结叛军，杀莫洛，响应吴三桂，参加了这场叛清的斗争。“王辅臣亲领精锐，及秦州逃寇，毕集平凉”①，叛军以平凉为根据地，四处攻伐，在陕甘、巴蜀一带树起了反清的旗帜。朝廷秉持“王辅臣一日不灭，秦州百姓一日不安”②的信念派兵剿灭叛军。康熙十五年（1676），朝廷派图海、周昌等人率兵紧急前往陕西平叛叛军，如破竹之势将其镇压。王辅臣走投无路，最终出降，至清军营“叩头谢恩。遂入城雉发，率众来降”③。康熙帝为安抚他，将其官复原职，“王辅臣既感戴国恩，悔罪投诚，著复其原官，加太子太保衔”④。郁郁不得志的王辅臣最终在忧愤中选择自尽。王辅臣出身于明朝官宦人家用仆的家庭，适逢朝代变更、天下大乱之际，加入了农民军的队伍，后流窜至明朝大同总兵姜瓖麾下抗清，又在清军入关后跟随姜瓖转而投向阿济格，为清军效力。在镇守平凉期间，与全权掌管陕晋兵马调动大权的莫洛共事过程中频频产生矛盾。在平叛宁羌叛乱前夕，莫洛克扣王辅臣部下的粮草和马匹，这成为王辅臣忍受莫洛压制的最后一根稻草，二人关系彻底恶化，他将莫洛杀死。而此时的吴三桂叛军形势大好，清军则处于被动地位，王辅臣深知杀死莫洛已经是死罪，没有退路的他在衡量利弊后选择投靠吴三桂。

王辅臣的出身和经历决定了他不可能有深度的文化和见识，更谈不上民族大义和气节操守，他的价值观和人生观只能来源于他的生活阅历和经验，而他所经历的却是一次次地在战场上厮杀，一次次被平

① 《清圣祖实录》，中华书局1985年版，第727页。
② 《清圣祖实录》，中华书局1985年版，第733页。
③ 《清圣祖实录》，中华书局1985年版，第796页。
④ 《清圣祖实录》，中华书局1985年版，第796—797页。

庸的小军阀裹挟着投靠他主，在他看来，人生的出路似乎只能在一次次的背叛之中寻找机会。

综合看来，康熙初年汉军旗人的叛清意愿都不是坚定的，产生叛清的行为是有原因的，如尚之信和王辅臣，尚之信是由于与父弟的矛盾尖锐，他即将丧失自己的既得利益，他出于想要保住自身的地位，继承爵位的想法才有了叛清行为。王辅臣是由于杀害了莫洛，走投无路不得不反，加之先前是吴三桂的部下，为了活命这才最终选择了投靠吴三桂。还有归正以后仍然身怀异心准备二次叛清的，如祖泽清、耿精忠之流。在吴三桂的反清复明煽动之下众多汉军旗人叛清，叛军的存在说明清初的汉军旗人对于清朝的国家认同尚未十分强烈。随着清朝国家政权的强大，反叛被镇压，越来越多的汉军旗人增强了认同，自觉地把自己置身于清朝国家政权，承认清朝国家政治权威的合法性，践行作为一名臣子应该履行的准则。

（二）清廷整治汉军旗人的政治趋向

从以上汉军旗人的事例中我们可以看到，投诚后的他们积极地为清朝效力，在当时西、南大部地区皆被叛军占领的情况下，岌岌可危的朝廷正是在他们的支持和认同之下才能够得以完成统一大业，建立起一个强有力的国家。如尚之信被招降后加入平叛军的行列。康熙十七年（1678）四月，谕兵部："逆贼祖泽清背叛，已调平南王尚之信、副都统额赫纳等率兵进剿。复遣将军傅弘烈、都统勒贝等率兵攻取郁林诸处。今闻逆贼自高州勾连山海诸寇，来犯电白，尚之信及将军额楚等速行剿灭。"① 这些汉军旗人对国家认同的增强离不开统治者的开

① 《清圣祖实录》，中华书局1985年版，第935页。

明政策，康熙帝采用了剿抚并用的策略，以抚为主，胁从者不问，立功者受赏，不株连无辜。在耿精忠叛清一案中，康熙帝屡次遣使进行劝降，“岳乐师次南昌，谕精忠，精忠以谩书答之。上复遣其弟聚忠赍敕谕降，至衢州，精忠拒不纳”①。但康熙帝仍不死心，下令若他能够“革心悔祸，投诚自归，将侵犯内地海贼，进剿图功，即赦免前罪，视之如初”②。在尚之信归正后，“命复其爵，随大军讨贼”③。在严厉打击叛军的同时积极招抚，或保留原职，或进秩以示优待，统治者对反叛的汉军旗人从宽处理，对招徕汉军旗人起到了重要作用。由此可见，汉军旗人的叛清行为和意愿皆不是十分坚定和强烈，他们的叛清行为皆有因可循，并不是坚决反对清朝统治，故当国家的力量愈加强大之时，他们对政权的认同也上升到了新的高度。

古代帝王对臣子首先强调的是“忠君”思想和行为，而臣子对君不忠，帝王是绝对不能允许的，尤其对强势帝王来说更是如此。康熙帝惩治反复无常的汉军叛臣，不可辩驳地证明了这一点。三藩叛乱三位首领，其中有两位是汉军旗人，其他从叛的汉军旗人有督抚、提督、总兵，都是高级文武官员，还有其他中下级人员。这些人员都曾得到清廷的信任和恩宠，他们的叛变影响巨大，使清廷大为震动。康熙帝在关键时刻镇定自若，仔细分析形势，以武力进攻为后盾，积极招抚这些从叛汉军旗人。事实证明，对反叛汉军旗人的招抚策略卓有成效，除线国安④早死外，其他汉军旗人多数反正。

康熙帝在招抚这些汉军旗人时，对其种种许诺，表明无论反叛情

① （清）赵尔巽等撰：《清史稿》，中华书局1977年版，第12855页。

② 《清圣祖实录》，中华书局1985年版，第625页。

③ （清）赵尔巽等撰：《清史稿》，中华书局1977年版，第195页。

④ 线国安不是主动倡乱者，是被孙延龄逼反的，清廷理解其“势迫从贼”，遣督捕理事官麻勒吉招抚，而未等麻勒吉至桂林，国安已病死，其子成仁后来归顺。从归正的趋势，和以上事实，加之后来孙延龄决意归顺，推测如果国安未死，极可能归诚。

节多严重，犯下何种罪过，概行宽宥，不予追究，官复原职，仍享有原来待遇，甚至稍有功劳，即加官晋爵，想方设法加以笼络利用。但当平叛日近尾声，则立即开始了对反正汉军官员的惩治。早在康熙十五年（1676），线国安已死；康熙十六年（1677），孙延龄被吴世琮杀害；王辅臣归顺后心怀疑惧，自缢未遂。康熙二十年（1681），云南被清军平定，辅臣入觐途中，至西安病死。[①] 刘秉政被逮赴京，“道病死”。[②] 康熙帝对其他的反正汉军官员也分别做出了处置：康熙十九年（1680）七月，康熙帝下旨：“尚之信不忠不孝，罪大恶极，本当如议处斩，念其曾授亲王，姑从宽赐死。”两月后，尚之信被赐死于广州。[③] 同年，李本深被死[④]，祖泽清与其子祖良梗被处死。康熙二十年（1681）十月，大学士明珠奏言：“精忠罪较之信尤为重大，之信不过纵酒行凶，口出妄言。精忠负恩谋反，且与安亲王书多悖语，情无可贷。当敕法司明正典刑。”康熙帝准奏，于是精忠“被磔于市，悬首示众”[⑤]。康熙二十年，金光祖被革职归旗。[⑥] 康熙二十一年（1682），陈洪明被令流徙宁古塔。[⑦] 此外，尚之信之弟之节、之璜、之瑛和耿精忠之子显祚俱被斩[⑧]；王辅臣死，“停其世袭，罢其子继贞太仆寺卿职”。[⑨]

可见，康熙帝对这些汉军旗人的惩治违背了他招抚时的诺言，可谓言行不一，背信弃义。他为什么这样做呢？在康熙帝看来，这些汉

① 吴忠匡总校订：《满汉名臣传》，黑龙江人民出版社 1991 年版，第 4640 页。
② 王锺翰点校：《清史列传》，中华书局 1987 年版，第 6667 页。
③ 吴忠匡总校订：《满汉名臣传》，黑龙江人民出版社 1991 年版，第 4656 页。
④ 王锺翰点校：《清史列传》，中华书局 1987 年版，第 6649 页。
⑤ 吴忠匡总校订：《满汉名臣传》，黑龙江人民出版社 1991 年版，第 4648 页。
⑥ 王锺翰点校：《清史列传》，中华书局 1987 年版，第 312 页。
⑦ 王锺翰点校：《清史列传》，中华书局 1987 年版，第 6653 页。
⑧ 吴忠匡总校订：《满汉名臣传》，黑龙江人民出版社 1991 年版，第 4656、4648 页。
⑨ 吴忠匡总校订：《满汉名臣传》，黑龙江人民出版社 1991 年版，第 4640 页。

军旗人反复的叛变行径，已经超出他宽恕的底线。为了分化瓦解反清势力，招抚他们是策略需要。他们就抚后，战争还未结束，还要利用他们加速平叛进程。当大功告成时，一切生杀予夺大权重新掌握在康熙帝手中，再也不能信任他们了，未防止历史重演，惩治这些人也是必然之事。[①] 其中耿精忠、尚之信“罪大恶极”，不管两人反正后如何效忠朝廷，也根本不容两人“上疏自辩”，即被处决。学界已经指出康熙帝对耿、尚两人的处置，是有预谋的政治谋杀。[②] 其他反正汉军旗人，不管反正后功劳多大，亦加以严惩，重则失命，轻则革职后郁郁病死。似乎王辅臣早已洞悉了康熙帝必欲惩治的既定方针，在兵变时杀死康熙帝得力干将莫洛的他预感下场之惨，于是执意自杀，终于第二次成功。相比之下，王辅臣倒有先见之明。[③] 但与此同时也应该看到，康熙帝只是惩治了反叛之人，并未因此而借机大规模诛戮汉军旗人，更没有大肆牵连无辜。那些与叛者有密切关系，但始终站在朝廷一边的，并没有受到株连。如尚之信之弟尚之孝、尚之隆等，耿精忠之弟耿昭忠、耿聚忠等，祖泽清的兄弟等，虽然总体受到一些影响，但不至于性命不保，且地位变化也不大，从这一点可以看出康熙帝为政之“宽仁”。但更为重要的是作为“英明”之君的康熙帝清楚地知道反叛的汉军旗人毕竟是少数，绝大多数汉军旗人是忠于朝廷的。就是在平定三藩中汉军旗人如蔡毓荣、董卫国、张朝珍、孙思克、王之鼎等众多汉军文官武将对朝廷绝无二心，竭诚效劳，亦可知之。惩治的目的是以儆效尤，以杜后患，况且还要利用汉军旗人治国

① 王政尧先生认为满洲统治者对汉人与汉军旗人的做法是一脉相承的，康熙帝惩治反正汉军官员实际为乾隆帝纂修《贰臣传》埋下伏笔，做了准备。实为有识之见。

② 李治亭：《吴三桂大传》，江苏教育出版社 2005 年版，第 604 —613 页；滕绍箴：《三藩史略》，中国社会科学出版社 2008 年版，第 1301—1311、1336—1381 页。

③ 李治亭：《吴三桂大传》，江苏教育出版社 2005 年版，第 613 — 614 页。

安邦。

总之，耿精忠和尚之信被斩，王爵被削，其余两姓人员归旗，标志着特权汉军旗人被取缔，纯化了汉军旗人队伍，至此这支队伍整齐划一，也标志着满洲江山已稳。自皇太极以来为利用汉人不惜极大让渡权限的时代已经结束，汉人再也没有封王者，以后汉军旗人与汉人最高封爵只到公一级。对其他罪行不及耿精忠和尚之信严重的反正汉军旗人，康熙帝也决不放过，严加追究处治，对不忠臣子绝不姑息。康熙帝如此铁腕严惩三藩叛臣，清除了汉军旗人的离心力，目的是建立一支绝对忠于自己的汉军旗人官员队伍。

康熙帝的招抚诚意和决心笼络了大部分汉军旗人的心，他们对清朝国家的认同也随着政权的强大而愈加强烈，“康熙朝新编汉军八旗佐领59个”，督抚“汉军则十居其七，满洲十居其三”[①]。康熙朝的众多行政机构中皆有汉军旗人任职，以地方总督为例，担任地方总督的106名官员之中汉军旗人占60人，占总数的56%。[②] 总之，康熙朝国家有实力，君主有能力，从中央到地方的汉军旗人居官者数较多，他们的能力得到发挥，同时证明他们对清政权的强烈认同，愿为国家效力。

康熙年间有这样一则事例，在《在园杂志》中记载，康熙四十六年（1707），康熙帝南巡，至汉军旗人刘廷玑家中，刘氏家族皆恭迎康熙帝的到来，“予随皖抚六家叔扈从”。康熙帝询问了刘氏家族在朝为官的事迹，“蒙圣恩垂问先大父闽抚右司马旧事，六家叔自从龙历任奏对详明。又问子孙居官几人。予跪于后，六家叔指名奏上”。康熙帝面

① 孙守朋：《汉军旗人官员与清代政治研究》，人民日报出版社2011年版，第89页。

② 刘凤云：《清康熙朝汉军旗人督抚简论》，载阎崇年主编《满学研究》第7辑，民族出版社2002年版，第369—370页。

露喜色，赐刘府“拊循江表”“上德贻谋”两块匾额。刘氏家族谢恩后将匾额“恭捧而出”。大学士陈廷敬、学士查昇见到后，谓曰：“‘拊循江表’赐中丞公也，‘旧德贻谋’此赐观察耳。”刘廷玑方才领悟康熙帝赐二匾额的意思。因此，刘廷玑将“旧德贻谋”悬于京师西华厂的御赐府第，并写两首七律诗纪念。悬挂匾额当天，都统李林盛在座，指着匾额曰：“圣意不独奖励观察，今观察七孙渐次成立，天恩期许者至矣，真异数也。”① 可以发现，刘廷玑家族历代皆为朝廷鞠躬尽瘁，赢得康熙帝的认可，直接表达了国家政权强大之下统治者对汉军旗人的期许，同时也反映了汉军旗人的自豪感，表达对清政权强烈的国家认同。

二　“华夷一体”政策下的汉军旗人国家认同

历经顺治和康熙两朝对满汉民族矛盾的缓和与调整，满汉之间的冲突有所缓和，出现了百姓安居乐业的盛世局面，汉军旗人也在强有力的国家政权之下强化了对清朝国家的认同。自清廷瓦解了南明政权势力以来，不断出现反清活动，到雍正年间愈演愈烈，南方江浙一带的反清复明运动此消彼长，传统的“华夷畛域”的心理隔阂短时间内终究难以彻底消弭，成为危及清朝统治的严重隐患。雍正皇帝清醒地认识到，看不见的思想所带来的威胁要远远比看得见的行动更大。于是他对华夷观念重新进行了一番解读，引起了众多汉军旗人的共鸣。

（一）《大义觉迷录》雍正帝华夷观中汉军旗人的“中国”认同

康熙年间，为消弭弥漫在我国南方地区的反清复明思想和活动，

① （清）刘廷玑：《在园杂志》，中华书局2006年版，第4页。

康熙帝专程祭拜了明太祖陵以示心意，并“访察明代后裔，授以职衔”①。雍正帝承续这一做法，又将朱氏后代朱之琏抬旗至正白旗。这是清朝接受并尊重汉族传统的政治表态，试图与反清复明势力达成和解。但社会中仍有“不领情”之人企图利用儒家传统观点与清朝对抗。

清初学者吕留良不仅在思想方面极力申明“华夷之辨”，还在现实活动中欲与清军抗衡。“华夷之分大于君臣之伦”是他反清的核心思想和口号。这个口号对当时江南一带的士人学子影响极大，“华夷畛域”在江南一带广泛流传。早在顺治初年，吕留良就开始招募义勇，试图组建反叛集团与清廷对抗。康熙五年（1666），清廷任命学使至嘉兴考核生员，为朝廷选拔人才。吕留良秉承自己反清的信念，拒不应试，选择归隐乡村，并设馆授徒，疾呼“夷夏之防”，继续为反清事业奔走。康熙帝极力拉拢文人学子，于康熙十七年（1678），特设博学鸿词科，为当时的名士提供大展宏图之所，但吕留良仍不为所动，甚至削发为僧，隐居讲学，日渐，弟子甚众。康熙二十二年（1683），半生都在宣扬反清思想，始终不得志的吕留良在愤恨中去世。斯人已逝，但他的思想在江南一带激起了不小的水花。

雍正六年（1728），曾静命张熙投书于岳钟琪，劝其反清。岳钟琪向朝廷告发张熙、曾静的叛清行动，“岳钟琪疏言有湖南人张熙投递逆书，讯由其师曾静所使”②，成为当时轰动一时的大案，审判得知他们是吕留良反清思想的忠实信徒，反清思想来源皆是受吕留良的著作影响，“曾静供因读已故吕留良所著书，陷溺狂悖”③。此案并不是一个

① 《清圣祖实录》，中华书局1985年版，第1042页。
② （清）赵尔巽等撰：《清史稿》，中华书局1977年版，第326页。
③ （清）赵尔巽等撰：《清史稿》，中华书局1977年版，第326页。

孤立的案件，能够反映出当时仍有诸多知识分子对满洲统治耿耿于怀。雍正帝以儆效尤，对已经去世多年的吕留良、其子吕葆中口诛笔伐，戮尸枭示，警示世人不要听信他的思想，步他的后尘。相反，雍正帝下令释放了张熙和曾静二人，雍正帝这一套看起来一反常态的做法自然合乎其道理，张熙和曾静作为反清分子，劫后余生势必会对朝廷感恩戴德，从而现身说法，赞扬朝廷，使南方江浙一带的民众感受到统治者的诚意和投诚自归仁心，从而安抚、稳定民心，消弭民间满族的排斥思想，为统治寻找合法性根据。同时，张熙和曾静二人特殊的身份也定会使那些同样深受吕留良反清思想影响的文人士子重新考量前途和命运，在国家政权越来越强大之时，自己"无谓"的反抗是否真的必要，自己所奉为圭臬的"华夷之辨"是否真正具有现实意义，自己嗤之以鼻的清朝政权是否应该产生认同。

雍正七年（1729），雍正帝特刊布《大义觉迷录》，把"张、曾逆案"的供词编入其中，并在该书中系统阐述了中原政权和少数民族政权的正统性问题。对于在汉人中广泛流传的"华夷之辨"，雍正帝极力反对这种以华夷作为区分人身份的大民族主义观点，认为清政权是"仰承天命"的正统政权，"为中外臣民之主，则所以蒙抚绥爱育者，何得以华夷而有更殊视"？如今中外臣民共奉清朝，臣民们更应该"归诚效顺，尽臣民之道"，不应"以华夷而又异心"，不应"妄生此疆彼界之分"[①]。雍正帝对华夷观点有着全然不同的解读，他在《大义觉迷录》中创造性地提出"籍贯说"，即"本朝之为满洲，犹中国之有籍贯"[②]，华夷之分在统一政权的国家里只是象征着籍贯的符号而已，

① 清世宗：《大义觉迷录》卷1，哈佛大学汉和图书馆，第2页。
② 清世宗：《大义觉迷录》卷1，哈佛大学汉和图书馆，第2页。

“满汉名色，犹直省之各有籍贯，并非中外之分别也”①，华夷之间并没有文化高低，地域远近，尊贵与低贱之别，不能以此作为政权是否正统的判断依据。正如日本学者所言：“雍正以后的清朝，唤醒了这样一种凛然的气魄——如果‘夷’意味着野蛮，那么我们就是华而非夷；如果‘夷’仅仅意味着异民族，那么说我们是夷而非华也毫无关系。”② 华夷关系自古以来就并非处于剑拔弩张的对峙状态，华夏和夷狄的含义也随时代而变。中原地区为了稳固自己的统治地位，保证自己的文化不会被野蛮文明所侵毁而提出华夏之分，自“五胡入华”后，北方的少数民族与汉族已经逐渐混同了，后来的隋唐统治者系胡汉杂糅几成定论，直至元朝，各民族之间都在不断地同化和被同化，文化也逐渐交融。新疆、内蒙古、西藏等边界之地，都不是传统的汉族活动的区域，但它们确实是中华民族不可分割的领土，在那里生活的人民也是中华民族不可或缺的一部分。雍正帝所提出来的“籍贯说”和“华夷一家”思想突破了狭隘的“内华夏而外夷狄”传统民族观的枷锁，将华夷关系上升到了新的阶段。在这一过程中，雍正帝不仅仅停留在思想与口号层面，在实践方面也落实到位。雍正帝下令将他的谕旨“通行颁布天下各府州县远乡僻壤，俾读书士子及乡曲小民共知之”③。雍正帝铿锵有力地回击了“满汉畛域”的观念和长久存在的对清朝正统性的质疑，更加坚定了汉军旗人的认同。正蓝旗汉军副都统刘汝霖上奏：“汉军子弟宜学习清书，请每旗各设义学一所……于汉军本旗内拣选善射者一二人，教习弓箭。”④ 针对“八旗汉军兵丁技艺俱未娴熟”的情况，“于额数之外挑选丁壮二千名，另设一营，教习训练

---

① 《清世宗实录》，中华书局 1985 年版，第 697 页。

② ［日］安部健夫：《清代史研究》，（日本）创文株式会社 1971 年版，第 39 页。

③ 《清世宗实录》，中华书局 1985 年版，第 152 页。

④ 《清世宗实录》，中华书局 1985 年版，第 154 页。

务期精锐”。[①] 对汉军旗勋旧的子弟关怀备至，命尚可喜、耿仲明、石廷柱、李永芳等诸家子弟“无论在京在外，其年至十五岁以上，二十岁内外者，著拣选带领引见，朕量其才器，令其学习行走，日后俾得成就，以副朕加恩造就勋旧子弟之至意”[②]。雍正帝对汉军旗人及其子弟加大力度教习满语和弓箭骑射，既蕴含着满汉一体无分别的理念，也达到了向汉军旗人传输满洲文化之目的，为汉军旗人进一步加强对满洲政权的认同做了铺垫。尤其是对国初时归顺的辽东地区汉军旗人子弟的着重培养，更加反映了朝廷与辽东汉军的亲密关系。雍正朝的58位总督之中，满洲旗人和汉军旗人分别占15人和14人，另有汉人29人。[③] 113名地方巡抚之中，满洲旗和汉军旗分别占30人和31人，另有蒙古旗1人，汉人51人。[④] 总督和地方巡抚出仕的汉军旗人与满洲旗人的人数旗鼓相当，反映了朝廷对汉军旗人的重视，以及汉军旗人愿为朝廷献身效力的史实。

雍正帝认为虽然清朝是由少数民族建立的政权，但是它开拓了中国的疆域，重新划定版图。“自我朝入主中土，君临天下，并蒙古极边诸部落，俱归版图，是中国之疆土开拓广远，乃中国臣民之大幸，何得尚有华夷中外之分论哉！”[⑤] 雍正帝在位期间平定了青海罗卜藏丹津叛乱，使青海划归中国版图；严厉打击准噶尔叛乱；在西南地区推行改土归流等措施，控制了复杂的多民族共存的广大疆域空间，极大地

① 《清世宗实录》，中华书局1985年版，第499页。

② 《清世宗实录》，中华书局1985年版，第499—500页。

③ 钱实甫：《清代职官年表》第2册，中华书局1980年版，第1387—1399页。该数据由笔者根据《清代职官年表》计算得出，其中西柱未标明旗籍，算入满洲籍内；由于该书成书较晚，故将雍正时期的高斌算入满洲籍内，笔者在计算时也算入满洲籍内；该书此部分将田文镜纳入汉人额，后又纳入汉军籍，故笔者将其纳入汉军额。

④ 钱实甫：《清代职官年表》第2册，中华书局1980年版，第1578—1589页。该数据由笔者根据《清代职官年表》计算得出。

⑤ 《清世宗实录》，中华书局1985年版，第148—149页。

加强了国家政权的合法性与权威性。任何一个族群的人取得了统治权，都无法绕开“正统性”这个关键性问题，在中原汉人的观念之中，一个王朝是否遵循儒家的统治方式和文明要求被看作是否正统的标准，即大一统、礼乐制度、以中国之地为本位，清朝基本也遵循了儒家的典范，被列入中华文明的谱系。在汉军旗人看来，清朝统治者对夷夏观点的分辨与批驳是统治阶级为了维护集团利益，这种出发点与其他王朝维护统治而实施的措施似乎并无本质区别。这样的一种统治方式，在提倡敦睦、中庸的儒家文化氛围中早已习以为常。单凭这一点，就足够取得汉军旗人的信任和认同。

清朝能够取得中原统治的正统地位，与积极吸取前代王朝获取“正统性”的历史经验是分不开的，二者之间是一种连续性过程。当一个被儒学社会所接纳和承认的正统王朝在后期逐渐丧失统治地位的时候，它所代表的“中国”并不会随之而去，接替王朝将继续完成这项“历史任务”。至雍正朝，“华夷之辨”再次被重提，“华夷之辨”与民族主义不同，若把民族主义比作一道墙，那么“华夷之辨”就是很高的台阶，墙这面的人翻过来另一面，那么二者就可以站在一起了；处于底端的“夷”能够爬上很高的台阶顶端，那么即可与顶端的“华”融为一体。清朝若想克服“爬台阶”过程中的痛苦，就需怀有一颗“中国心”。“中国”即代表着天下秩序的中心，是统治华夷的权力枢纽所在，夷狄无不向往。被看作夷狄的满洲虽然承认这一约定俗成的事实，但他们也更加相信中国之主并非只有汉人可以永久独占。欲得到他人的认同，必先自身认同。他们深知，汉人对“中国”有着特殊的心结，若要确立正统地位并争取到汉军旗人的认同，首先要做到对前朝“中国”的承认。也正因如此，满洲统治者在入关后以中国正统自居，将整个清朝的统治区域皆称为“中国”，特别是将儒家思想作为治国的根本理念。在思想上接纳、吸收了代表着中原正统文化和主流文化的儒学思想，就意味着自觉承续了传统中国管理方式。清朝对“中国”的接续和承认就等于直接或间接地促成了汉军旗人对国家政权的认同，其中的内在关系与多民族国家特殊的国家性质密切相关。

清代汉军旗人的国家认同，是在与满洲的合作与矛盾当中逐渐发展并得到深化的。从《大义觉迷录》中雍正帝与张熙、曾静二人辩论中能够看出雍正帝迫切地希望被真心接受的心理。入关前，由于太祖对汉人抱有狭隘的民族偏见思想，这一时期的女真人与汉人关系剑拔弩张，努尔哈赤贬低汉人的做法使诸多汉人憎恨、排斥女真人，更谈不上为女真人效力。自皇太极以后，历代皇帝皆重视与汉人的关系，在官方文书中多次表达“满汉一体”论，皇太极提出“满汉之人，均属一体”①；顺治四年（1647），发布上谕“满汉一家，同享升平”②；顺治十二年（1655），谕兵部“满汉人民，皆朕赤子”③；康熙四十三年（1704）明确提出，“朕于满洲、蒙古、汉军、汉人，视同一体”④；雍正帝的“籍贯说”等事实也一再证明清朝统治者对汉人和汉军的重视，清朝政权若能够长久地存在和发展，满汉臣民必须合而为一，相济为用。以此看来，清朝统治者所做的努力是起到巨大作用的，当然，这种努力并不是清朝单方面的，汉军旗人对清朝的态度是看得见摸得着的，对朝廷也产生一种特殊的认同情感，二者在相互认同的道路上共效驱驰。

“中国”和“中国人”至雍正朝已经成为国家认同的自然符号，

① 《清太宗实录》，中华书局1985年版，第26页。
② 《清世祖实录》，中华书局1985年版，第260页。
③ 《清世祖实录》，中华书局1985年版，第705页。
④ 《清圣祖实录》，中华书局1985年版，第204页。

“中国”作为国家情感的象征，被清朝皇帝屡屡提及。早在关外皇太极时期，即承认明朝为中国，把中国当作天下权力的中心，是秉公持正的象征，“明既为中国，则当秉公持平”[①]。入关后，为塑造全国共主的概念，统治者在公告场合多次提起“中国”。顺治帝称满洲入关“救民水火，扫除暴虐，抚辑黎元，内外同心，大勋克集，因兹定鼎燕京以绥中国”[②]；康熙帝称“我皇上为统驭天下中国之主”[③]；雍正帝称“倘若外国之君，入承大统，不以中国之人为赤子，则中国之人，其何所托命乎”[④]？乾隆帝也认为作为中国之主是“朕仰赖天恩”[⑤]，无上荣耀。清朝皇帝视作“中国”为承载国家统治的精神基础，这对汉军旗人无疑是一种归属上的认同。可见，清朝统治者把自身纳入“中国”的一部分，其政权也是正统的中国政权。雍正六年（1728），蒙古副都统满珠锡礼向朝廷提出奏议，他向雍正帝上疏认为应削减京营武弁等员中汉人的名额。雍正帝反驳道：“从来为治之道，在开诚布公，遐迩一体，若因满汉存分别之见，则是有意猜疑，互相漠视，岂可以为治乎？天之生人，满汉一理，其才质不齐，有善有不善者，乃人情之常。用人惟当辨其可否，不当论其为满为汉也。”[⑥] 并强调在廷诸臣要一德一心，和衷共济，勿各存私见而分彼此。“朕临御以来，以四海为一家，万物为一体。于用人之际比期有裨于国计民生。故凡秉公持正、实心办事者，虽疏远之人而必用，有徇私利己坏法乱政者，虽亲近之人而必黜，总无分别满汉之见，惟知天下为公。凡中外诸臣皆宜深体朕怀，同寅协恭，肱股手足，相交为济，则国家深有依赖久安长治之

① 《清太宗实录》，中华书局 1985 年版，第 235 页。
② 《清世祖实录》，中华书局 1985 年版，第 91 页。
③ 《清圣祖实录》，中华书局 1985 年版，第 569 页。
④ 《清世宗实录》，中华书局 1985 年版，第 149 页。
⑤ 《清高宗实录》，中华书局 1985 年版，第 336 页。
⑥ 《清世宗实录》，中华书局 1985 年版，第 1100 页。

道，比由于此也。”① 维持汉人和满人的平衡，是清朝长治久安的关键，也是关系汉军旗人切身利益的关键。汉军旗人是满汉融合的“混血儿”，它隶属于清朝国家军队，与国家一荣俱荣、一损俱损，他们和蒙古八旗、满洲八旗一道，成为密切相关的共同体，只有清政权长久稳固的发展，他们才有立足之地。

在中国历史上，国人的王朝认同与国家认同始终在同一思想维度上，趋于一致。它往往产生于掌控中原地区的王朝统治逐渐稳定和强大以后，尤其是与周遭外国产生交流和往来时，该王朝就代表中国，其君主和臣民就自然而然称为中国人。对于有着长期大一统历史的中国来讲，国家和政权实际上是一回事，针对外部人士而言，中国的政权就代表着国家，二者有着共同的特质。清朝作为一个大一统王朝，以八旗作为维系国家机器运转的重要保障，无论是满洲八旗、蒙古八旗，还是汉军八旗，他们都有共同的名称和身份，那就是旗人。旗人这一名称从诞生伊始，就代表着汉军旗人的身份和认同进入了新的阶段，随即也出现了新的特征，这一特征可以理解为八旗制度本身就是旗籍之内的人对国家政权的认同。当清朝试图强调“中国”和“正统”时，带来的是深度交流和汉军旗人对国家政权的强烈认同。

三 “出旗为民”政策下与“贰臣传”编纂下的汉军旗人国家认同

汉军旗人作为一个特殊群体在清朝前期的历史之中发挥了重要作用，随着朝廷统治的不断稳固，汉军旗人口数量也在持续增长。朝廷对旗人的“优养”使八旗内部的奢靡与偏私成常态，汉军旗人也不例

① 《清世宗实录》，中华书局 1985 年版，第 1101 页。

外。人口激增所带来的负面影响在康熙中后期已经逐渐显现，旗人生计至乾隆朝已经成为不可忽视的问题。乾隆帝下令对汉军旗人实行“出旗为民”的政策，由在京汉军八旗自愿出旗扩至各地驻防汉军强制出旗。乾隆朝是汉军旗变化的一个重要阶段，顺、康、雍时期是稳固统治的阶段，围绕的主题是平定反叛战争和消弭反清思想，伴随着国家政权的强大与稳固，汉军旗人对国家政权的认同也越来越深，心理和习惯已经与满洲交融一体，“大明骨，大清肉”已然成为“大清骨，大清肉”。乾隆朝是承上启下的一朝，满汉已经深度融合，其围绕的主题是满汉关系。以下拟对乾隆朝的汉军旗人在“出旗为民”政策与《贰臣传》编纂下对国家政权的认同情况展开论述。出旗过程前文已经详细叙述过，本部分内容主要探讨汉军出旗后清廷的一系列善后措施，保障并维持了出旗汉军的生活条件和对国家的认同心理，以及《贰臣传》对汉军旗人国家认同的影响。

清廷为了能够保证政权的平稳运作以及保持各民族间和谐交融的状况而制定了八旗制度，但这一制度逐渐腐化，不再能够起到初衷的作用，反而使八旗组织中的若干兵丁生计窘迫，加重国家负担。八旗内部继续坐吃山空和颓唐往复已然不是有效出路，解决旗人生计问题刻不容缓。乾隆年间陆续颁布了出旗为民政令，由京城至福州试点，再至推行全国，出旗范围逐渐扩大。该项政令颁布之时，出旗响应者人数很少，包括亲属、奴仆在内，总共约两万。[①] 汉军不愿出旗，散遣者寥寥，一是由于出旗就意味着不再拥有特权和高额俸禄，脱离旗籍后无以为生，旗人不愿放弃既得的地位与享受；二是出于对清朝政权的认同，自入关至现在汉军八旗早已在时间的长河中逐渐与国家一体

① 赵秉忠、白新良：《关于乾隆时期八旗政策的考察》，《史学月刊》1991 年第 2 期。

共存，骤然出旗恐怕难以接受。

这些被强制性出旗为民的汉军旗人，朝廷并非全然不顾，而是做出了一系列的补偿措施。出旗为民即出旗籍，入民籍，成为一体纳粮的民人户口。京旗人出旗后的出路较为宽泛，清廷规定，出旗人口可以选择改归原籍为民，也可以选择就近进入京畿州县为民，务农耕作。允许他们自由选择户籍归属地，由被分配省份官员携领他们回到该省分发安置，为出旗人的落户打开了方便之门。另外，朝廷对有官爵的汉军旗人出旗也作出了特殊规定，即允许他们的后裔对爵位“一体承袭”。从以上汉军旗人出旗善后工作中可以看到，京城汉军八旗出旗的待遇并没有因入民籍而受到过多限制和差别。京城汉军旗出旗后，乾隆帝在福州进行了驻防八旗出旗试点，这一次福州驻防汉军出旗的善后待遇则不如京师劲旅八旗的选择性宽泛。福州驻防汉军出旗后不得自主选择民籍归属地，必须由朝廷指定地点前往，即“指定所往省份州县，呈明出旗入籍”[①]。对官员级别出旗限制也进一步放松，京师汉军出旗对官职有着严格规定，“文职同知等官以上，武职自守备等官以上，俱不必改归民籍”[②]。对于这些改入民籍的旗人，清廷根据实际情况予以补贴。“愿为民之汉军，有应承袭世职……应准其随带出旗，其承袭录用……即照汉人世职办理。”另对汉军旗产如住房、土地等因无法带走而遗留的情况也进行了相应补贴。改补绿营的汉军若原有兵房，则每名给搬移银 2 两，无兵房，则给赁屋银 6 两。移居他处之穷户，每户给资本银 8 两。[③] 清廷规定一些旗人出旗是可以带走原旗地继续耕种的，所交税额仍比照原来旗地租额一同纳税。驻防出旗汉军除了去

① 《清高宗实录》，中华书局 1985 年版，第 1067 页。
② 《清高宗实录》，中华书局 1985 年，第 436—437 页。
③ 《清高宗实录》，中华书局 1985 年，第 1067 页。

各地入民籍以外，还有另外一条出路，那就是听从国家分配，改补绿营。清廷规定，无论之前在旗内是何兵种，只要掌握了骑射本领，即可作为马甲补入绿营，享受高额的俸饷。这对于出八旗入绿营的汉军旗人来说，只是一种军队上的转换，皆在国家常备军之列。有了京师八旗和福州驻防八旗出旗的先例，全国性汉军出旗的大潮也随之而来。出旗善后条例也基本按照福州进行，各地因条件不同，在实行过程中也有所修改和转换。在强制出旗的同时，乾隆帝还对八旗实行了解决生计问题的措施，如乾隆十八年（1753）陆续增添将护军、领催、马甲、养育兵缺，并支借库银，以安困乏。[①] 汉军旗人并非被国家摒弃的群体，朝廷依旧通过各种方式来保障汉军旗人的生活水平。尽管出旗后的待遇远不如旗内，但也可以感受到，清廷用了最大的诚意来弥补出旗的汉军旗人。

八旗内部是严格按照阶层而不是群体来划分身份的，所以尽管乾隆朝下令使汉军出旗，也不应把这一举动单纯地视作针对汉军八旗的做法。乾隆皇帝登基伊始即指出："伊等虽系汉军，究系旗人，自应熟习清语……朕将不能清语之人，不准列入保举，且惟该管大臣是问。"[②] 乾隆帝此语的目的虽是要求汉军旗人娴熟于"国语"，但首句指出的"虽系汉军，究系旗人"所蕴含的意义更加值得深思。乾隆帝登基后不遗余力地强化本民族传统与意识的同时也在倡导"满汉一体"[③]，"夫内用外用，俱为国家任事之职，而为满为汉，在朕初无町畦高下之见"[④]。在下令出旗时也坚称"此朕格外施仁，原情体恤之意，并非逐

---

① （清）福隆安主纂，李洵、赵德贵、周毓芳等主校点：《钦定八旗通志》，吉林文史出版社2002年版，第661页。

② 《清高宗实录》，中华书局1985年版，第430页。

③ 《清高宗实录》，中华书局1985年版，第760页。

④ 《清高宗实录》，中华书局1985年版，第1033页。

伊等使之出旗为民，亦非为国家粮饷有所不给”①，表明“朕不忍令其出旗”② 的意愿。随着时间的推移，满汉民族内部之间的差别逐渐消亡，其界限也逐渐泯灭，不应该将二者割裂开来。从统治利益来看，出旗活动并不是汉军旗人在八旗内部受到排挤、被边缘化的证明，而是在特殊时代条件下统治者迫不得已、断尾求生的做法。

相反，一些有能力谋生之人正是由于在出旗后摆脱了朝廷对旗人的束缚，才不致袖手坐食，困守一隅。脱离了旗人身份的他们反而能够获得比在旗时更多的物质和精神财富，如自主择业、购置房产等。长久以来，朝廷对旗人恩养和限制致使八旗兵丁自身的营生手段和方式逐渐退化。在旗人生计日益艰窘的情况下，统治者希冀继续保持一直以来八旗恩养政策和妥善解决旗人生计问题之间的平衡，“出旗为民”则是为八旗汉军广开谋生道路、解放生产力的措施之一。这对他们来说，或许是一种解放。“广州驻防刘承绪，汉军正白旗人，力专货殖，不十年，家遂饶裕，戚友赖其力者甚众。”③ 想必这类人在出旗后对清朝的复杂心理也夹杂着些许感激成分。清廷较为人性化的举动一定程度上起到了抚慰“被出旗”的汉军旗人的伤痛心理和精神打击的作用，所以这并不是朝廷为了单方面获益而肆意侵虐汉军旗人利益的一项举动。八旗是国家政治力量的基石，是维系全国统治的保障，非必要不得削减，对于统治集团来讲，八旗自然是越强大越利于统治，但八旗人口数量不断滋生，成为国家沉重的包袱。自康熙朝颁布“盛世滋生人丁，永不加赋”④ 的税制以来，国家的税收无法负担持续增长的八旗供养及庞大的军费开支，有限的资源无法实现八旗内部全覆盖

---

① 《清高宗实录》，中华书局 1985 年版，第 75 页。

② 《清高宗实录》，中华书局 1985 年版，第 436—437 页。

③ （清）长善等纂：《驻粤八旗志》，辽宁大学出版社 1992 年版，第 524 页。

④ （清）张廷玉：《清朝文献通考》，商务印书馆 1936 年版，第 5025 页。

性的持续分配，统治者只得通过“出旗”活动来缓解旗人生计所带来的压力和矛盾。汉军旗人隶于八旗体系，其自身认同更多地表现为对旗人身份的认同和对以八旗为立国基础的清朝国家认同。从这一角度来讲，可以认为八旗汉军的出旗是积极响应国家政策的，既可以主动谋生，又能为国家财政减少压力，是一种将自身自觉置于国家之下的表现。在整体出旗活动中，汉军中的世家子弟和中高级官员作为八旗统治的核心并没有因为他们的“汉军”属性而被边缘化，乾隆帝曾明确下令“未经出仕及微末之员而言，至于服官既久世受国恩之人，及伊等子弟自不应呈请改民籍，而朕亦不忍令其出旗”[①]。并将原系正蓝旗汉军的李永芳家族因子孙后代恪尽职守被抬入了上三旗之一的镶黄旗。出旗的确导致了汉军旗数量的减少，但出旗后的汉军能够自食其力，改善谋生手段，解放生产力，对于他们来讲，未尝不是好事。而被保留下来的汉军旗上层与满、蒙旗人的结合愈发紧密，对共同的旗人身份和国家政权的认同度也更高。

乾隆四十一年（1776），乾隆帝下诏修撰《钦定国史贰臣表传》。将降清的明朝官员称为“贰臣”，“贰”代表双面，即明清接替时投奔新朝，为清朝服务的汉臣，这样的臣子被看作变节之臣。这种在史书中绳以臣节的做法是乾隆帝开创的先例，这是以往朝代和清朝建立以来修撰国史所没有的。新建立的王朝会大量吸纳前朝旧臣，因为他们有经验、有能力，能够扶持新朝进行更加稳固的统治，尤其是对于少数民族建立的王朝，更加需要汉臣的辅佐。既能够促进统治的稳定，又能够使更多人归附，所以“旧臣”变“新臣”是朝代更迭之际的普遍现象。自清政权成立以来至乾隆帝时期的历代君主对效忠于清朝的

---

① 《清高宗实录》，中华书局1985年版，第436页。

贰臣，即汉臣皆褒奖有加，认为他们都是应天顺时，通达大义，抒诚来归，从未公开明确地将贰臣钉在“耻辱柱”上。乾隆帝即位后，没有考虑历史惯例，开先河编撰了《贰臣传》，其中共列贰臣120人。这些贰臣降清以后分为两种情况，将其编入“甲编”和“乙编”，其中“甲编”51人，“乙编”69人。为清朝定鼎中原而立下汗马功劳、赤胆忠心之人，如汉军旗人洪承畴、孔有德、祖大寿、李永芳、范文程等被编入“甲编”。乾隆帝认为“甲编”中出现的此类贰臣，臣子虽有责任，但不能只责怪臣子不忠，皇帝也有很大的责任。把效忠于清朝的降官编入甲编，可以使这些人的后代感受到朝廷的通情达理，并未与反抗清朝的人同等对待，从而能够减少抵触情绪。“身在曹营心在汉”的后悔投诚并心怀怨怼之人、毫无功业之人或者先后两次投降过李自成军和清军的人，如孙得功、马光远、刘良佐等，被编入“乙编”。“乙编”之内尤为典型的是乾隆帝对明朝东林党人钱谦益的评价，钱谦益在明朝灭亡后支持了南京的福王政权，清朝建立后又归降于清，事任礼部侍郎。又在他所撰写的《初学集》《有学集》中用文字诋毁、攻击清朝，乾隆三十四年（1769），乾隆评价他为“有才无形之人”，“既为本朝臣仆，岂得复以从前狂吠之语刊入集中，其意不过欲借此掩其失节之羞，尤为可鄙可耻”①。乾隆四十三年（1778）二月，乾隆帝再次批判钱谦益“行素不端，及明祚既移，率先归命，乃敢于诗文阴行诋毁，是为进退无据，非复人类”②。对贰臣的区别对待，反映了乾隆皇帝的真实意图。三藩之乱中叛乱的汉军王辅臣和耿进忠等人原本也被编入《贰臣传》，但后来以“先经从贼，复降本朝，或已经归顺，

① 《清世祖实录》，中华书局1985年版，第155页。

② 《清高宗实录》，中华书局1985年版，第50页。

复行逆叛，此等形同狗彘，腼颜无耻之人，并不得谓之贰臣”[①] 为由，被择出重新编列至《逆臣传》。被列入《贰臣传》中的臣子不代表清朝不承认他们的功勋，而是“实扶植纲常，为世道人心之计”[②]，鞭策后人要像他们一样为朝廷做出贡献，减少对朝廷的抵触情绪。三通馆的馆臣也认为：“国史创立《贰臣传》，出自睿裁，于旌别淑慝之中，寓扶植纲常之意，允昭褒贬之至公，实为古今之通义。”清朝鼎立之初，这些“贰臣”本人及其子孙为清朝做出了贡献，但若以忠君为标准来衡量，那么他们也是“大节有亏”。《贰臣传》是在乾隆时期国家政治稳定、满汉矛盾有所缓和的情况下编修的，其目的就是进一步弥合满汉关系，宣扬忠君思想。

按照乾隆帝指定的“贰臣”标准，汉军贰臣数量远远不止记录在《贰臣传》中的数目，传中记载的皆是具有代表性的人物，清朝对满汉臣民的忠君思想和国家政权认同意识达到了严苛的标准。从刚入关允许二元认同到如今一元认同意识的转化，源于民族认同意识的觉醒，清朝统治者站在了国家战略层面来审视该问题。针对国内政治局势的变化，清朝统治者必须构建一个强有力的且具有唯一合法性的大一统政权才能够保证国家机器的有效运转，才能够增强各民族对国家的认同。

乾隆帝一再强调“首崇满洲”，修撰《贰臣传》，但实际上，乾隆帝的真实意图是要笼络人心，增强清廷的凝聚力。拥有双重身份的汉军旗人群体，未受到《贰臣传》的负面影响，仍然积极参与科举，在朝廷任职，甘愿继续效忠于朝廷，这也是对国家认同的表现。另外，即便乾隆帝一再严申纪律，似乎要把汉军旗人彻底划出统治中心圈，

① 《清高宗实录》，中华书局 1985 年版，第 1225 页。
② 《清高宗实录》，中华书局 1985 年版，第 928 页。

但此时甚至有汉军旗人破格任职满缺者，如“范时纪曾任满缺户部侍郎，范宜清曾任盛京工部侍郎，李侍尧曾任热河副都统，孙庆成曾任满缺户部侍郎兼护军统领”① 等。乾隆时期“亦有由汉军旗抬入满洲旗者”②，如“正红旗汉军王持枢一族被抬入正红旗满洲”③。乾隆末年再次下诏修撰《满汉名臣传》，其中包括清朝开国以来至乾隆时期功勋之人，有满洲名臣777人，汉名臣307人，可见乾隆帝排斥汉人的意愿也并不是十分强烈，故汉军旗人对国家政权的认同程度并不受此种因素的影响。汉军旗人在有限的资源内，发挥了重要作用，在中央任职的汉军旗人兢兢业业，为皇帝分忧；在地方任职的汉军旗人弹压地方，卫护百姓，共同为稳定国内局面发挥重要作用。

乾隆帝以忠君观念定义汉军旗人“贰臣”，是汉军旗人势力削弱的表现。乾隆朝的汉军旗人在朝廷任职数量及地位呈下降趋势，除了有统治者意愿和国家政策之影响，也有自身人才不济的因素。汉军旗群体鲜有文武兼备、满汉文兼通之人，尤其是在强化满洲意识的乾隆时期，那些不熟悉清文和清俗的汉军旗人，必然被淘汰掉。清朝十分看重文武兼备之人，“文武兼通，世鲜其人”，雍正帝时就曾下旨令满汉子弟读书考试，与武学“俱属一体，不得谓孰重孰轻”④。全力培养文武兼备之人是清朝兴办教育和选拔官吏的根本出发点。早在雍正年间即出现“八旗汉军勋旧大臣等子弟，因其父兄失于教导，甚乏可用之人”⑤ 之现象。乾隆十八年（1753），针对八旗子弟清语和骑射能力日益下降的现象，乾隆帝提出“国语骑射”，屡屡强调马步骑射和清语为

① （清）昭梿：《啸亭杂录》，中华书局1980年版，第224页。
② 郑天挺等主编：《中国历史大辞典》，上海辞书出版社2000年版，第1775页。
③ 孙静：《清代佐领抬旗现象》，《史林》2012年第2期。
④ 《清世宗实录》，中华书局1985年版，第360页。
⑤ 《清世宗实录》，中华书局1985年版，第499页。

满洲根本、旗人之要务，八旗子弟务必勤学苦练。“务严饬子弟学习娴熟，倘引见时技艺平常，朕必将伊父兄一并治罪。”[①] 除此之外，还丰富了八旗科举的考试内容，将“国语骑射”作为一项必修考试科目融入其中。如为旗人特设的入仕路径——翻译科，正是娴习满汉语文和弓马骑射的方式之一。翻译科分为童试、乡试和会试，每级考试皆需考核骑射本领，通过后方可任职，“国语骑射”也是八旗子弟晋升的途径。汉军旗人与其他旗人有着一般的“通病”，即骑射本领日久生疏，因汉军旗人多被派到各地驻防，生活环境的影响使他们在日常生活交流和办公文书中皆用汉语，且长期与汉人接触，汉军旗人整体满语文水平不高。

尽管“首崇满洲”的本位思想始终贯穿朝廷制定的一系列政策当中，这一点在官吏任职方面尤为明显，“国初重要位置，多为满人所占，虽有时不尽然，乃为特别钳制汉人之势力而设”[②]。朝廷中多数重要官职皆为满洲人所独占，满人优先的前提下才可兼用汉官。但是，我们应该承认的是，“满汉平等”的政治口号真实存在，官方话语体系中一再强调满汉一家，满汉一体，双方一视同仁。在国家初立急需用人之际，汉军旗人殚精竭虑、死而后已，这份心意也使清朝感念颇深，对其优待重用，汉军旗人的心理得到了极大安慰。满人对汉人既处处设防又极力拉拢，这种分中有合、合中有分摇摆式的政治手段使满汉关系变得千丝万缕，也使他们不得不顺从满族的文化习惯及生活方式。这种日积月累的渗透确实可以改变人的思想，随着时间的推移，汉军旗人在自我主观意识方面潜移默化地发生了变化。虽夹杂着一丝“被迫改变”的成分，但不可否认的是，汉军旗人对清朝政权的认同已经

---

① 《清高宗实录》，中华书局1985年版，第455页。

② ［日］稻叶君山：《清朝全史》，但焘译，中国社会科学出版社2008年版，第403页。

在相互交融与磨合中逐渐加深了。故综合来看，“出旗为民”政令和修撰《贰臣传》的确使汉军地位和势力遭到削弱，但满、汉旗人长期共存且汉军旗人及其后代在心理方面已对清朝国家产生认同也已成为既定历史事实。

在八旗制度消亡后，汉军旗人对满洲仍然持有强烈的民族归属感，诸多汉军旗人在修撰家谱时以归顺满洲为起点开始记载家族历史。这与乾隆时期积极塑造满洲集体性格、心理与文化是分不开的。乾隆帝继位后，认为“八旗满洲姓氏众多，向无汇载之书，难于稽考”①，命弘昼、鄂尔泰等人修撰《八旗满洲氏族通谱》，于乾隆九年（1744）修敕完毕。《八旗满洲氏族通谱》记载了皇室爱新觉罗家族以外的八旗姓氏、原籍、何时归顺及功绩等情况。为了强调八旗的整体性，入关后占据北京时所虏获者和三藩之乱投降者未被编入《八旗满洲氏族通谱》。因为清朝统治者希望借满、汉先辈为国家奋战的经历来增强满洲共同体的凝聚力，塑造汉军旗人与满洲同根同源的意识。故在满洲崛起时为国家政权做出过重大贡献的汉军旗人及其后裔才能成为八旗的一部分。在《八旗满洲氏族通谱》的影响之下，修撰家谱的热情高涨，民间掀起了修家谱的热潮。家谱最能反映一个家族的历史，乾隆皇帝对八旗整体的塑造的确起到了极大作用。汉军旗人在清初即有隐去汉姓者，如李永芳第三子改名刚阿泰②，李继学之子改名为墨尔根辖，墨尔根辖之子名为海尔图等。③ 根据家谱的记载，汉军旗人效仿满洲人“称名不举姓”的惯例改满语名字的现象渐多，谱中族人任职情况也能反映出他们隶于八旗制度下的经历。其中以东北汉军旗人最为典型：

① （清）弘昼、鄂尔泰、福敏等：《八旗满洲氏族通谱》，辽沈书社1989年版，第3页。
② （清）鄂尔泰等修：《八旗通志》，东北师范大学出版社1985年版，第4658页。
③ （清）鄂尔泰等修：《八旗通志》，东北师范大学出版社1985年版，第4376—4381页。

萨斌通阿修撰的《刘氏宗谱》以清初刘氏始祖刘玉龙驻防盛京为起点开始记载，后移驻辽阳正蓝旗界内。康熙二十二年（1683），二世祖兄弟七人在盛京汉军营中，刘进忠入汉军正红旗；刘进孝、刘进礼入汉军镶白旗；刘进义、刘进攻入汉军镶蓝旗，一户三旗。族中在清廷任职人数众多，有150余人被授予武官职位，44人被恩赐军功品位。咸丰年间族人刘辅瑞改满名萨斌通阿。该家谱现存于辽宁岫岩三家子镇刘家隈子村刘恒勤家中。

另，《崔氏家谱》内记载了在始祖兄弟二人崔良、崔善从海上迁至辽东以后的谱系。康熙年间入正黄旗汉军，随官兵添驻黑龙江，此后世居黑龙江。七世崔栋出仕正红旗汉军副都统，兼管镶红旗汉军副都统事务，崔玥任正黄旗汉军佐领。六世崔枝禄改满名阿尔赛，任镇守福建等处地方将军，兼管绿营官兵。该家谱中不仅包含家族谱系，还有御制奉天诰命。由于阿尔赛勤谨奉公，恪尽职守，获皇帝恩赠"恩荣三代诰命"。雍正十一年（1733）十二月二十四日，皇帝亲赐奉天诰命册，恩赠阿尔赛曾祖父崔仲祥为光禄大夫，曾祖母黄氏为一品夫人，祖父崔德为光禄大夫，祖母王氏为一品夫人；父亲崔尚信为光禄大夫，母亲金氏为一品夫人。崔氏族人阿尔赛在修撰家谱时将此诰命册与家谱放在一起，并"敬谨缮写，刊印多帙，分寄族人以昭"，表明他们将皇帝之恩宠视作无上的荣耀。值得注意的是，在续修家谱的末尾落款处，时间写的是"宣统四年十二月初八日十一世孙崔维德和崔维秀谨订"，下方小字写"即中华民国二年正月十四日"。而宣统三年（1911）溥仪即宣布退位，民国纪年以皇帝年号纪年，此处仍用皇帝年号纪年，似乎仍然蕴含着对清王朝覆灭的感叹和些许执着。

以清朝国初为宗族起源的汉军旗家谱记载还有很多，如辽宁辽阳

《张氏宗谱》中记载家族的历史来源是“我张氏之原籍，前无遗册，不知所本。我世祖等投诚来归，而纪念之也……及清世祖入关定鼎燕京，编为汉军正黄旗”。现存于辽宁岫岩三家子镇高堡村高海荣家的《高氏宗族阴谱阳册》以高氏宗族于顺治初年北迁辽东，入汉军正蓝旗的历史开始记载；现存于辽宁岫岩牧牛乡钟家堡子钟明凡家的《钟氏族谱》以顺治初年钟氏始祖由山东莱阳移民辽东占地开荒，入汉军镶蓝旗的历史开始记载；现存于辽宁岫岩偏岭王家堡王姓后人家中的《王氏谱书》以王氏始祖王明政于顺治八年（1651）由京都迁入辽东为起点开始记载谱系，第三世在奉天衙门正蓝旗额赫图牛录当差，入正蓝旗。从这些汉军旗人家谱，我们能够清晰地看到康雍乾时期这些汉军旗人家族对清朝国家的高度认同。

总之，清朝统一全国40多年后，清政权实施民族融合政策，各民族在政治上、经济上亲密往来，交往越来越多，不断交融，形成相互依存的关系。第二代和第三代汉军旗人出生后就适应国家的统治，以汉军旗人身份而自豪，自然而然地认同清政权。

第三节　嘉庆至清末汉军旗人国家认同的变化

汉军旗人为清朝定鼎中原，进行统一战争而宣猷献力、绥靖安民，在巩固政权中匡扶社稷、典正朝纲，从成立伊始就是满洲统治者重用的一个重要群体。汉军旗人自三藩之乱平定后的后一百多年中，汉军旗人基本循规蹈矩，忠于清廷。嘉庆帝亦认可：“八旗汉军，自我太祖太宗开国之初，从龙着绩，栉风沐雨，勋载旗常。”[①] 经历了川、楚、

① 《清仁宗实录》，中华书局1985年版，第795页。

陕白莲教起义后，清朝开始由盛转衰。朝廷腐败势力强大，缺乏新生机制，后继统治者虽极力提倡节俭，整顿吏治，力图摆脱江河日下的状况，但腐败成风，国库虚空，阻力过大，奏效甚微。屋漏偏逢连夜雨，由于清政府的“海禁”政策，清朝几乎切断了所有与外界的往来，只沉浸在“天朝上国”的圈子中故步自封，当被西方的坚船利炮打开国门时，已毫无还手之力。中英鸦片战争后，通过武力尝到甜头的西方各国开始了长达百余年的瓜分中国的历史。自 19 世纪中叶，相继而起的自下而上的太平天国、捻军乃至义和团斗争，对清王朝的统治接连造成沉重打击，承平日久、战斗力下降的八旗军队无力反击，在对抗外界的战争中屡战屡败。国困民贫交织在一起，清朝后期统治成为风中之烛，沦为任人宰割的对象。当农民起义和西方列强肆意入侵之时，统治者纵有重整江山之心，却已无回天之力，酿成百年遗憾。出生在清晚期的汉军旗人已不再具备“秋凉蝉先觉”般的先知先觉，再去思考满汉畛域的问题，他们这代人的当务之急是须面对既成事实的内外颓局，以及与自身攸关的清王朝的历史去向。

一　嘉庆朝汉军旗人曹纶父子清朝国家认同的偏离

清代的旗人生计困难自清朝建立伊始就已经存在，至嘉庆年间日趋严重。18 世纪末至 19 世纪初期，在八旗体制逐渐僵化、内部奢靡日益严重之际，全国范围内相继爆发了苗民、白莲教、天理教等武装抗清斗争，给予清廷沉重的打击。

当朝廷为了平定各地叛乱而焦头烂额时，嘉庆年间又发生了一件令全体臣民唏嘘之事。这一件事发生在嘉庆十八年（1813），即汉军旗曹纶父子参与天理教反清事件，这无疑是八旗内部对朝廷的公开反叛，“百数十年以来，汉军中历任文武大臣，名卿硕辅，节概炳著者，指不胜屈。即现在简用内外大员，亦皆克宣力效忠，无愧阀阅，不意竟有曹纶一人败常蔑本，实出人情意想之外”。曹纶的叛清使嘉庆帝大为惊愕，但并未因此而迁怒汉军八旗整体，他随后又谈道：“谅八旗汉军闻之，自必人人愤恨，义切同仇。”① 可见汉军旗人对叛清之事也是愤恨交加，忠心于朝廷之心未曾改变。

嘉庆年间的旗人生计问题恶化，旗人无法维持基本生活需要，于是生活困顿的他们开始寻求新的出路，甚至不惜背离清廷。曹纶，隶汉军正黄旗，出身于汉军官僚世家，家庭贫困，居于北京城宣武门内报子街，“仆隶皆散，纶自与妻子析薪执爨，每日二餔或不给则买馎饦以充饥”②。正在曹纶艰难维持生计之际，密谋反清分子林清慷慨资助了曹纶金钱和衣物，二人相交甚欢，约为兄弟，“凡纶所需者，悉谋诸清”③。曹纶为林清的慷慨解囊深为撼动，二人之间的关系开始逐渐变得密切起来。嘉庆十六年（1811）三月，曹纶升官，被擢升为独石口都司。林清见势便开始筹谋如何拉拢曹纶，利用他的职务为自己服务。林清首先对曹纶喜提官职表达了祝贺，并告诉曹纶自己“渐丰于财”的原因是少时曾“遇异人授神术，凡求无不立至者”，这引得曹纶十分惊讶，连忙询问是什么神术竟如此玄妙，林清故弄玄虚授以真空八字咒，曰“诵此则可终身不患贫矣”。曹纶信以为真，将此咒语奉为圭臬。在独石口任职期间数次念及该口诀却并未灵验，曹纶疑惑连连。在五月回京述职之时遇到林清的教徒询问缘由，教徒告诉他必须向林清稽首而受，方可受用。曹纶信以为真，便率其子曹福昌前去稽首拜师，加入了天理教林清起事的行列。林清达到了他的目的，开始利用

① 《清仁宗实录》，中华书局 1985 年版，第 795 页。

② （清）兰簃外史：《靖逆记》，上海书店 1987 年版，第 5 页。

③ （清）兰簃外史：《靖逆记》，上海书店 1987 年版，第 4—5 页。

曹纶职务之便秘密展开活动。这一状态并未持续过久，不到一年，天理教起义最终因双方力量悬殊而被镇压，起事首领皆被处死。嘉庆帝下令将曹纶父子凌迟处死，家属及对此事失察的相关人员皆因此获罪。

综观曹纶加入天理教的过程，不难看出这是林清所设计好的，曹纶身为朝廷四品命官，若能争取到他，势必会为起事之事如虎添翼。在旗人生计困难之际，林清利用曹纶求财心切的心理接近他，受以教义。而曹纶为了摆脱贫困，在求富的心理和感恩之心的作用下，与林清相交，加入天理教。曹纶是由于经济贫困而走向了清朝的反面，他无意参与叛清活动，经济因素影响他认同的主要因素。可见他并不是主观意义上的想要叛清，而是被天理教利益诱惑，不自觉地与反清组织勾结而走上了万劫不复的道路，当被捕时，悔之晚矣。

嘉庆年间，清朝统治开始走下坡路，经济衰退，旗人生计艰窘。一些汉军旗人在衣不蔽体、食不果腹的情况下，不会有意识去思考国家认同问题，他们首先要解决温饱问题。生存问题解决了，却违背了国家意志。但对清政权来讲，无论有意或无意地从事背叛国家统治的活动，都触碰到了统治者的逆鳞和底线，对国家的认同才是政权得以立足的基本保障。嘉庆帝对曹纶父子的严惩，恰恰是对汉军旗人提出更高的要求，赋予他们愿望和期许，希望他们能够继续为国家效力，从而强化对清政权的认同。

二　清末汉军旗人的国家认同取向

西方列强的侵略更是将清朝统治推向了深渊，至 20 世纪初期辛亥革命爆发，“中华民国”成立，意味着清朝统治走向覆灭道路，八旗制度也随之解体。对明王朝的灭亡，八旗汉军鲜有伤悼者，而对清王朝的覆灭，眷恋痛惜者却大有人在。如汉军八旗词人郑文焯在清朝灭亡后，便孤愤满腔，痛不欲生，缱绻歌哭，恻怛悼挽。汉军旗人徐桐在山河破碎之时为国殉难，对国家认同程度已达巅峰，令人慨叹。此种孤臣遗老在八旗汉军中并不少，如郑文焯、赵尔巽、赵尔丰等人。汉军旗群体和个人对清朝的认同与国家实力、政策密切相关，以下将从汉军八旗个人的角度论述他们在清朝末年对国家的认同。

徐桐，隶属于汉军正蓝旗，其父为朝廷户部尚书徐泽醇，本人官至体仁阁大学士。徐桐自幼深受儒家经典熏陶，坚持尊王攘夷，对国家和君主的认同意识十分强烈，在晚清处在守旧派的阵营之内。他坚决反对中国与外国产生任何交流，即使是外国的长处也不需要借鉴和学习，否则就是离经叛道，对外国人和外国货也同样厌恶至极。他“每见西人，以扇掩面”，“日戒所属，勿用洋货，服洋药”①。赵尔巽评价他：“守旧，恶西学如仇。门人言新政者，屏不令入谒。”② 八国联军攻入北京后徐桐以为奇耻大辱，本着“君辱臣死”之义，自缢身亡。他的儿子徐承煜也在朝廷任职，曾因吸着吕宋烟从庭前而过，徐桐见到后大发雷霆，骂道：“我在而敢如是，我死其胡服骑射作鬼奴矣。”③ 然而结果也正如他所预料的相差无几，在八国联军攻入北京后，徐桐满门殉难，只有他的儿子徐承煜溜之大吉。不想被日军抓住，最后落了个被朝廷处死的下场。徐桐作为一名爱国者当之无愧，他深受儒家思想的影响，忠君为国。他一生未出国门半步，不谙外国的强弱情形，顽固庸暗，不接受一切外国事物，面对中国几千年来未有之变局，他束手无策，故步自封，试图从儒学的故纸堆中找寻已经干枯、

① 沃丘仲子：《近代名人小传》，中国书店 1988 年版，第 113 页。

② （清）赵尔巽等撰：《清史稿》，中华书局 1977 年版，第 12750 页。

③ 中国史学会主编：《义和团》二，上海人民出版社 1956 年版，第 484 页。

风化了的资源。在接纳西方新事物，师夷长技这个方面来看，守旧与排外是相伴而生的，徐桐将爱国主义和对清朝的认同的理解有所偏差，他认为忠于清朝就是要反对所有与清朝看起来不相适应、格格不入的事物，将其变成了盲目排外。但若从另一方面着眼而看，徐桐能够在国难当头之时以身殉国，为残破的清廷献出全家二十几口的性命，这种大节无亏的精神，实在是既可悲又可敬！

郑文焯，祖籍奉天铁岭，隶属于正黄旗汉军籍。父亡后，因家贫不得不另寻出路，谋求生计。光绪六年（1880），郑文焯为改善生活，遂南下，入客苏州吴元炳幕府之下为幕僚。终其一生，客苏抚幕，寄家吴门。在他侨居吴府的时日中时常思念北方故土，常常在诗中宣泄情感。郑文焯所处的时代正逢新旧交替之乱世中国，从东北南下苏州的特殊而坎坷的经历更是强化了他出身于八旗贵胄的自我身份意识。他对清朝的眷恋和对时局变迁的哀叹在他所作诗歌中展现得淋漓尽致。宣统三年（1911），郑文焯在致程淯书云："自辛、壬以来，哀思音断，洮笔辄作凄唳。"[①] 在致程淯书中痛言："世变危迫至此，吾侪真求死不得。"[②] 面对动荡不堪的国家，他感时伤世，发出苍凉沉痛之悲叹，在诗歌《永遇乐·春夜梦落梅，感忆，因题》中感叹道："枝南枝北，眼看摇落，不为翠禽啼住。揽遗芳、璠瑰满抱，觉来顿成今古！虚堂酒醒，倾城消息，误尽故山风雨。玉砌雕阑，伤心还见，系马郊园树。"《谒金门·留不得》中写道："留不得，肠断故宫秋色。瑶殿琼楼波影直，夕阳人独立。见说长安如奕，不忍问君踪迹。水驿山邮都未识，梦回何处觅？"字字珠玑，无不蕴含着国破家亡的哀伤心绪。康

① 孙克强、杨传庆辑校：《大鹤山人词话》，南开大学出版社 2010 年版，第 299 页。

② （清）郑文焯：《与程淯书》，载孙克强、杨传庆辑校《大鹤山人词话》，南开大学出版社 2010 年版，第 30 页。

有为评价他："辛亥国变，君幽忧哀愤，西台痛哭，尽托于词。"[①] 他把自己的词集命名为《苕雅集》，借寓不如无生之感，这正是取《诗·苕之华》之中"君子伤周室之将亡"之意，落款名为"北海遗黎樵风叟作"，道明了自己亡国之民的身份，尽显对故国的哀思。

面对意志坚定的汉军旗人，革命党人试图割裂、分化汉军八旗和满洲的关系。他们将矛头直指满洲人，公开宣扬汉军八旗不是满洲统治者天然的皇亲贵胄，徒因生长祖国边隅，遭逢变革之际被胡虏披猖，遂至沦身左衽，"其心岂尝一日而忘故国耶"？进而强调了八旗汉军在八旗制度之内与满洲、蒙古始终有别，在八旗制度之外则与汉人也有隔阂的尴尬处境。"汉军虽欲自附于旗籍，而满人终视如异类，其权利曾不得与蒙古相比并，而汉民之对于汉军，则总以为旗人也而外之，此数十万人者，遂为两无所归之民族矣。"[②] 而实际上，到了清朝末期，八旗汉军与满人已经"同化"，不分彼此，故一些汉军旗人对于革命党人的言论并不"买账"。他们认为旗人是一个整体，故提出"旗族"[③]这一名称。这一名称的出现，也表明八旗制度对旗人的影响已经根深蒂固，他们对清朝、对满洲的认同已经深深扎根于心。

对于"旗族"的解释，汉军旗人章福荣给予了回答。1914 年 4 月，章福荣撰写《旗族解》一文。他认为八旗之种族由满族、蒙古族、汉族组织而成，故其民族之名义不能以其中任何一个民族命名，单独民族名称不足以概括八旗组织的特征，"自当另有名义，始合人种学之公例"。随后阐明满族与八旗的关系，"往昔人士以皇帝为满族，八旗

---

① 康有为：《康有为全集》第 11 集，中国人民大学出版社 2007 年版，第 91 页。

② 阙名：《致告汉军及包衣旗人文》，参见杨苏民《满夷猾夏始末记》，新中华图书馆 1912 年版，第 776—778 页。

③ 故宫博物院明清档案部编：《清末筹备立宪档案史料》下册，中华书局 1979 年版，第 922 页。

中又有满族之一部，遂误认八旗之种族为满族，此等解释，固不适于事实衷于理论矣，然我族岂可自误用于名义耶？顾八旗制度虽分满洲、蒙古、汉军，其所享之权利、所处之阶级亦各有不同，然相视莫逆，无异本支，式相好矣，无相尤也。融三族为一治，已别成新民族之一种。其同化之原来，由于旗制，其民族之衰微，综厥于饷糈"[①]。由于八旗内部长期交融，旗内到清代晚期一般不分是满洲旗、蒙古旗还是汉军旗的旗属问题。若要在社会上辨别一个人的身份，"但问旗民、不分满汉"是唯一的办法，至于这个人是属于满洲旗人，或是汉军旗人，亦或是蒙古旗人，则一般不为时人所注意。章福荣之言论是以汉军旗人的身份和立场阐释了满蒙汉已经合三为一，是符合历史事实的。满洲人文康在他的小说《儿女英雄传》中字里行间也透漏出满洲与汉军是一个整体。安太太对何玉凤也说："咱们八旗论起来，非亲即友。"[②]文康作为一个满洲旗人，在他的笔下显然没有把汉军旗人视作外人看待。"旗族"的出现是受近代民族国家潮流的影响，旗人自我保护意识的表现。以旗为限而不是以八旗内部旗属为限的旗人意识、心态在清末社会中展现得淋漓尽致。汉军旗人章福荣对"旗族"之称的热衷也表明了以他为代表的八旗汉军群体对旗人这一身份的认同，面对革命党人的煽动，他们不为所动。不过，随着时间推移愈久，"中华民族"的内涵随着时间的推进也在不断丰富、完善，逐渐成为中国各个民族共同的精神信念，"旗族"也逐渐沉寂。搭载着"旗族"这一名称的八旗组织实体影响力逐渐消失，章福荣在"南北和谈"中还以旗人身份参加了会议。

入关百年，足以使得汉军旗人群体的心理和意识发生改变，其个

① 章福荣：《旗族存亡一大问题》，《旗族》1922年刊，第43—45页。

② （清）文康：《儿女英雄传》，上海古籍出版社1991年版，第263页。

体成员的命运早已和满洲共同体紧紧联系在一起。历史不是一蹴而就的，时常会有历史惯性存在。八旗制度既已解体，但汉军旗人对清政权的认同并没有随着清王朝的覆灭而立即消散，而是在数年的挣扎和叹息中逐渐被掩埋。从民国至中华人民共和国成立这段时间，旗人意识也逐渐湮灭在历史的长河中。对于清朝的遗民旧臣而言，制度上的骤然变革使深受儒家传统忠君道德体系影响的他们在精神上和心理上一时无法接受和转变，他们对现实的种种消极心理和抵抗态度被看作逆历史潮流，甚至在一夕之间成为新进人士口诛笔伐的封建余孽。实际上，他们对清王朝的眷恋没有任何功利性，他们出生在清王朝的统治期间内，所受到的教育也是忠君爱国思想，维护国家之尊严与安全是他们的基本政治立场。

面对巨大的社会变革，汉军旗人的态度两极分化。赵尔巽和赵尔丰两兄弟就是典型例子。赵尔巽，汉军正蓝旗人，仕途坦荡，一生忠于清朝。其弟弟赵尔丰，在国家存亡之际坚定选择了顺应历史潮流，放弃封建抵抗。赵尔巽举人出身，曾出任湖南巡抚、盛京将军、东三省总督等官职，为清朝地方治理做出过重大贡献。正值赵尔巽任东三省总督时，南方兴起了武昌起义。赵尔巽是个始终与清朝站在一起的人，他为了阻止革命，防止革命事态扩大而威胁到清朝统治，在奉天成立了"保安会"。在会议上宣称"我们拿皇帝的俸禄，吃皇上的饭，我们连骨头都是皇上的"，对皇帝要鞠躬尽瘁，以死相报。[①] 武昌起义后的一个月时间，赵尔巽忠心维护清王朝统治，竭力阻挠革命势力扩大。他用剿抚并用的各种手段残杀、遣散革命军，制定了"乱未起，预防之；乱初生，力制之；乱既起，痛剿之"的 18 字方针，决心与革

① 冯玉祥：《我的生活》第 5 辑，中国青年出版社 2015 年版，第 107 页。

命对抗到底，死心塌地忠于清廷的政治立场显露无遗。赵尔巽对清王朝的忠心还体现在编修清史上面。1914年，赵尔巽出于对故国的思念，在袁世凯的盛情邀请之下出任民国清史馆馆长，主持编修清史，歌颂大清功德，以示遗臣不忘先朝之隆恩。起初赵尔巽对出任之事犹豫不决，“项城属人招之，公徘徊久之，乃至清史馆”①。赵尔巽欲抒发遗臣情怀，遂应袁世凯之请求，希望通过修故国之史，以恩故国。1927年最终编成《清史稿》，文中极力谀扬清朝的功德。《清史稿》的纂修成为遗民寄托故国情怀、报答故国之恩的载体。赵尔巽的弟弟赵尔丰是一位颇有远见和政绩的边防重吏，曾出任驻藏大臣、四川总督等职位，在川边藏区屡挫叛军，“计所收边地纵横三四千里，设治者三十余区，一时皆摄于兵力，不敢抗”②，严厉打击了英国侵略我国西藏地区的意图，稳定了川边局势，对国家国土安全做出突出贡献。与其兄不同，赵尔丰在辛亥革命浪潮的冲击下，充分地认识到清亡已成定局，负隅顽抗只会给人民带来无尽的痛苦和伤亡。于是他审时度势，主动交权，做出适应历史潮流的选择。

在辛亥革命这场巨大社会变革浪潮面前，鼎立革新与脱俗换貌是社会的主流。一些封建官僚审时度势，选择顺历史潮流而行，这也正是辛亥革命的巨大力量所在。总而言之，赵尔巽与赵尔丰兄弟二人，虽然同是汉军旗人，但是由于处在社会转型的具体场景及个人立场不同，前者始终维护满洲贵族统治，坚决镇压革命；而后者先是反对革命，最后顺应了历史潮流。面对变革传统社会、营建新型民主国家的辛亥革命运动，清末的汉军旗人可能坚持不同的立场和态度，赵氏兄

① 奭良：《野棠轩全集·本贯铁岭隶汉军正蓝旗年八十四岁状》，参见沈云龙主编《近代中国史料丛刊》第17辑，文海出版社1973年版，第77页。

② （清）赵尔巽等撰：《清史稿》，中华书局1977年版，第12788页。

弟基本代表了此群体两种的类型，一种是坚决反对革命，甚至是采取镇压手段，另一种是面对来势凶猛的革命潮流而顺从。

一些汉军八旗子弟在接受新式教育过程中开始觉醒，他们看到了西学的先进之处，认清了清政府的腐败与社会的落后，挽救民族危亡、推翻清政府统治的意识开始在头脑中萌生。后来部分汉军旗人还投入辛亥革命的大浪潮。其中尤以盛京镶黄旗汉军旗人张榕、黑龙江汉军旗人文璞等最为著名，他们都对东北地区的革命事业做出一定的贡献。下面重点阐述张榕和文璞的革命活动。

张榕（1554—1912），字荫华，号“辽鹤”，汉军旗，辽宁人。自幼聪明好学，曾于光绪二十九年（1903）年进入京师大学堂学习俄文，广泛涉猎古今中外，能够融会贯通；擅长骑射、剑术，具有古代侠者精神。次年，日俄战争在东北地区爆发，日俄在我国东北地区的野蛮恶行激发了张榕强烈的爱国情感，使身在北京学习的他弃学匆匆赶回东北，立志要改革社会、寻求救国救民的途径和方法。张榕回到东北的第一年便开始了紧锣密鼓的救国救民活动。张榕与好友组织成立了“关东独立自卫军”，同时“训练乡军、捍御侮患，折冲樽俎、挽回主权”。“关东独立自卫军”成立后，开展了一些革命活动，但是最终为清政府所不容，而被强令解散。光绪三十一年（1905），张榕因与吴樾设弹击炸五大臣，被批捕入狱。四年后越狱潜逃日本，在日本拜见孙中山，加入了中国同盟会。在日本的一年时间内，张榕一刻也没有放弃革命事业，积极为革命活动筹谋规划。1910 年秋，张榕回到祖国，继续为了救亡图存、改变国家现状而积极从事革命活动。次年武昌起义爆发，张榕在东北响应，他开始联合当地的革命党人成立联合激进会，希望以和平的方式达成这场社会变革，于是敦促赵尔巽、吴景濂等人表明态度，顺应民心，“速悬白旗以静民心”，积极响应革命，脱离清政府，宣布东三省独立方为正确出路。初时，赵尔巽为稳定社会民心，平定这场风波，含糊其辞地答应了下来，然而最后关头坚定选择站在了清朝一方，仍坚持效忠清廷的立场。在这种情况下，张榕一改先前和平转变的立场，不再寄希望于赵尔巽，转而自己开始组织民军，联合社会上的力量，企图发动起事。但最终并未成功，被赵尔巽等人觉察出来，将这场起事扼杀在摇篮之中，未造成社会大波动。南北方情势胶着，僵持不下，最终双方商议于 1911 年 12 月 18 日举行“南北和谈”。张榕在这场和谈中所持态度和立场是希望能够借此时机缓和双方剑拔弩张的关系，他希望和谈之后彼此之间能够消弭军事对抗，并宣布遵守这次南北和谈所达成的各项协议，他希望用较为和平的方式实现政权的平稳过渡。但赵尔巽、张作霖等人并没有遵守“游戏规则”，背信弃义，野心逐渐显露，和谈后的第二年就暗算张榕和他的好友柳大年、张涵初等人，张榕被枪杀时年龄尚不满三十岁，英年早逝。

汉军旗人文璞为了打击清王朝的腐朽统治，也在东北积极开展革命活动，为挽救国家和社会贡献出自己的力量。辛亥革命爆发后，代表孙中山联络革命力量的秦广礼抵达齐齐哈尔，受到文璞及进步议员的热烈欢迎。他们联合思想活跃的学界，于 1911 年 12 月 26 日借省议会名义召开大会，成立“新民爱国委员会”，文璞被推举为副会长。会后秦广礼返回广东，各项事宜都托付文璞等人，嘱咐他们齐心协力工作，“俾期早日达到革命的目的”。文璞于是分派会员赴学、军、警、宪各界及外县，进行革命联络与鼓动工作。革命的形势吓坏了那些内地来黑龙江任职的达官显贵，他们收拾金银细软，纷纷逃离。提学使张建勋临逃之际，竟然想要将学款吞没，文璞不避权势，毅然赶赴官署，迫令张将学款交出。由于他有胆有识，时人誉之为

"虎胆铁血英雄"。他对推进黑龙江地区的辛亥革命运动，起了重要作用。

由上述可见，以张榕和文璞为代表的汉军旗人，为了挽救民族危亡，以强烈的爱国热情，积极参加组织革命运动，坚决反对封建统治，推动了辛亥革命在全国范围内的进一步发展，认同民主共和国家。自武昌起义后，全国多地纷纷响应，加入革命队伍。湖南、山西、陕西、上海、云南、广西、贵州、江苏、浙江、福建等，相继宣布独立，拥护共和政府。广东清政府的势力也溃不成军，地方官吏纷纷弃官逃命，广州市由七十二行商会和九大善堂的地方绅耆和商会领袖人士维持局面。11 月 7 日，他们邀请满、汉旗人派遣代表到省谘议局磋商办理善后。旗人方面由汉军旗人黄益三、刘钊等知名人士代表出席参加。黄益三的哥哥是翰林出身，曾任按察使等官职。黄益三本人也是举人出身，捐班知府，在汉军旗人当中很有威信，而且他早和同盟会人有所来往。刘钊也是汉军旗人，将弁学堂出身，当时任陆军第四标第二营管带，和革命党人有些感情。在会上，黄益三代表旗人提出：第一，全体在广州的满、汉旗人绝对赞成共和政体，不再接受清政府的政令；第二，要求按照原来满、汉八旗军队的薪饷定额，每月如数发给，以维持旗人的生活；第三，旗兵听从革命政府的收编改制，并服从革命政府的指挥，维持广州的治安。各代表也同意这三项建议，所以很快就谈妥了。11 月 9 日，广东宣布独立，满、汉八旗军队也进行了改编。原来的满、汉八旗军队及步兵营，编为粤城军 10 个营，由前军佐董赞清充任统领，统率全军。原来八旗新军 4 营，保持不变，但另设立八旗新军司令部，推刘钊担任司令，另设参谋长一职，由汉军旗人、日本士官学校毕业生张荣光担任。张荣光在日本留学时，与同盟会人多认识，人们以为这样会取得革命政府的更大信任。

可知，广东等革命省份的汉军旗人为了寻求救国真理以其特殊身份与革命党人早有接触，所以在革命到来之际，这些汉军旗人不仅领导了当地汉军旗人响应革命，摆脱了八旗制度的束缚，而且促使满族旗人拥护革命，支持共和政体，影响和改变了旗人社会生活，从而为当地的革命事业做出巨大贡献。

由上可见，在辛亥革命过程中，由于时势与利益等因素，汉军旗人中有反对革命者，甚至残酷镇压者，坚决拥护清朝的统治；有虽然开始站在革命对立面，拥护清朝的统治，但是随着形势的发展而顺应历史潮流，不得不与清朝背道而驰；有一些积极参加并组织革命运动，在革命来临之际，热情拥护革命，响应民主共和，坚决反对清朝政权。汉军旗人在辛亥革命中的这些表现，与汉人与满洲人没有什么差别，但是汉军旗人以其旗人身份参加南北和谈，以其汉人身份早与革命党人有联系并组织领导了旗人支持革命拥护共和，就彰显其在辛亥革命中的特殊身份与特殊作用。上述清末风云变幻社会中的汉军旗人的经历和行为，揭示了他们对辛亥革命的立场与态度，反映了他们对辛亥革命的影响；同时亦反映了辛亥革命对他们的影响，对清朝国家认同观念的变化。当然，应该提到的是，由于辛亥革命在全国影响的不平衡性和汉军旗人居住分散等原因，也有很多汉军旗人没有受到影响，其依然认同清朝政权，这也需要引起学者注意。

嘉庆到清末，各民族交流交往交融态势纵深发展，各民族接触日益增强，而且互相依赖，在如此趋势下汉军旗人基本认同清朝统治。但是从嘉庆朝开始，清朝国家经济实力下滑，严重影响汉军旗人的认同，有些汉军旗人造成认同上的疏离感。到辛亥革命时，有汉军旗人背离清朝，而认同民主共和国。汉军旗人国家认同出现新的面相。

清代的八旗组织并不是一个单一的民族群体，它的成员构成十分复杂，除了满洲旗人之外，还有汉人、朝鲜人、俄罗斯人、蒙古人等。八旗汉军是八旗组织的一部分，汉军旗人与满洲旗人是“没有事实的血缘共同体”，而是在政治目的之下形成的多民族共同体。汉军旗人先祖开国创业的丰功伟绩和同源意识的塑造，赋予了他们一种自然认同和归属，二者间即产生了共同信仰，即对国家政权的认同。但是因为时间因素、地域因素、群体差异性等，清代汉军旗人的国家认同可概括为以下四个特点。

第一，汉军旗人对清朝国家的认同程度带有一定时间变化性。清初，多数汉军旗人带有双重认同。为减少武力统一阻力，清廷允许范文程以“大明骨，大清肉”的立场招降汉人，其中一些被招降的汉人被编入八旗汉军，成为汉军旗人。这些汉军旗人认为这一立场考虑周到，是两全其美的政策，既能博得忠于故主之名，又能获得保身家性命之实，所以降于清朝。实际上入关前降清的汉军旗人虽委身于清政权，同时不乏仍对明朝心存念想。这种二元认同是特定时期存在的。而清朝在全面统一过程中，即实行“定一尊”的一元认同，但二元认同观念依然在一些汉军旗人心中难以消除。至康熙年间通过对叛乱藩王及相关人员的整饬，完全清除了汉军旗人的二元认同。及雍正年间对“华夷”的重新解读，对汉地的征服占领最终转化为稳定的合法性政治统治。再到乾隆朝，贬斥“贰臣”，强化忠君爱国意识。可以说，康雍乾时期，汉军旗人整体上对清政权认同坚定忠诚。到嘉庆朝曹纶父子加入天理教组织，汉军旗人因生计问题而对清朝国家认同出现松动。清末国内外形势下，汉军旗人对清政权认同呈现不同取向。

第二，当清朝统治者越强调中国观念和正统性时，汉军旗人对清朝国家政权的认同越深刻。雍正帝曾说道："朕即位以来，视满汉臣工，均为一体，时时训诲。"① 汉军旗人与满洲旗人经历了近百年的职场交道和通婚往来，早已融合为一个整体，所以雍正帝对"中国"和"正统性"观念的强调，能够使深受儒家忠君思想教育的汉军旗人引起共鸣，从而加深对清朝国家的认同。

第三，八旗汉军的衰落与他们对清朝国家的认同程度并不具有同步性和一致性。雍正朝以前，朝廷拉拢、重视、团结汉军旗人，汉军旗人也为靖民安国做出重大贡献。乾隆帝登基后极力强化满洲意识，八旗汉军数量、地位大不如前，但他们对清朝国家的认同毫无消减。

第四，汉军旗人对清朝国家的认同程度带有一定的地域性色彩。对于归附清朝政权的汉军旗人，朝廷会根据时间早晚和贡献大小区别对待，其认同程度也会有所不同。日本学者宫崎市定认为："入关后不再将新归附的汉人编入旗籍，八旗汉军作为一种特权只为入关前投降出仕的汉人保留。至于入关后投降的汉人，文官依然享受文官待遇，成为清廷的官僚，武官则组织为绿营军团，独立于八旗之外。"② 这一观点存在谬误之处，清军入关并不意味着八旗的扩大终止。入关前，清朝的汉军旗人大致包括天命年间占取辽东时归附者，天聪年间大凌河战役后归附者，崇德年间松锦大战后归附者。入关后，平定三藩后的降兵也被编入八旗。日本学者刘泽明提出他的见解，东北地区在"入关以后基本上也是八旗世界，其扩充至少持续到雍正年间，各种民族集团被重新编入到八旗组织"③。另外，入关前的辽东汉军与统治者

① 《清世宗实录》，中华书局 1985 年版，第 775 页。

② ［日］宫崎市定：《科举史》，马云超译，大象出版社 2020 年版，第 148 页。

③ ［日］柳泽明：《八旗再考》，哈斯巴根、刘艳丽译，《吉林师范大学学报》（哲学社会科学版）2015 年第 2 期。

共同逐鹿中原，涌现了一批汉军名臣名将，他们属于上层贵族圈，是被重视的部分，他们对清朝国家的认同程度也自然大于其他地区的汉军。而作为三藩降兵的汉军则显得不十分被重视，故平定三藩之后被拨驻福州、广州等地的驻防汉军在出旗活动中排在首位。出旗的汉军被纳入社会基层管理，脱离了旗人的身份，对八旗和国家的认同则逐渐淡化。故汉军旗人对清政权的这种认同程度是呈现阶梯式的发展，由下层普通旗人到上层贵族旗人依次递进，同时，辽东地区汉军旗人较入关后归附的汉军认同更加强烈，带有地域性，所以对于汉军旗人对清政权的认同程度也要因时、因地、因人而异。

结　　语

中国东北历来是多民族居住地区，到明朝末年这里各民族杂居交往交流现象很普遍，如辽东一带“辽人、丽人（朝鲜人）住种混杂”，“华夷杂糅”①。努尔哈赤起兵后，创建八旗制度，以建州部为中心统一女真各部；努尔哈赤及其继任者皇太极注重与各部的联姻与结盟，组建八旗蒙古，同时吸纳汉人和朝鲜人，组建八旗汉军，逐步统一了东北，开启了各民族融合的新局面。

清朝统治者在统一全国和巩固政权的过程中，继续实行“满蒙一家”“满蒙汉一体”“以汉治汉”等政策；同时承接了明代遗留的土司制度，雍正年间又大幅度“改土归流”等多项民族政策，多数情况下顺应时势，推进社会发展，促进了各民族融合。入关前汉军旗人登上历史舞台，其诞生即是改善了后金（清）满汉关系的举措，顺应了满汉融合的趋势。有清一代，汉军旗人与满洲旗人同在八旗组织内，尊享旗人政治地位和经济利益，日常交往密切，文化习俗互相影响，以至汉军旗人被认为是满人，如《满汉名臣传》将汉军旗人列入满洲旗人传中。汉军旗

① （明）李辅：《全辽志·序》，参见金毓黻主编《辽海丛书》第1册，辽沈书社1985年版，第496页。

人本出身于汉人，两者渊源相同，在清朝的政策导向中汉军旗人与汉人渐趋“一体任用”，汉军出旗又归属为民籍，愿为兵者，加入绿营，在姓氏婚俗等方面汉军旗人还保留着汉人的传统，在清代语境中，称汉人者，可能包括汉军旗人成分。汉军旗人与内务府包衣汉人亦同源，清前期交集甚少，但是随着清代奴隶制度松弛，包衣汉人身份上升，其科举、入仕多占汉军份额，故而出现内外汉军不分的现象。满族是清末随着西方民族观念传入中国而出现的新名称，民国时期也未普遍使用，其主体仍称为满洲旗人，在新中国民族识别之后满族才成为法定名称而成为普遍称呼。确实汉军旗人有一些在民族识别中确定为满族，但不能简单化地认为汉军旗人为满族，就如在清代不能把汉军旗人称为满洲旗人一样。另外汉军旗人有一些在民族识别中确定为汉族，也不能简单化地认为汉军旗人为汉族，就如在清代不能把汉军旗人草率称为汉人一样。应该从实际情况出发，具体问题具体分析。总体而言，笔者认为在清朝汉军旗人应视为独立群体，不是边缘群体。这一群体与其他群体一样在日常生活中都不是封闭的，互相间流动有影响，如汉军旗人有抬旗入八旗满洲，内务府包衣汉人抬旗为汉军旗人，汉人入八旗汉军，汉军旗人出旗为民，虽然是这种流动是少数存在，却反映了汉军旗人与满洲旗人、汉人、内务府包衣汉人不断交往交流交融，共同性日益增多，差别在减少，形成了“你中有我，我中有你”的交融状态。然而就整个清代而言，还没出现一个群体完全融合到另一个群体，只是一小部分融通，整体是“融而未合”，但在文化和思想层面则可谓“水乳交融”，双方长年累月地在同一环境下生活，加深了彼此之间的共同性。

清朝建立了大一统的多民族国家，在民族融合的趋势下，汉军旗人对清朝国家认同大体可分为以下几个阶段：清初的“大明骨，大清肉”双重认同，康雍乾时期的坚定认同，清末的复杂面向。在清初汉军旗人的双重认同趋向，即投降清朝，对清政权的认同，同时又心念明朝，即“大明骨，大清肉”心理。这种双重心理客观存在于汉军旗人心里，到了康熙帝时清除三藩之乱，清除了汉军旗人国家认同异化心理。到雍正帝、乾隆帝时，各民族进一步融合，华夷一家，汉军旗人对清朝国家政权认同自然加强，一直到清末汉军旗人基本上是认同清朝的。自清朝立国以来，至乾隆朝已经历经四代皇帝，国初的一批汉军开国重臣已经去世，新生代的汉军旗人自出生就是旗人身份，无论是心理意识还是生活经历方面，他们都已经被纳入旗人的轨道，统治者前期的信任态度已经使汉军旗人忠心耿耿，他们的子女也是在他们忠君思想教育下长大的，被动认同早已转化为主动认同，所以即使汉军旗人势力在清朝中后期逐渐走向衰落，但他们对清朝国家认同心理也难以发生改变。清朝中后期，随着国内农民起义的蔓延、旗人生计的窘迫和国外列强侵略的加剧，清政府陷入内忧外患的境地，无论是政权维系还是社会治理方面都已经无法恢复前期的盛况，在这样的背景下，汉军旗人并未因个人安危而抽身离去，而是为了清朝贡献自己的力量。乾隆年间，满、汉之间“性情无所不通，语言无所不晓”①。但旗人生计已经日益严重，国家财政无法负担庞大的八旗人口。经济基础决定上层建筑，此时的经济基础已经发生改变，上层建筑也必然有所变动。为缓解这一状况，乾隆帝实行“出旗为民”政策，汉军旗人数量和地位下降，逐渐失去了他们曾拥有过的优势地位，逐渐呈现衰颓趋势。对于这一现象，有学者认为汉军旗在八旗体制内被边缘化。但若从八旗汉军主体的角度来看，出旗的汉军不受旗制的限制和束缚反而能够寻求新的谋生出路，能够获得在八旗体制内不能拥有

① 《清高宗实录》，中华书局 1985 年版，第 465 页。

的东西。在这一过程中，被保留下来的满汉上层阶级的同盟更加紧密地结合在一起。自嘉庆以后，清朝江河日下，汉军旗人在国家政权岌岌可危之际没有弃之于不顾，誓为国家效力。如缪公恩，隶汉军正白旗，是清代嘉庆、道光年间的盛京名士，缪氏世代与满洲旗人通婚使其家族成为满洲化很深的汉军旗人。他与其独生子缪图基皆任八旗官学助教，缪公恩父子把主要精力放在教育八旗子弟和培养族人后代上面，为满洲培养了一批有名的文人，称得上是盛京满洲教育史上的一段佳话。清末民初，国内知识分子纷纷呼应重建"国族"，此时"旗族"的提出无疑体现了汉军旗人对八旗强烈的归属感和认同感。在清政府风雨飘摇时期，汉军旗人多数还是认同清朝政权的，如郑文焯通过诗歌表达对国家处在风雨飘摇之中的痛心，徐桐誓死不屈，凛然殉国，而其子徐承煜却谄媚西方列强，在清朝生死存亡之际赵尔巽赵尔丰兄弟都为维护清廷而努力，但事与愿违，无法摆脱清廷灭亡的命运。在辛亥革命浪潮之下，一些汉军旗人顺应历史潮流，坚决站在了清朝的对立面，不认同清政权，如文璞和张榕为了革命事业艰苦奋战，认同民主共和国，试图探索出适合国家生存发展的救亡图存道路。总之，有清一代，汉军旗人对清朝国家认同具有如下四个特点：一是具有一定时间变化性；二是当清中期统治者越强调中国观念和正统性时，汉军旗人对国家政权的认同越深刻；三是八旗汉军的衰落与他们对清朝国家的认同程度并不具有同步性和一致性；四是汉军旗人对清朝国家认同程度带有一定的地域性色彩。虽然清朝灭亡了，但是汉军旗人并未因清王朝的落幕而告别历史舞台，这一群体仍以原名称存在于"民国社会"。中华民族融合的趋势汹涌澎湃，势不可挡。那么在民族融合的"中华民国"，汉军旗人这一群体的民族认同以及国家认同如何，这是值得研究的内容，也是笔者下一步要探索的方向。

参考文献

一　档案

《多尔衮摄政日记》，北平故宫博物院1935年印本。

故宫博物院明清档案部、中国第一历史档案馆编：《清代档案史料丛编》，中华书局1978—1990年版。

关嘉录、佟永功、关照宏等译：《天聪九年档》，天津古籍出版社1987年版。

金梁：《满洲秘档》，1933年铅印本。

秦国经主编：《清代官员履历档案全编》，华东师范大学出版社1997年版。

《世宗宪皇帝朱批谕旨》，四库全书本。

《天聪朝臣工奏议》，辽宁大学历史系1979年编印。

中国第一历史档案馆藏：《八旗都统衙门档案》。

中国第一历史档案馆藏：《内阁八旗世职谱档》。

中国第一历史档案馆藏：《乾隆朝朱批奏折》。

中国第一历史档案馆编：《康熙朝汉文朱批奏折汇编》，档案出版社1984年版。

中国第一历史档案馆编:《雍正朝汉文朱批奏折汇编》，档案出版社1985年版。
中国第一历史档案馆编:《清初内国史院满文档案译编》，光明日报出版社1989年版。
中国第一历史档案馆、中国社会科学院历史研究所译注:《满文老档》，中华书局1990年版。
中国第一历史档案馆编:《康熙朝满文朱批奏折全译》，中国社会科学出版社1996年版。
中国第一历史档案馆编:《雍正朝满文朱批奏折全译》，黄山书社1998年版。
中国第一历史档案馆编:《嘉庆道光两朝上谕档》，广西师范大学出版社2000年版。

二　官书、志书、传记

(元) 脱脱等撰:《金史》，中华书局1975年版。
明实录馆修:《明实录》，中国书店1983年影印本。
(明) 宋濂等撰:《元史》，中华书局1976年版。
(清) 阿桂等纂修:《盛京通志》，辽海出版社1997年版。
(清) 鄂尔泰等修:《八旗通志》，东北师范大学出版社1985年版。
(清) 福隆安主纂，李洵、赵德贵、周毓芳等主校点:《钦定八旗通志》，吉林文史出版社2002年版。
(清) 弘昼、鄂尔泰、福敏等:《八旗满洲氏族通谱》，辽沈书社1989年版。
(清) 勒德洪:《平定三逆方略》，四库全书本。
(清) 吕耀曾等修，魏枢等纂，王河等增修:《盛京通志》，载“中国边疆丛书”，（台北）文海出版社 1965 年版。
（清）西清：《黑龙江外记》，黑龙江人民出版社 1984 年版。
（清）赵尔巽等撰：《清史稿》，中华书局 1977 年版。
（清）张廷玉等撰：《明史》，中华书局 1974 年版。
（清）长善等纂：《杭州八旗驻防营志略、绥远旗志、京口八旗志、福州驻防志（附琴江志）》，辽宁大学出版社 1994 年版。
（清）长善等纂：《驻粤八旗志》，辽宁大学出版社 1992 年版。
（清）长顺修，李桂林纂：《吉林通志》，吉林文史出版社 1986 年版。
钱仪吉等纂辑：《清碑传合集》，上海书店 1988 年影印本。
乾隆官修：《清朝通典》，浙江古籍出版社 2000 年版。
乾隆官修：《清朝通志》，浙江古籍出版社 2000 年版。
乾隆官修：《清朝文献通考》，浙江古籍出版社 2000 年版。
清朝官修：《清会典》，中华书局 1991 年版。
清朝官修：《清会典事例》，中华书局 1991 年版。
清实录馆修：《清太祖实录》《清太宗实录》《清世祖实录》《清圣祖实录》《清世宗实录》《清高宗实录》《清仁宗实录》《清宣宗实录》，中华书局 1985—1987 年影印本。
（近）刘锦藻：《清朝续文献通考》，浙江古籍出版社 2000 年版。
王树楠、吴廷燮、金毓黻等纂：《奉天通志》，东北文史丛书编辑委员会点校、出版，沈阳古旧书店 1983 年版。
王锺翰点校：《清史列传》，中华书局 1987 年版。
吴晗辑：《朝鲜李朝实录中的中国史料》，中华书局 1980 年版。
吴忠匡总校订：《满汉名臣传》，黑龙江人民出版社 1991 年版。
张伯英总纂：《黑龙江志稿》，黑龙江人民出版社 1992 年版。
中国第一历史档案馆整理：《康熙起居注》，中华书局 1984 年版。

三 笔记、文集

（明）王夫之：《永历实录》，上海古籍出版社 1987 年版。

（明）张怡：《謏闻续笔》，载《笔记小说大观》第 30 册，江苏广陵古籍刻印社 1984 年版。

（明）赵士桢：《神器谱》，载《温州文献丛书》整理出版委员会编《温州文献丛书》第 3 辑，上海社会科学院出版社 2006 年版。

（清）福格：《听雨丛谈》，中华书局 1984 年版。

（清）计六奇：《明季北略》，中华书局 1984 年版。

（清）兰簃外史纂：《靖逆记》，上海书店 1987 年版。

（清）李岳瑞：《春冰室野乘》，载沈云龙主编《近代中国史料丛刊》（台北）文海出版社 1966 年版。

（清）梁章钜、朱智：《枢垣记略》，中华书局 1984 年版。

（清）刘廷玑：《在园杂志》，中华书局 2006 年版。

（清）钱泳：《履园丛话》，中华书局 1979 年版。

（清）石继昌：《汉军八家述略》，载北京燕山出版社编《旧京人物与风情》，北京燕山出版社 1996 年版。

（清）谈迁：《北游录》，中华书局 1960 年版。

（清）王士祯：《池北偶谈》，中华书局 1982 年版。

（清）王嵩儒辑：《掌固零拾》，载沈云龙主编《近代中国史料丛刊》，（台北）文海出版社 1966 年版。

（清）魏象枢：《寒松堂全集》，中华书局 1996 年版。

（清）魏源：《圣武记》，中华书局 1984 年版。

（清）魏源编：《皇朝经世文编》，载《魏源全集》编委会编《魏源全集》，岳麓书社 2004 年版。

（清）文康：《儿女英雄传》，上海古籍出版社 1991 年版。

（清）吴振棫：《养吉斋丛录》，中华书局 2005 年版。

（清）萧奭：《永宪录》，中华书局 1959 年版。

（清）昭梿：《啸亭杂录》，中华书局 1980 年版。

（清）赵翼：《檐曝杂记》，中华书局 1982 年版。

（清）朱彭寿：《旧典备征》，中华书局 1982 年版。

《清仁宗御制诗三集》，载故宫博物院编《故宫珍本丛刊》第 575 册，海南出版社 2000 年版。

四 相关研究著作

艾永明：《清朝文官制度》，商务印书馆 2003 年版。

白新良：《清史考辨》，人民出版社 2006 年版。

陈连开主编：《中国民族史纲要》，中国财政经济出版社 1999 年版。

戴逸：《乾隆帝及其时代》，中国人民大学出版社 2008 年版。

戴逸主编：《简明清史》，人民出版社 1984 年版。

邸永君：《清代满蒙翰林群体研究》，黑龙江人民出版社 2005 年版。

定宜庄、郭松义、李中清、康文林：《辽东移民中的旗人社会——历史文献、人口统计与田野调查》，上海社会科学院出版社 2004 年版。

定宜庄：《清代八旗驻防研究》，辽宁民族出版社 2003 年版。

杜家骥：《八旗与清朝政治论稿》，人民出版社 2008 年版。

恩华纂辑：《八旗艺文编目》，辽宁民族出版社 2006 年版。

高翔：《康雍乾三帝统治思想研究》，中国人民大学出版社 1995 年版。

顾诚：《南明史》，中国青年出版社 2003 年版。

郭成康等：《康乾盛世历史报告》，中国言实出版社 2002 年版。

李鸿彬：《满族崛起与清帝国建立》，天津古籍出版社 2003 年版。

李鸿彬：《清朝开国史略》，齐鲁书社 1997 年版。

李亚超校注：《白山诗词》，载李澍田主编“长白丛书”第四集，吉林文史出版社 1991 年版。

李振宏、刘克辉：《民族历史与现代观念——中国古代民族关系史研究》，河南大学出版社 2010 年版。

李治亭：《吴三桂大传》，江苏教育出版社 2005 年版。

李治亭主编：《清史》，上海人民出版社 2002 年版。

林耀华主编：《民族学通论》，中央民族大学出版社 2003 年版。

刘凤云、董建中、刘文鹏编：《清代政治与国家认同》，社会科学文献出版社 2012 年版。

刘凤云：《一代枭雄吴三桂》，东方出版社 2008 年版。

刘家驹：《清初政治发展史论集》，（台北）商务印书馆 1978 年版。

刘小萌：《满族从部落到国家的发展》，辽宁民族出版社 2001 年版。

刘小萌：《清代北京旗人社会》，中国社会科学出版社 2008 年版。

孟森：《明清史论著集刊正续编》，河北教育出版社 2000 年版。

莫东寅：《满族史论丛》，生活·读书·新知三联书店 1979 年版。

潘洪钢：《清代八旗驻防族群的社会变迁》，人民出版社 2019 年版。

祁美琴：《清代包衣旗人研究》，人民出版社 2019 年版。

任国绪主编：《宦海伏波大事记》（外五种），黑龙江人民出版社 1994 年版。

孙静：《满族史论稿》，人民日报出版社 2018 年版。

孙静：《清代八旗汉军研究》，民族出版社 2017 年版。

孙文良、李治亭：《明清战争史略》，江苏教育出版社 2005 年版。

孙文良、李治亭：《清太宗全传》，吉林文史出版社 1983 年版。
孙文良、李治亭：《清太宗全传》，江苏教育出版社 2005 年版
孙文良、张杰、郑川水：《乾隆帝》，江苏教育出版社 2005 年版。
滕绍箴：《明代女真与满洲文史论集》，辽宁民族出版社 2012 年版。
滕绍箴：《三藩史略》，中国社会科学出版社 2008 年版。
汪宗猷：《广州满族简史》，广州人民出版社 1990 年版。
王景泽：《清朝开国时期八旗研究》，吉林文史出版社 2002 年版。
王政尧：《清史述得》，辽宁民族出版社 2004 年版。
王志明：《雍正朝官僚制度研究》，上海古籍出版社 2007 年版。
王锺翰：《清史补考》，辽宁大学出版社 2004 年版。
王锺翰：《清史续考》，（台北）华世出版社 1993 年版。
王锺翰主编：《满族历史与文化》，中央民族大学出版社 1996 年版。
萧一山：《清代通史》，华东师范大学出版社 2006 年版。
徐凯：《满洲认同"法典"与部族双重构建——十六世纪以来满洲民族的历史嬗变》，中国社会科学出版社 2015 年版。
徐凯：《燕园明清史论稿》，辽宁民族出版社 2014 年版。
阎崇年主编：《满学研究》第 7 辑，民族出版社 2002 年版。
杨海英：《洪承畴与明清易代研究》，商务印书馆 2006 年版。
杨学琛：《中国历代民族史：清代民族史》，社会科学文献出版社 2007 年版。
姚大力：《北方民族史十论》，广西师范大学出版社 2007 年版。
叶高树：《清朝前期的文化政策》，（台北）稻乡出版社 2001 年版。
尹郁山、孙守朋编著：《清代汉军旗谱牒资料汇编与研究》，吉林文史出版社 2008 年版。
张佳生：《清代满族文学论》，辽宁民族出版社 2009 年版。

张杰：《清代科举家族》，社会科学文献出版社 2003 年版。

张守生：《清代黑龙江驻防研究》，黑龙江人民出版社 2013 年版。

张研：《17—19 世纪中国的人口与生存环境》，黄山书社 2008 年版。

张玉兴：《明清史探索》，辽海出版社 2004 年版。

赵永春：《历史上的“中国”与中国历史疆域研究》，吉林大学出版社 2017 年版。

郑天挺：《清史探微》，北京大学出版社 1999 年版。

周远廉：《清朝开国史研究》，辽宁人民出版社 1981 年版。

庄孔韶主编：《人类学通论》中国人民大学出版社 2016 年版。

[日] 杉山清彦：《清初期对汉军旗人“满洲化”方策》，载中国社会科学院近代史研究所政治史研究室编《清代满汉关系研究》，社会科学文献出版社 2011 年版。

[挪威] 雷德里克・巴斯主编：《族群与边界——文化差异下的社会组织》，李丽琴译，商务印书馆 2014 年版。

Mark C. Ellott, *The Manchu Way: The Eight Banners and Ethnic Identity in Late Imperial China*, Stanford University Press, 2001.

Pamela Kyle Crossley, *Orphan Warriors: Three Manchu Generations and the End of the Qing World*, Princeton: Princeton University Press, 1990.

Pamela Kyle Crossley, *A Translucent Mirror: History and Identity in Qing Imperial Ideology*, Berkeley: University of California Press, 2002.

五　期刊、学位论文和论文集

常建华：《国家认同：清史研究的新视角》，《清史研究》2010 年第 4 期。

陈双凤：《清朝的包衣与汉军》，（台北）《今日中国》1981 年第

119 期。
陈国栋:《清代内务府包衣三旗人员的分类及其旗下组织——兼论一些包衣的问题》,(台北)《食货月刊》复刊 1982 年第 12 卷第 9 期。
陈捷先:《论盛清名臣田文镜之得宠及其原因》,(台北)《故宫文献》1973 年第 4 卷第 4 期。
陈力:《八旗汉军成因考论》,《兰台世界》2013 年第 21 期。
陈生玺:《蒙古八旗与汉军八旗建立的过程》,《史学月刊》1988 年第 6 期。
定宜庄:《乾隆朝驻防汉军出旗浅议》,《清史研究通讯》1990 年第 3 期。
定宜庄:《清末民初的“满洲”“旗族”和“满族”》,《清华大学学报》(哲学社会科学版)2016 年第 2 期。
杜家骥:《从古代民族之私性、国家之公性谈清代满汉民族矛盾》,《清史研究》2010 年第 2 期。
杜家骥:《清初汉军八旗都统考》,《历史档案》2000 年第 4 期。
杜家骥:《清代满族与八旗的关系及民族融合问题》,《社会科学战线》2016 年第 6 期。
范传南:《乾隆朝八旗汉军出旗述论》,硕士学位论文,辽宁师范大学,2008 年。
傅克东、陈佳华:《八旗制度中的满蒙汉关系》,《民族研究》1980 年第 6 期。
傅克东:《八旗户籍制度初探》,《民族研究》1983 年第 6 期。
高永久、朱军:《论多民族国家中的民族认同与国家认同》,《民族研究》2010 年第 2 期。
耿敬、周曦:《八旗制度与满洲共同体认同的建构》,《满族研究》2008

年第 1 期。

管彦波：《中国古代史上的民族融合问题（上）》，《历史教学》（下半月刊）2001 年第 8 期。

胡传淮、李朝正：《洗百年奇冤　还高鹗清白——高鹗非“汉军高氏”铁证之发现》，《红楼梦学刊》2001 年第 3 辑。

黄一农：《红夷大炮与皇太极创立的八旗汉军》，《历史研究》2004 年第 4 期。

江桥：《清初的汉军将领石廷柱》，《历史档案》1989 年第 1 期。

姜萌：《影响民国史家书写“民族问题”的三个因素——从吕思勉对傅斯年与顾颉刚的批评说起》，《史学史研究》2019 年第 4 期。

李德：《试论汉军八旗族属问题》，《满族文学研究》1982 年第 2 期。

李奉佐、汪韶彬、崔连玉：《高鹗祖籍铁岭隶汉军籍之考证》，《满族研究》2000 年第 3 期。

李新达：《关于满洲旗制和汉军旗制的始建时间问题》，载《清史论丛》第 4 辑，中华书局 1982 年版。

李燕光：《清代的八旗汉军》，载《满学研究》第 1 辑，吉林文史出版社 1992 年版。

李治亭：《清代满汉民族认同与“互化”的历史考察》，《云南师范大学学报》（哲学社会科学版）2016 年第 3 期。

刘小萌：《清朝史中的八旗研究》，《清史研究》2010 年第 2 期。

刘小萌：《八旗户籍中的旗下人诸名称考释》，《社会科学辑刊》1987 年第 3 期。

刘凤云：《清代三藩研究》，博士学位论文，中国人民大学，1994 年。

刘家驹：《清初汉军八旗的肇建》1，（台北）《大陆杂志》34 卷 11 期，1967 年 6 月。

刘家驹：《清初汉军八旗的肇建》2，（台北）《大陆杂志》34 卷 12 期，1967 年 6 月。

刘咏梅：《论清初汉军旗人督抚的历史作用》，《海淀走读大学学报》2001 年第 4 期。

刘咏梅：《试析清初汉军旗人的特点——兼论清初重用汉军旗人的原因》，《安徽师范大学学报》（人文社会科学版）2000 年第 4 期。

鲁渝生：《论八旗中满洲、蒙古、汉军的关系》，《满族研究》1998 年第 2 期。

罗桂林、王敏：《清代驻防旗人的生活与认同——以福州洋屿赖氏为中心》，《清史研究》2014 年第 2 期。

马协弟：《浅论清代驻防八旗》，《社会科学战线》1986 年第 3 期。

孙静：《满族形成的再思考——清中期满洲认同意识研究》，博士学位论文，复旦大学，2005 年。

孙静：《试论八旗汉军与满洲的差异性》，《中央民族大学学报》（哲学社会科学版）2006 年第 5 期。

孙文良：《论清初满汉民族政策的形成》，《辽宁大学学报》（哲学社会科学版）1991 年第 1 期。

滕绍箴：《清初汉军及其牛录探源》，《满族研究》2007 年第 1 期。

滕绍箴：《八旗汉军研究的几点认识——兼评〈汉军旗人官员与清代政治研究〉一书》，《吉林师范大学学报》（人文社会科学版）2014 年第 4 期。

王革生：《论清初八旗汉军》，载《辽宁社会科学院学术论文选（1979—1981）》历史分册，1982 年版。

王景译：《清初八旗内部的民族融合》，《北方文物》2001 年第 4 期。

王明霞、张佳生：《“汉人满化”现象研究》，《社会科学辑刊》2008 年第 4 期。

王锺翰：《清代八旗中的满汉民族成分问题》，《民族研究》1990 年第 3 期。

谢景芳：《八旗汉军的建立及其历史作用》，《社会科学辑刊》1987 年第 3 期。

谢景芳：《清初八旗汉军的地位和作用——兼论清初政权性质》，《求是学刊》1986 年第 3 期。

谢景芳：《清代八旗汉军的瓦解及其社会影响——兼论清代满汉融合过程的复杂性》，《中央民族大学学报》（哲学社会科学版）2008 年第 3 期。

徐亚龙：《清代民籍制度研究》，硕士学位论文，郑州大学，2012 年。

杨学琛：《略论清代满汉关系的发展和变化》，《民族研究》1981 年第 6 期。

杨学琛：《满族兴起与东北民族关系的变化》，《满族研究》1988 年第 3 期。

姚念慈：《略论八旗蒙古和八旗汉军的建立》，《中央民族大学学报》（哲学社会科学版）1995 年第 6 期。

叶高树：《降清明将研究（1618—1683）》，台湾师范大学历史学研究所专刊，1993 年。

张其卓：《丹东八旗家谱中“随龙安家”的记载》，《满族研究》2006 年第 4 期。

张森、杜常顺：《清代中前期国家认同建构探析》，《民族论坛》2016 年第 8 期。

张玉兴：《包衣汉姓与汉军简论——八旗制度兴衰的一个历史见证》，《辽宁大学学报》（哲学社会科学版）2003 年第 4 期。

赵秉忠、白新良：《关于乾隆时期八旗政策的考察》，《史学月刊》1991年第2期。

赵凯：《清代旗鼓佐领考辨——兼论有关清代包衣的若干问题》，《故宫博物院院刊》1988年第1期。

赵绮娜：《清初八旗汉军研究》，（台北）《故宫文献》1973年第4卷第2期。

赵绮娜：《清初东北之驻防八旗》，硕士学位论文，台湾大学历史学研究所，1973年。

赵绮娜：《清初东北驻防八旗之建置》，（台北）《故宫文献》1973年第5卷第1期。

赵梓淞：《三藩之乱中尚之信立场研究》，硕士学位论文，中央民族大学，2009年。

郑大华：《中国近代民族主义与中华民族自我意识的觉醒》，《民族研究》2013年第3期。

郑小悠：《核心—边缘：乾隆朝“出旗为民”研究》，《文史》2016年第4期。

周德清、贾素芳、贾凤香：《清代满汉民族的交往与融合》，《大连民族学院学报》2001年第3期。

［日］阿南惟敬：《汉军八旗成立之研究》，载《清初军事史论考》，（日本）东京甲房书房1980年版。

［日］绵贯哲郎：《从“归附汉人”转到“汉军旗人”——以“盛京出生”者为中心》，《清史研究》2015年第4期。

［日］细谷良夫：《雍正朝汉军旗属牛录的均齐化》，冬哥、大鹏译，《社会科学战线》1986年第2期。

［日］细谷良夫：《浅论归附后金的汉人》，王桂良译，《社会科学辑

刊》1987 年第 6 期。

[日] 细谷良夫：《尚可喜一族的旗籍与婚姻关系——围绕满汉关系视角》，张永江译，《清史研究》2012 年第 1 期。

Crossley, "Panela Kyle: The Qian – Long Retrospect on the Chinese – martial (hanjun) Banners", *Later Imperial China*, No. 1, 06. 1989.